The
Months in
Europe

欧 洲 的 月 份

金海民／著

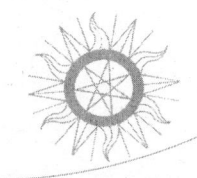

中央编译出版社
CCTP　Central Compilation & Translation Press

◎ 序

　　收在《欧洲的月份》一书中的 61 篇文章，是我近年来发表在报刊杂志上有关欧洲历史和欧洲文化的文字。发表后引起重视，有众多的主流网站转载，如人民网就曾转载本书中的 20 余篇。

　　在欧洲的主要语言如英语、德语、法语、西班牙语和俄语中，月份的名称在各语种之间都是差不多的，因为它们均来自古罗马历法中的拉丁文月份名称。从公元前 738 年古罗马历法拉丁文月份名称初步形成，到公元前 46 年恺撒的历法改革（儒略历）从根本上确立了古罗马月份的叫法，再到 1582 年罗马教皇格利高里十三世再次改革历法（格利高里历），由此在 16 世纪末期将古罗马月份的说法逐渐推向上述欧洲语言，前后竟经历了两千余年的时间（详见《月份名称与罗马皇帝》）！承袭自古罗马月份说法的月份名称，从一个侧面反映了欧洲独特的历史与文化，以及欧洲文化的凝聚力。

　　自 16 世纪末起，欧洲人就在这种月份的叫法下，一月又一月，一年又一年地度过了悠长的岁月。在本书诸文所叙述的时间里，欧洲的芸芸众生扳着指头，数着月份，艰难度日；而帝王将相们在一个又一个月的时间内构筑着他们的"雄图大略"。欧洲经历了大瘟疫、三十年战争、法国大革命……在欧洲的舞台上，恺撒、奥古斯都、布鲁图、西塞罗、尼禄、伊丽莎白一世、华伦斯坦、黎塞留、玛丽亚·特蕾西亚、叶卡捷琳娜二世、拿破仑、小拿破仑、罗伯斯庇尔、拉法耶特、富歇、塔列朗、梅特涅、俾斯麦、维多利亚女王、罗特希尔德（罗斯柴尔德）等等历史人物纷纷粉墨登场。而列在最前面的两位还捷足先登，在月份牌上各占了一个位置，将自己的名字当作一个月的名称。

以上人物在本书中均有所涉及。当然对每个人物的刻画只能用不多的文字：有的原原本本简明道出了人物的身世，有的则从涉及该人物的一个事件、其人的言论或因其而生的典故、语汇出发加以陈述。

如对英国维多利亚女王的身世作了刨根问底式的叙述。英国当今的温莎王朝，其历代国王、女王均为维多利亚女王的子孙。道出他们这位老祖母的身世，英国王室的发展沿革线索就非常清楚了。而对俄国罗曼诺夫王朝的叶卡捷琳娜二世的描述则着重在因其而产生的"波将金村"这一说法的剖析上。

多侧面的描述也体现在对其他众多人物的刻画上。就恺撒而言，本书所作陈述的三个支撑点是"上月份牌"以及他说的两句话："是你吗，布鲁图！"和"恺撒妻必须无可疑"。而对俾斯麦的勾勒则集中在他的一行一言上：1866年遇刺、"铁血宰相"称呼的由来和他所说的话语："好马将带着马鞍死去"。

如果说，欧洲人对布鲁图的看法还有不同声音的话；那么，暴君尼禄、法国大革命时期的"变色龙"富歇等人就毫无疑义地被钉上了历史的耻辱柱。机关算尽的富歇，马失前蹄之处也是耐人寻味、极为发人深思的——在复辟王朝时期偶一为之的政治透明有着多大的威力！还要提一下拿破仑的御用画家大卫。如今陈列在卢浮宫的他的名画《颁授老鹰旗帜》创作于1808—1810年，约瑟芬皇后本在画中占有非常显著的位置。及至1809年拿破仑与约瑟芬离婚，大卫就把约瑟芬从画中去掉，空出的位置就补上了后排军官大大向前伸出的一条腿。这条腿伸得非常突兀，在画面上显得极其不成比例。绘画大师竟然也不惜以这样的败笔交差——这大概就是拿破仑时代的"政治正确"、"突出政治"吧？而来自德国法兰克福的阿斯肯纳犹太人罗特希尔德家族则使其五个儿子成为欧洲五国的巨富！一直到现在，人们在喝拉菲时，还要提到这个家族的名字……欧洲历史上这些五光十色的人物给人们留下了怎样的启示？

全书按内容共分为六辑，分别讲述了有关古罗马文明、欧洲的宗教、欧洲皇室、社会文化变迁、思想启蒙与法国大革命以及艺术家与城市等方面的内容，而上述人物则会分别出现在这六辑内容之中。

就欧洲的宗教而言，本书着重讲述了天主教与基督教新教的大分裂，阐述了欧洲的三个重要国家英、德、法如何分别成为基督教新教、半天主教半基督教新教和天主教的国家，讲述了与宗教紧相联系的欧洲诸多习俗的形成。

在历史上，欧洲一向是战争大施拳脚的场所。除了发生在20世纪的第一次世界大战和第二次世界大战外，由近及远，最重要的战争就有：普法战争（1870—1871）、普奥战争（1866）、拿破仑战争（1799—1815）、七年战争（1756—1763）、三十年战争（1618—1648）、胡格诺战争（1562—1598）、英法百年战争（1337—1453）……这些战争在本书中均有所涉及。在英法百年战争期间，欧洲爆发了大瘟疫，双方官兵病得竟连打仗的力气都没有了，因而中间休战了许多年！而胡格诺战争则是在法国天主教和新教胡格诺派之间进行的最为激烈的宗教性内战，战争的结局决定了法国成为一个典型的天主教国家。《威斯特伐利亚和约》和《维也纳会议最后议定书》则分别是三十年战争和拿破仑战争的谈判结果。法国成了三十年战争的最大的获利者，这全仗当时的法国首相、红衣大主教黎塞留的运筹帷幄。而提到维也纳会议则必定少不了长袖善舞的奥地利首相梅特涅和被称为"史上最强硬的战败国谈判代表"的法国外交大臣塔列朗。在会议上，他伺机强悍而又巧妙地维护了法国的利益。美国基辛格博士奉梅特涅为圭臬，他博士论文的题目就叫作"重建的世界——梅特涅、卡斯尔累与和平问题，1812—1822"，他因而被称为"现代梅特涅"。及至普奥战争和普法战争，俾斯麦就以令人印象深刻的方式登上了历史舞台。在普奥战争中，普鲁士获得大胜——这也为 40 多年后爆发的第一次世界大战埋下了祸根！

有感于国内历史上层出不穷出现的江湖骗子，我在欧洲历史中挑出了三个名气足够大的洋江湖骗子，一一予以展示。大家不妨比较一下，古今中外的江湖骗子的异同。有意思的是，在英、德、法诸语言中"江湖骗子"（charlantan，Scharlatan）一词均由"卖假药的"引申发展而来。本来，原初的江湖骗子有多少是离得开他们的"主要业务"卖假药呢？而由卖假药的小江湖骗子"发达"转成在政治和经济上的"窃国大盗"式的大江湖骗子却真真切切在欧洲的历史上出现过！

在写作方法上，本书重视、强调涉及欧洲历史的典故，不管它是一个词、一个词组或一句话。在书中，除了对这些语言材料从语言角度作简要解释外，自然少不了对相应历史的剖析。这是因为，社会巨变必定会反映在语言上，而作为语言基础的语汇最为敏感，它随着社会的发展随时变化。故而在很多时候，如果抓住了这些语汇，很可能就找到了相应历史发展线索的线头。本书中涉及的欧洲历史词汇、成语、典故如"琴照弹休管罗马大火"、"汪达尔人"、"卡诺莎之行"、"墙上写个大大的'P'"、"赎罪符"、"教随国定"、"不吃鱼"、"苦迭打"、"白色恐怖"、"革命"、"复辟"等均涉及欧洲历史的重大事件或欧洲历史发展的转捩点。如果说，本书中的一些文章是从语言分析开始，并很快进入作为重点的历史陈述的话；那么，在《法国革命与政治语汇》、《〈共产党宣言〉中的三个外来语词》、《吗啡与海洛因》等文中，重点则在对相应词汇作词源上的分析。人们在了解了毒品吗啡与海洛因产生的历史后，会想到"吗啡"、"海洛因"这两个词在原文和翻译上也是大有讲究的吗？在德语中，Morpheum（吗啡）和 Heroin（海洛因）这两个词本来均是好听、响亮的名词，原意为"梦幻之神药剂"和"英雄粉剂"，而中文的翻译则是音译过来的，这样一来，我在书中所说的这两个词的语义联系就全部丧失了。

本书最后一辑写的是艺术家（作家、音乐家、美术家）与他们的故乡城市（或长期生活工作的城市）。由于作者对德国的城市和德国的艺术家比较熟悉，写的多是德国的艺术家和德国的城市，写了他们的艺术与他们故乡城市的联系，写了自己的感悟，就教于读者诸君。

本书中的 61 篇文章，除《柯尼斯堡如何变成加里宁格勒?》和《马尔希维查与埃森》两文外，均为我近年来发表在《学习时报》、《今晚报》、《解放日报》、《人物杂志》等报刊杂志上的文字。

金海民
2014 年 5 月于北京大学燕北园

目　录

第一辑　月份牌上古罗马

第二辑　从"女巫"到"赎罪符"——基督教在欧洲

第三辑　欧洲皇室别传

第四辑　　启蒙时代的新语汇

第五辑　变迁中的社会文化

第六辑 艺术家的城市

第一辑

■ 月份牌上古罗马

◎ 月份名称与罗马皇帝

在英、德、法、西、俄等西方主要语言中，月份的说法都是差不多的。因为这些语言中的月份名称均来自古罗马历法中的拉丁文月份名称，而后者的形成则与恺撒大帝和罗马皇帝奥古斯都、提比略的关系甚大。

英文月份名称

世界上各国语言中的月份名称不外采用三种方法表达：1. 用每个月在年份中排序的数字表示——我称之为"数字月"，最典型的例子当然是汉语中的月份名称。2. 给每个月找个名称——这样，人们不仅要记住这个"名称月"，还要记住它在年份中的相应排序。在这里我想举出的例子是法国曾使用的月份名称：雪月、雨月、风月、芽月、花月……马克思的名篇《路易·波拿巴的雾月十八》就包含有这样的一个月份名称。3. 古罗马拉丁文及如今西方诸语言中的月份名称则属于交替使用"数字月"和"名称月"的"混合型"表达方式。为了叙述的方便，这里以英文为例加以说明。

在英语中，有四个数字月（九月至十二月），八个名称月。而这八个名称月又分别以三种方法命名：

一是采用古罗马、古希腊神话中神仙的名字为月名的一、三、四、五、六月五个月——

January（一月）：源自古罗马神话中的双面门神伊阿诺斯（Janus）。他责无旁贷地担当起古罗马的城门守护神，他的著名神殿就在罗马广场的北侧。该神殿有东西两门，由于士兵当年出征时先要穿行此门，所以伊阿诺斯又是开始之神。一月为一年之始，故用伊阿诺斯的名字名之。

March（三月）：三月的名称来自古罗马神话中的战神玛斯（Mars）。三月是罗马人开拔征战的日子。

April（四月）：在语源上尚无一致公认的定论。一种观点认为是源自古希腊神话中的爱与美的女神阿佛洛狄忒（Aphrodite，即罗马神话中的维纳斯）。另一种观点认为，April 一词源自拉丁文动词"aperire"（绽放）——四月是百花绽放的日子。本文从前一种观点。

May（五月）：源自古罗马神话中护卫万物生长的女神迈亚（Maius）。

June（六月）：来自古罗马神话中的女神朱诺（Juno），她是主神朱庇特的妻子。

二是以历史人物恺撒和奥古斯都名字命名的 July（七月）和 August（八月）。

三是用规范人们行为的拉丁词为月名——February（二月），月份名称源自拉丁文 februare（净化、赎罪）。在历史上，二月的下半月是古罗马芸芸众生祈祷、净化、赎罪，并用祭品表示自己悔罪的日子。

　　至于从九月到十二月的这四个英文数字月，要指出的只有一点，它在实际上是"名不副实"的：明明是九月——September 之中的拉丁数字 septem 表明的数字却是"七"。其余三个月亦是如此：October（十月）——拉丁数字 octo（8），November（十一月）——拉丁数字 novem（9），December——拉丁数字 decem（10）。故逢到这样的月份数字要自动加上"二"，其理解方能正确。

　　在月份名称中，出现"逢到数字要加二"的情况；源于古罗马的历法改革。粗略地说，它的历法经历了三阶段。最初阶段的历法一年分为十个月，前四个月用神名表示，后六个月用数字表示。到第二阶段，在年末加上两个月，故并没有改变前面提到的六个数字月的实际顺序。第三个阶段即是最为重要的由恺撒领导的历法改革，制定的历法史称"儒略历"。儒略历把以前加在岁末的两个月加到了年初。这样，原来的数字月份就与新历法的月份顺序不相一致了。历法制定者采取了原数字月份名称不变的办法。也就是说，以前被称为九月的月份，由于前面加了两个月，变成了一年中的第十一个月，但仍保留"九月"的名称。故而在这种情况下，你看到七要理解为九，看到八要反应为十。至于格利高里十三世的历法改革当然是后话了。在他的历法改革之后，英、德、法、西、俄等诸种语言纷纷开始采用拉丁文月份的"洋"说法，而摒弃了自己语言中对月份的"土"的说法。

恺撒和奥古斯都

　　由上述可见，除了神仙和数字以外，在西方的月份牌上占有一席之地、历史上确有其人的人名只有两个：古代罗马政治家、军事家盖

乌斯·尤利乌斯·恺撒（Gaius Julius Caesar，公元前100—前44）和罗马帝国第一位皇帝盖乌斯·屋大维（Gaius Octavianus，公元前63—公元14，公元前27—公元14在位），罗马元老院在公元前27年奉后者以"Augustus"的尊号（意为"神圣者"、"至尊者"），故人们以"奥古斯都"来称呼这个古罗马的首位皇帝。

尽管恺撒并没有正式当皇帝，但这个无冕之王，还是与他的养子、首位皇帝一起被后世习惯称为"恺撒大帝"和"奥古斯都大帝"。他们活着的时候就都被元老院奉为"国家现世神"。既然是"现世神"，他们与希腊、罗马神话中的神仙并排坐在月份牌里，就是有充分理由的了。

在历史书上记载的恺撒大帝长长的显赫功勋中，有一条是他改革了历法，制定了通常所说的"儒略历"。在实行儒略历后，月份名称的一项改变是将原用数字表示的七月，改为以恺撒的名字命名——"尤利乌斯月"。恺撒当然用不着为这样的小事亲自出马，自有元老院提出动议：建议将恺撒出生的七月改名为"尤利乌斯月"。这样的马屁，恺撒是颇为受用的。恺撒是将自己的名字塞进月份牌的第一人。

恺撒的接班人、他的养子屋大维原是他姐姐的外孙。故而从血缘上看，恺撒是舅公；而在政治上则是父亲。奥古斯都是罗马帝国第一个名正言顺的皇帝，他自视甚高，对名声非常看重。他有一条不成文的原则：在荣誉名声方面，最好超过恺撒，至少也要与他平起平坐，绝不能稍逊一筹。故而当元老院提出要将一个月改名为"奥古斯都月"时，奥古斯都大帝认为那是理所当然的；但他驳回了将九月——他的出生月用他的名字命名的建议，而是定在八月。因为元老院正是在八月奉他以"奥古斯都"的尊号。这样一来，不是显出奥古斯都比

> 让自己的名字成为一个月份的名称，这样的好事
> 毕竟太有诱惑力了。

恺撒还要高出一头吗？奥古斯都是将自己的名字塞进月份牌的第二人。

提比略

继承奥古斯都皇位的是他的养子提比略（Tiberius，公元前42—公元37）——奥古斯都最后一任妻子利维娅前一次婚姻所生的儿子。当罗马帝国的第二位皇帝提比略于公元14年登上皇帝宝座时，也正是他效仿恺撒和奥古斯都挤进月份牌的最佳之时：一是当了皇帝大权在握；二是养祖父、养父都这么干，可理直气壮地援例处理；最后，且不说用神仙命名的月份，至少还有四个数字月的"空档"可供占领。

元老院看出了玄机，主动提出要将九月（September）改用他的名字命名，譬如说叫做"Tibery"什么的。出乎所有人的意料，提比略竟然一口拒绝了这一提议，并一本正经、未雨绸缪般地发问：现在自然可以这么做，但到了第十三个皇帝该怎么办？于是，改月份名称的事情就此打住。

然而，让自己的名字成为一个月份的名称，这样的好事毕竟太有诱惑力了，提比略的后任者还是有人不断作出尝试。像日耳曼尼斯库、安东尼、塔西陀等曾将自己的名字塞进了月份牌。有的皇帝不但把自己的名字，甚至把自己老婆的名字也列入这使人永垂不朽的月份名单中！好在这一切尝试都没有获得最后的成功：因为提比略拒上月份牌所开的先例和其他的一些原因，他的后任者都没能在月份牌上待多长时间。

　　提比略在历史上的口碑欠佳，然而在这件事情上却挑不出他什么毛病。"名声若日月"，提比略面对的是多大的名誉诱惑！还真想不出世界上还有多少与此相当的荣誉！一年只有十二个月，满打满算也只能有十二人跻身其间。一旦在月份牌占有一席之地，那么，多少亿人世世代代每年都要念叨你一个月，一次又一次，过去几百年、几千年！

　　当时只要提比略愿意，继恺撒、奥古斯都之后，在月份牌上坐上第三把交椅可说是手到擒来。这样一来，后来英语中的九月也许真的会不叫 September，而要叫 Tibery 了！在他之后的罗马皇帝更会纷纷仿效，少说会占满四个数字月，更可能会把神仙通通赶出月份牌，就像当年宙斯把自己的父亲萨图尔努斯赶出俄林波斯山那样。月份牌上就会满满当当坐着十二个古罗马皇帝。我们中国人学英语，要记住英文的十二个月，就势必等于要背出"排排坐，吃果果"的十二个罗马皇帝的名字！当然，事情也可能完全变成另一个样子：从 16 世纪起，逐渐采用古罗马拉丁月份名称的英、德、法、西、俄等诸种语言也许会完全不理会塞满古罗马皇帝的月份名称，而继续沿用各国的土生土长的、原来的月份说法。

　　一块小小的英文月份牌，留下了人们在名利场上争斗的痕迹。

　　最后，据上述内容，我诌了几句可称之为"英语月份牌"的打油诗作为本文的结束：

　　　　神仙当然最重要，
　　　　月份牌上凑热闹，
　　　　门神、战神加爱神，

> 一块小小的英文月份牌，留下了人们在名利场上
> 争斗的痕迹。

朱诺天后莫忘掉。

恺撒和奥古斯都——

帝王将相的代表，

占七月，霸八月，

利益均沾乐陶陶。

七是九，八当十，

最后四月用暗号。

凡夫俗子要记牢：

二月归你赎罪与祈祷！

◉ 是你吗，布鲁图！

——恺撒生平说的最后一句话

恺撒遇刺身亡！时间：公元前 44 年 3 月 15 日，地点：罗马元老院议事厅。恺撒被一拥而上的一批刺客连续刺中 33 刀。弥留之际，恺撒看到了刺客中的布鲁图，于是说出了他一生中的最后一句话："是你吗，布鲁图！"

恺撒的这句话最初在罗马作家斯维托尼乌斯（约公元 70—140）的《罗马十二帝王传》和希腊历史学家卡西乌斯·狄奥（公元 155—235）的《罗马史》中均有提及。在莎士比亚的悲剧《尤利乌斯·恺撒》中，莎翁把这句话写成拉丁文的 "Et tu，Brute?"（"布鲁图，你也在内吗？"）马克思、恩格斯在他们的著作中也多次引用恺撒的这句话，中文版译为"布鲁土斯，你也在内！"而在有些文献中则将这句话写成"你也在内，我的儿子布鲁图！"

布鲁图

虽说恺撒只比布鲁图大 15 岁，但在平时恺撒就习惯称布鲁图为

"我的儿子"。这除了表现自己的威严外，还有两方面的特殊含义：一方面，布鲁图的母亲塞尔维利娅是恺撒最为宠爱的一个情妇；另一方面，尽管布鲁图曾反对过自己，但恺撒宽宏大量，仍父亲般地信任重用投奔自己的布鲁图，使他的官职扶摇直上，成了恺撒名副其实的左膀右臂。

在刺杀恺撒后的第三年——公元前42年10月23日，布鲁图兵败自杀，结束了他43岁的生命。

布鲁图公元前85年出生在罗马一个破落的名门贵族家庭，其家庭有着悠久的追求贵族共和制的传统。布鲁图聪明干练，喜爱哲学（尤其是斯多葛派哲学），与西塞罗关系紧密，故西塞罗曾写过有关他的文章。在仕途上，他曾做过塞浦路斯总督的助理，在此期间靠放高利贷发了大财，成了显贵。布鲁图进入元老院时还非常年轻，在那里，他参加保守派，先是反对恺撒、庞培和克拉苏的前三头统治。在恺撒与庞培的争斗中，尽管庞培在公元前77年杀害了布鲁图的父亲，布鲁图仍加入了庞培的队伍。在公元前48年的法萨卢斯决战中，庞培大败，布鲁图向恺撒表示忏悔投入他的门下并得到信任和赏识：不久即被恺撒任命为山南高卢总督（公元前48—前46），公元前44年，又被任命为罗马执政官（罗马市长）。就在同一年，布鲁图制造了这一惊天动地的谋杀恺撒的事件！

从客观上讲，恺撒的独裁（公元前46年当上任期10年的独裁官，公元前44年，又当上了终身独裁官）和他的改革触及了元老院贵族（包括布鲁图阴谋集团）的传统利益。至于布鲁图本人，他提出谋杀恺撒的理由则是：他是共和制的坚定拥护者，共和制受到威胁，他要挺身而出——"为国家自由而死，是我们刻不容缓的职责。""我

爱恺撒，但我更爱共和！"

看来，谋杀恺撒者的设想与计划在实际上是颇为书呆子气的——他们以为只要恺撒一死，民众就会自动投向他们一边。没想到民众愤怒地声讨谋杀者，再加上密谋者对恺撒同党的力量估计太低，又没有采取任何措施，故而，罗马的权力就牢牢地掌握在恺撒同党的手中。这样，密谋者就只能纷纷逃离罗马。布鲁图逃往希腊。

公元前42年10月，布鲁图和另一密谋领导者卡西乌斯的队伍在马其顿的腓立比被讨伐而来的安东尼和屋大维的部队击败，全军覆没。布鲁图自杀身亡。屋大维——恺撒的外孙、义子，以后的奥古斯都大帝，命令手下割下布鲁图的头颅带回罗马，放在恺撒雕像前的祭桌上。

布鲁图的三幅肖像

两千多年来，在"言必称希腊、罗马"的欧洲，围绕古罗马历史人物布鲁图的评价问题，在不同的历史背景下，展开了一场又一场、永无休止的争辩、讨论，焦点主要集中在布鲁图究竟是一个犹大式的、十恶不赦的卑劣叛徒，抑或是一个高尚的、视公民职责高于个人感情的无畏灭杀独裁者的勇敢义士。在这种关联上，布鲁图至少呈现出三幅截然不同的肖像：恶魔布鲁图、天使布鲁图或傻瓜布鲁图。

意大利诗人但丁在《神曲》中把布鲁图打入地狱最底层的第九圈，相当于我们所说的"打入十八层地狱"。据《地狱篇》第三十四歌的描述，地狱第九圈整个是一个冰湖，罪人都冰冻在里面，它又分

　　千余年来，在西方老百姓的口中，布鲁图这个名字就是指"出卖朋友的人"、"恩将仇报的人"或"改换门庭投靠对方的人"。

为四环，依次关押着谋杀亲族者、卖国者、暗算宾客者和出卖恩主者。居于地球最深处的魔王撒旦有三个面孔三张嘴，正面的口中咬着出卖耶稣的犹大，左右两边的嘴里则分别咀嚼着谋杀恺撒的首领布鲁图和卡西乌斯。在但丁的笔下，在所有打入地狱的罪人中，就数犹大、布鲁图和卡西乌斯罪孽最为深重，是魔鬼中的魔鬼！

　　与但丁不同，莎士比亚笔下的布鲁图（悲剧《尤利乌斯·恺撒》，1599）则是一个高尚的理想主义者，光明正大，无私无畏，为共和主义理想与独裁者恺撒进行义无反顾的殊死搏斗！在伏尔泰的剧本《布鲁图》（1730）和意大利作家维多里奥·阿尔菲耶里（1749—1803）的剧本《小布鲁图》（1787）中，布鲁图的形象则更加正气凛然。

　　这正应了一句俗语的说法："恶之则打入地狱，爱之就捧上天堂。"

　　主张为了夺取、维持权力可以不择手段的马基雅维里，在评论布鲁图时，有他自己的标准，他持第三种观点：他认为，在权术方面，布鲁图是世界上最大的傻子。本来，布鲁图已进入恺撒统治集团的核心圈，恺撒对他又特别信任——这一点充分表现在恺撒死后公布的遗嘱里：屋大维为第一继承人，布鲁图为第二继承人。如果出现第一继承人无法继承的时候，第二继承人可以替补。故而在马基雅维里看来，布鲁图当时唯一要做的事就是忍耐、韬光养晦。假以时日，这恺撒的天下未必就不会改姓布鲁图！为了逞一时的痛快，却坏了图谋江山的大事！马基雅维里为布鲁图感到可惜，感叹：布鲁图你的名字就叫傻子（Brutus 在拉丁文中有"傻子"之意）。布鲁图你真是傻瓜中的傻瓜！

进入常用话语中的"布鲁图"

布鲁图究竟是流芳百世，还是遗臭万年，可说是仁者见仁，智者见智。无论如何，恺撒的这句话，为西方诸语言留下了一个说法、一个词汇。

千余年来，在西方老百姓的口中，对布鲁图的价值取向倒没有什么变化：布鲁图这个名字就是指"出卖朋友的人"、"恩将仇报的人"或"改换门庭投靠对方的人"。"布鲁图"成了一个常用词汇。现今，在搜索网站键入"Brutus"这个词，每隔不长一段时间就会出现一大堆含有这个词的文章。古代布鲁图与现代布鲁图有什么区别呢？

◎ 西塞罗之死

——拉丁文大师被一个拉丁字眼置于死地

恺撒遇刺时平静而愤怒地说出了最后一句话，倒在血泊中身亡。恺撒倒地归天之时，正是血腥报复开始之日——真可谓"天子之怒，伏尸百万，流血千里"！

谋杀集团的首领布鲁图、卡西乌斯兵败，身首异处；参与谋杀策划、行动的共73人（其中包括元老院议员24人），没有谁活过三年之期。在较为翔实的罗马史中，均清清楚楚地列出了参与谋杀恺撒的24名议员的姓名。如果说，这73人是罪有应得的话，那么，西塞罗之死，就应当是这种整肃扩大化的牺牲品。屋大维、安东尼和雷必达打着为恺撒报仇的旗号，大搞扩大化，乘机大肆剪除自己的政敌并毫无顾忌地敛财。在这样的历史背景下，公元前43年，西塞罗被处死。

公敌宣告

拉丁文 proscriptio 原意是"公布"、"宣告"，然而，在古罗马共和时代后期，却成了一项骇人听闻的法律措施的专用名称：执政官、

元老院有权决定"人民公敌"的名单，并在政府的布告栏公之于众。列在名单上的人员自此戴上了一顶"人民公敌"的帽子，祸从天降。"宣告"意味着死刑：官府人员追杀这些人自不待言，任何人（包括奴隶）如遇到"人民公敌"均可对其格杀勿论，后者在报告官府经验证属实后，还可以领到被称为"人头费"的赏金。"宣告"意味着"公敌"拥有的所有财产统统没收充公，化为乌有。他们的后代子孙将永无出头之日——官府将其记入另册，永不叙用。故在这个意义上的 proscriptio 被译为"公敌宣告"。

"公敌宣告"这种大规模的恐怖措施，成为统治者之间为争夺最高权力残酷斗争的一种手段。

公元前82—前81年，苏拉攻占罗马后，宣布马略和他的同党通通是罗马人民的"公敌"。这次"公敌宣告"使90名元老院议员、15名相当于执政官级别的高官和2600名骑士命丧黄泉。

公元前43年——恺撒被杀后的第二年，后三头同盟（屋大维、安东尼、雷必达）掌握国家大权之后，发布"公敌宣告"，此次"宣告"的"成果"是：300名元老院议员（包括西塞罗）、2000名骑士丧生。他们被没收的财产大大充实了后三头的金库。

西塞罗

当西塞罗于公元前106年出生时，罗马贵族共和国已度过了400年。这个共和国是贵族的天下，西塞罗作为非贵族出身的普通子弟，突破各种樊篱，无论是在学术上和政治上都达到了这个共和国的顶峰，这样的例子在古罗马的这段历史上是极为罕见的。在共和国末

拉丁文 proscriptio 原意是"公布"、"宣告",然而,在古罗马共和时代后期,却成了一项骇人听闻的法律措施的专用名称。

期,西塞罗先成为这个国家的新贵,后成为一个非常有影响的元老。在学术上,他当然也是一个执牛耳者。

他的成功得力于他的智力、他的勤奋、他的口才和他政治上的活动能力。就像在学术上,他调动一切智力那样,在政治上,他也竭尽全力运作他能调动的一切手段。举例说,年轻时他投在罗马著名的法学家赛沃拉的门下学法律,不多几年,除了得到系统的法学知识外,通过老师他结识了共和国的法学权威;他还利用老师的岳父拉埃里乌斯结交了罗马的不少著名思想家。公元前80年,26岁初出茅庐的律师西塞罗因一篇《为罗斯齐乌斯·阿墨利库斯辩护》,而声名鹊起。他以出色的律师身份走上了仕途,当过财务官和市政官。公元前70年,他的《对维勒斯的控告辞》,又引起了全国的轰动:维勒斯公元前73—前71年任西西里总督,因残酷对待、盘剥当地民众而遭到告发。西塞罗是控方的律师,他把辩护律师——罗马的法律权威霍尔塔路斯驳得体无完肤。自此奠定了西塞罗"罗马第一律师"的名声。

公元前63年,43岁的西塞罗当上了执政官——国家领导人,是为他政治生涯的顶峰。任内,最大的一件事是镇压卡提利纳的叛乱。此后,他除担任过一任西西里总督外,主要通过元老院发挥作用。他与布鲁图有很好的关系。虽然他在道义上是支持布鲁图针对恺撒的密谋的,但并没有参加具体的组织与行动。这样一来,再加上他与安东尼的恩怨,厄运就将降临在他的头上!

梯利的《西方哲学史》认为,"罗马人没有哲学天才,缺乏思辨能力","罗马思想家没有建立独立的思想体系,他们是折中主义者,承袭各个体系中他们认为最可贵的东西"。西塞罗的哲学也是如此。不过,西塞罗的哲学在哲学史上起了极为重要的承上启下的作用:他

第一个创立了拉丁文哲学术语体系，希腊哲学的许多著作也通过了他的拉丁文译文得以流传下来。

西塞罗是古罗马著名的政治家、哲学家、散文作家和演说家。

屋大维与安东尼

对于西塞罗来说，屋大维是骑墙派、见死不救者和落井下石者；安东尼则是他的死敌。

安东尼与西塞罗积怨甚深。公元前63年，西塞罗竞选执政官时，安东尼是竞争对手，却败在西塞罗的手下。在恺撒遭暗杀后，西塞罗处处和他为敌：元老院根据西塞罗的提议，曾把安东尼宣布为"公敌"。西塞罗还连续发表了14篇反对安东尼的演说（因模仿狄摩西尼的风格而被称为《腓力匹克》）。连西塞罗力主声援屋大维——在安东尼看来——也没有安什么好心。再加上安东尼的妻子福尔维亚的前夫克劳狄乌斯也是西塞罗的宿敌。公元前51年，克劳狄乌斯被米罗杀害，西塞罗竟然为米罗作无罪辩护。故而在安东尼提出的人民公敌的名单中，西塞罗自然名列前茅。

而屋大维在考虑、犹豫了三天之后，方同意加上西塞罗的名字。屋大维知道恺撒被杀的消息时，他还在希腊。他赶回罗马，却遭到安东尼的冷遇和排斥。当时的屋大维势孤力单，只得诉诸西塞罗和元老院。西塞罗、元老院为了利用他们之间的矛盾，不惜采取了扶植屋大维的策略：提升他为元老院成员，甚至同意为他招募的军队提供财政资助。现在屋大维的翅膀硬了，是联合安东尼回过头来对付元老院的时候了。屋大维权衡再三，以"大局为重"，也只得牺牲西塞罗了。

历史表明了，一个拉丁文大师如何被拉丁文中的一个小小的字眼"proscriptio"置于死地！

于是，安东尼派出的杀手在公元前43年12月7日，在福尔米亚西塞罗的庄园，砍下了西塞罗的脑袋。按照安东尼的命令，在罗马西塞罗经常演讲的讲坛，放上了西塞罗的头颅和用来写反对安东尼讲稿的右手。

屋大维在打败安东尼大局已定的情况下，于公元前30年任命西塞罗的儿子为一个省的副总督。又过了多少年后，据记载，奥古斯都大帝看到孙子身边的一本西塞罗的书，于是拿了过来读了很久，然后像是自言自语，又像是对孙子说："他是一个语言大师，我的孩子，一个语言大师，他是他的祖国的真正朋友。"这位大帝事后的行动和话语又能意味着什么？

历史表明了，一个拉丁文大师如何被拉丁文中的一个小小的字眼"proscriptio"置于死地！

◉ 恺撒妻必须无可疑

庞培娅是恺撒的第二任妻子，他们的婚姻持续时间不长，以离婚告终。在一公开场合，恺撒说起他休妻的理由时，说了这句名言："恺撒妻必须无可疑"。

克劳狄乌斯丑闻

公元前 62 年年底至前 61 年年初，罗马城沸沸扬扬流传着有关克劳狄乌斯丑闻的传言。公元前 62 年 12 月，一个只准女性参加的宗教节庆活动（当年轮到在恺撒家举行，恺撒因而早早地离家外出），混进了一个不速之客——克劳狄乌斯。他男扮女装，装成一个齐特琴女琴手，也混到恺撒家里来。一种说法是，克劳狄乌斯与庞培娅有染，乘此机会与庞培娅幽会来了。另一种说法是，克劳狄乌斯看上了庞培娅，准备伺机勾搭她。因克劳狄乌斯属罗马名流，当场被人识破男子之身，被众女士团团围住，最后得以狼狈逃窜。于是罗马像开了锅那样，传播开了上述流言。

恺撒处理这件事的态度非常"明快"：与庞培娅离婚。理由概括起来就是那句话："恺撒妻必须无可疑。"——庞培娅身为恺撒之妻，必须在任何情况下不被人怀疑、不能有任何流言蜚语：倘若传言属实，当然是咎由自取；即使传言不实，那么，社会上有关于你的传言这一点确是客观存在，这还得说是你的不是，仅仅是后一点就要与你分道扬镳！在男权社会，恺撒的霸道通过这句话跃然纸上！

恺撒在外面随便找女人，他的风流韵事无须在此饶舌；他迎娶法律上正式的妻子却始终坚持"恺撒妻必须无可疑"这样的原则。他在庞培娅之后迎娶的是漂亮、贤惠、白璧无瑕、在品德上无可挑剔的18岁的卡尔普尼娅。还有一件事可以作为恺撒坚持这种做法的旁证：他的情妇、布鲁图的母亲塞尔维利娅，在丈夫死后曾要求恺撒正式娶她，恺撒一口拒绝。他毫不掩饰说出的理由是：塞尔维利娅是对丈夫不忠的妻子——尽管恺撒就是造成她对丈夫不忠的唯一原因！

克劳狄乌斯

与此相反，恺撒对可能给他戴上绿帽子，或者至少是动他老婆脑筋并有所行动的克劳狄乌斯却相当宽宏大量。克劳狄乌斯因这次丑闻涉嫌"风化罪"而上了法庭，他贿赂了所有的法官，被无罪释放。恺撒对法庭的舞弊及释放克劳狄乌斯充耳不闻。反过来，恺撒甚至还帮了克劳狄乌斯的大忙。

克劳狄乌斯出身于罗马的名门望族，为了争当只有平民才能竞选的保民官，他通过在名义上过继给平民家庭的办法"改头换面"，身份由贵族改成平民。恰逢公元前59年恺撒任执政官，对此大力支持！这样一来，克劳狄乌斯就在公元前58年当上了保民官。他在上任不

久后就提出一项专门为他的死敌西塞罗量身定做的特别法案，宣布凡是未经法庭审判而处死罗马公民的官员应当"剥夺水与火"——逐出罗马。而正是西塞罗曾于公元前63年未经审判处死过与卡提利纳暴动有牵连的罗马公民。西塞罗遭受放逐，财产被充公，其住宅也被摧毁。克劳狄乌斯成了恺撒手中反对庞培、反对西塞罗的一只棋子，至于他的丑闻，在恺撒眼里自然就成了小事一桩了。

至于公元前52年克劳狄乌斯在罗马郊外被他的政敌、庞培手下的米罗所杀，在法庭上，早就返回罗马的西塞罗为米罗作无罪辩护——那是后话了。

前、后三头的婚姻

谈了恺撒的婚姻，我们再来看看前、后三头其他人的婚姻状况。公元前60年，罗马三位最有势力的政治家克拉苏、庞培和恺撒结成前三头同盟。为了拉拢庞培，恺撒把最受宠爱的女儿朱理娅嫁给了他。有了朱理娅，尽管恺撒与庞培矛盾、冲突不断，但至少在表面上还维持着友好的局面。在公元前54年朱理娅去世之后，在恺撒和庞培之间就缺了这样一位重要的联系调解人。

在公元前48年的法萨卢斯决战中，庞培大败逃亡埃及，恺撒穷追不舍。后庞培被埃及人所杀，并把他的首级献给了恺撒。此时此刻，恺撒该表现出是喜是怒？外人看到的是盛怒和悲伤的恺撒。恺撒还以为庞培报仇当理由，重组了埃及王室，于是被后人称为"埃及艳后"的克娄巴特拉（公元前69—前30）登上了埃及王位。公元前46年她生了个儿子，她声称是恺撒的骨肉，但恺撒从未正式承认过。当

　　恺撒非常理智，有时甚至是冷酷地处理他与配偶的关系。人们记住了他的"恺撒妻必须无可疑"这句话。

然，恺撒为庞培举行了隆重的葬礼，虽然他们俩的岁数差不多，但庞培毕竟曾是他爱女的夫君。

　　屋大维、安东尼和雷必达在公元前 43 年 11 月结成后三头同盟。此时安东尼的妻子是大名鼎鼎的福尔维娅，克劳狄乌斯是她的前夫。虽然在后三头同盟中，屋大维和安东尼的斗争最为激烈，但他们却是亲上套亲的近亲：福尔维娅把她与克劳狄乌斯所生的长女克劳狄娅嫁给了屋大维，安东尼是克劳狄娅的继父，如此说来安东尼该是屋大维的老丈人；福尔维娅死后，屋大维又将他的姐姐屋大维娅嫁给安东尼当继室，这样，屋大维又成了安东尼的小舅子。当然，安东尼一遇到埃及艳后克娄巴特拉之后，就一头投入她的怀抱。

　　与恺撒比较起来，屋大维连前者那层温情脉脉的外表也没有：福尔维娅在世时，仗着自己是岳母，对屋大维不断提出过高的要求，屋大维就毫不客气地把克劳狄娅退了回去。屋大维仍毫不手软地处决了安东尼与福尔维娅所生的、与他作对的一个儿子，尽管他的姐姐是这个儿子的继母。

　　公元前 31 年，安东尼与屋大维在希腊决战之际，安东尼竟然弃正在为自己血战的十万将士于不顾，只身去追寻克娄巴特拉去了。屋大维大胜之后，翌年攻入埃及，安东尼与克娄巴特拉双双自杀。

　　与不顾利害、不顾死活、不顾天塌、不顾克娄巴特拉的声名狼藉、不顾一切而要与之结合的安东尼相反，恺撒非常理智，有时甚至是冷酷地处理他与配偶的关系。人们记住了他的"恺撒妻必须无可疑"这句话。

琴照弹，休管罗马大火

——被钉在历史耻辱柱上的暴君尼禄

就像中国成语"酒池肉林"最初是用来形容纣王的穷奢极欲那样；英语中的"琴照弹，休管罗马大火"（"fiddling while Rome burns"）则是与世界史上著名的暴君尼禄（公元 37—68，公元 54—68 在位）紧相关联。

尼禄的母亲

尼禄之所以能当上古罗马帝国的皇帝，全仗他母亲阿格里庇娜的策划与运作。阿格里庇娜是个有点姿色、专横、狠毒、鬼点子多且野心极大的贵妇人。在提比略之后当皇帝的卡里古拉是她的兄长。由于兄妹关系紧张，她哥哥在位时，把她逐出罗马，她反倒没有了在政治上施展的舞台。她的叔叔克劳狄（旧译"革老丢"）继位后，她才得以回罗马。叔叔在侄子之后当皇帝，是出于这样的历史背景：公元 41 年，罗马近卫军发动宫廷政变，杀死卡里古拉，其时克劳狄也在宫里，近卫军找到了吓得躲在窗帘背后的他，拥他为帝，当时他已 55 岁了。

公元 49 年，阿格里庇娜的第二任丈夫去世。她用尽了所有的办法，最后遂了心愿：和叔叔——皇帝克劳狄结婚，成为他的第四任妻子。与皇帝结婚的目的达到后，下一个压倒一切的目标就是要让她与第一任丈夫所生的儿子尼禄当上皇帝！虽然克劳狄在以往的婚姻中已有一个亲生的儿子和一个女儿，阿格里庇娜在短短几年内居然心想事成地做到了——

公元 49 年：与皇帝结婚。

公元 50 年：皇帝正式接纳尼禄为养子，之后不久又竟然确立他为皇位第一顺位的继承人。

公元 51 年：尼禄在 14 岁时即被宣布业已成年，由皇帝任命为议员和省督。

公元 53 年：由于阿格里庇娜的运筹帷幄，16 岁的尼禄与皇帝 12 岁的女儿屋大维娅结婚。

公元 54 年：为了能让尼禄尽快登上皇位，皇帝被阿格里庇娜用毒药害死。

这样，当时毫无思想准备的尼禄在 17 岁时就当上了罗马帝国的皇帝！

在尼禄执政的最初两年，尼禄对他的老师兼顾问布鲁斯和塞涅卡言听计从，并听凭母亲的"垂帘听政"。渐渐地母子间产生了矛盾，而且矛盾愈来愈尖锐：尼禄讨厌母亲对他在政治上和私人生活上喋喋不休的指责，而且她还以当仁不让的架势，像皇帝似地发号施令。有其母必有其子，尼禄毕竟是阿格里庇娜精心培养的儿子——公元 59 年 3 月 23 日，尼禄指使人在她的乡间别墅杀死了阿格里庇娜。

罗马大火

没有了母亲的羁绊，尼禄更加肆意妄行、恣睢纵欲。而通常被作为尼禄的最大的两项罪行是火烧罗马和残酷迫害基督徒。

在公元64年7月18日夜，罗马市中心由大竞技场开始突发大火，由于天气干燥又刮大风，而且罗马的建筑造得既高又密，造成的后果极为严重：罗马共有14个区，在9天内，仅有4个区完全幸免，在过火的10个区中有3个区完全烧毁，另7个区大部分建筑被焚毁！

据罗马著名史学家斯维托尼乌斯的说法，罗马大火完全是尼禄命人放火引起的。尼禄想盖一座名为"金殿"的宫殿，于是想用放火的办法省事省力地清理出建筑场地。在火起之初，尼禄还登上马撒纳斯塔楼，在里拉琴（古希腊乐器，形似小竖琴）的伴奏下，颂咏《特洛伊的陷落》中的诗句——这就是上面提到的"琴照弹，休管罗马大火"这句英语谚语的历史依据。

尼禄在罗马遭大火灾，国家、人民非常困难的情况下，不管不顾抢先建造自己的穷奢极侈的"金殿"，这更是火上浇油，使得人民愤怒到了极点。

迫害基督徒

基督教形成之初，罗马帝国对其采取打击、镇压政策。耶稣就死于提比略派往犹太地区的巡抚彼拉多之手。在历史上，克劳狄皇帝就曾驱逐基督徒出罗马。尼禄更认为"基督徒是信仰一种新而有害的迷

在西方许多的语言中，"尼禄"（Nero）几乎成了"暴君"的同义词，此外，Nero 还有"脾气暴躁的人"、"残忍的人"的意思。

信的人"。

现在罗马发生大火，闹得无法收拾，把基督徒说成是纵火犯，对于尼禄来说可达到一箭双雕的目的：既打击、迫害了基督徒，又可推卸责任、嫁祸于人。为此，尼禄以极为残酷的手段，处决了一大批基督徒。

钉在历史的耻辱柱上

尼禄的暴政，导致众叛亲离、民怨沸腾。尼禄确已成了名副其实的"孤家寡人"：三岁时，生父去世，之后，母亲又帮他谋害了继父，他先后也杀害了母亲、两任妻子和既异父又异母的兄弟。这样，"革老丢"一家三口的命，就全丢在尼禄母子的手中！他的"恩师"塞涅卡是罗马著名的新斯多葛派的哲学家，尼禄 11 岁起就在他的门下受教，尼禄当皇帝后他当顾问和大臣辅佐朝政。公元 65 年，尼禄找了一个借口，说顾及旧日效劳和看在"恩师"的面子上，就不执行死刑而"恩赐自尽"，于是塞涅卡就切开了自己的血管……对于身边的人如此，对外人，尼禄就更加心毒手狠了！

60 年代不列颠发生的反罗马暴动、犹太地区暴发的犹太人起义以及高卢和西班牙等各省的反尼禄起义（公元 68 年）——罗马帝国各地燃起的熊熊烈火，终于也波及罗马：罗马城内的近卫军起而叛变，逼尼禄下台。尼禄被迫自杀，被钉到了历史的耻辱柱上。这正是：天作孽，犹可违；自作孽，不可活。

在西方许多的语言中，"尼禄"（Nero）几乎成了"暴君"的同义词，此外，Nero 还有"脾气暴躁的人"、"残忍的人"的意思。前

面所说的"琴照弹，休管罗马大火"以及诸如"将拇指朝下"（"give the thumbs down"——尼禄在观看格斗时，常用拇指朝下的手势，命令将失败的格斗者处死）等谚语均与此紧相关联。最后一个例子：希特勒 1945 年 3 月 19 日的命令（要把所有德国的军事、工业、运输和交通设备以及所有的储备全部销毁）日后被人们不约而同地称为"尼禄命令"（"Nerobefehl"）——希特勒与尼禄一样是暴君。在古代，尼禄谕令火烧罗马城，在现代，希特勒则下令摧毁德国所有的基础设施、毁灭德国。"尼禄命令"这样的叫法真是不能再贴切了！

◎ 汪达尔人

公元 439 年，汪达尔人（the Vandals）在北非的迦太基建立汪达尔王国，是为汪达尔人的鼎盛时期。在这个时刻，作为日耳曼人一支的汪达尔人也无疑处在其发展的转捩点，人们不禁要问：汪达尔人从哪里来，又要走向何处？

西里西亚与安达卢西亚

根据考古发掘与历史研究，在欧洲大地上，在西里西亚和安达卢西亚较为集中地发现了汪达尔人的遗迹。本来，这两个地名也是与"汪达尔"紧相联系的。西里西亚（Schlesien）因汪达尔人的一分支西林人（Silingen）而得名。而关于安达卢西亚这个地名来源的一种说法是：Andalucia（西班牙语）来源于阿拉伯语，最初的意思是"汪达尔人的土地"（Vandalucia）。

在当今波兰东南部的喀尔巴阡省，有个名叫普热沃斯克（Prze-worsk）的小城，曾发现了不少陶器作坊、房屋、坟墓和各种器皿（最有特色的是绘有波形纹饰的陶器），因此有了"普热沃斯克文化"

的说法。这个普热沃斯克文化的主要缔造者即为汪达尔人，这是他们留下的雪泥鸿爪。

汪达尔人在德文中也可写为"Wandale"，就像这个名称所表明的"浪游者"、"飘移者"的意思那样，汪达尔人在历史舞台上也是由北欧而东欧，由东欧而西南欧，最后由西南欧而"飘移"到了北非，就像流星那样最终完成了它的历史使命。

公元1世纪前，汪达尔人居住在斯堪的纳维亚半岛南部。从公元1世纪起至3世纪，汪达尔人分布于奥德河中上游到多瑙河一带。公元5世纪初，经高卢入西班牙，后又继续南迁，经直布罗陀到了北非。在国王盖塞利克的率领下，汪达尔人攻打罗马的北非行省，随即建立了汪达尔王国（公元439—534）。

攻陷罗马

迦太基被称为"非洲的罗马"，在占领迦太基的同时，汪达尔人也掳获了在那里停泊的罗马人庞大的船队，他们成为日耳曼人中第一个拥有船队的部落联盟。他们以北非为根据地，又先后征服了西西里西部、撒丁岛、科西嘉和巴利阿里群岛。

公元455年，汪达尔人又渡海攻陷罗马：罗马距第勒尼安海仅20多千米。据历史记载，汪达尔人在罗马城内整整洗劫了14天。在奴隶和隶农的起义和"蛮族"（包括汪达尔人）入侵的合力下，西罗马帝国于20年后的公元476年灭亡。

又过了70多年——在公元534年，东罗马帝国的军事统帅维利萨里讨伐汪达尔人，获得胜利，占领了汪达尔王国，又把其重新纳入

帝国的版图。汪达尔王国的亡国之君盖利默则被押解到君士但丁堡，
在软禁中度过余生（死于公元 553 年）。汪达尔人曾在公元 554 年发
动过一次武装暴乱，被镇压了下去。在此期间，大部分汪达尔人被陆
续押解到东罗马帝国各地（特别是东部），而少部分人则分散在东罗
马军队中服役。如此这般，汪达尔人不仅丧失了自己的国家，而且作
为一个民族自此之后也消失得无影无踪。

"vandal" 的近现代含义

　　1794 年 8 月 28 日，法国布卢瓦主教亨利·格雷古瓦（1750—
1831）出于对雅各宾派过激做法的不满，"古为今用"、"洋为法用"，
首次在他的文章中使用了"vandalisme"一词。按他的解释，历史上
的汪达尔人在攻占罗马后，肆意破坏文物，破坏艺术，故而他把这种
行为直接称之为"vandalisme"。1798 年，该词即按格雷古瓦的解释收
入法兰西学院编纂的权威词典中。以此为发端，几乎在欧洲所有的语
言中，都纷纷在"对财物（尤指文化、艺术品）的大肆破坏"和
"肆意破坏者"的意义上，使用"vandalism"和"vandal"两词。

　　一直到现在，"vandal"还保留为一个颇为常用的"时髦词"：在
西方的媒体上，今天报道巴黎郊区的一些青年寻衅滋事，烧轮胎、砸
玻璃被称为"vandal"。明天，英国的足球流氓因输球而与对方的球迷
大打出手、破坏公物也毫无例外地被戴上了"vandal"的帽子……历
史上一个国家、一个民族的名称就这样成了人类一种罪错的代名词，
进而成了表示这种罪错的专有名词。

　　西方的一些历史学家、语言学家也曾为汪达尔人鸣不平。他们就

事论事地指出，那种说汪达尔人在占领罗马期间"肆意破坏"的说法，并不符合历史事实。毋宁说，汪达尔人在占领罗马期间的全部精力都集中在"掠夺财物"上：一个街区一个街区、一家一户地（当然集中在富户）搜刮、掠夺财物。用"谋财害命"这个成语作对照，他们当然谋财，但总的来说，他们并不害命。盖塞利克答应了教皇利奥一世的呼吁，并没有伤害罗马城内百姓的性命。一部世界历史，外国人入侵，攻城略地的事经常发生，汪达尔人的做法在当时并没有任何特殊之处，更严重的事件多得不可胜数。为什么时间已过去了一千多年，又单单挑出汪达尔人来说事?!

笔者想说的有两点：第一点，之所以有人单挑汪达尔人来说事，是因为汪达尔人及他们的国家早已不复存在，可以由着人们汪达尔人长汪达尔人短地随便评说，没有人会在国际机构提抗议。vandalism与vandal现在这样的用法，估计也会持续下去。第二点，经历了抗日战争的中国人自然有切肤之痛：日本侵华军人攻占、烧杀掳掠了多少中国城池？比起5世纪攻占罗马的"蛮族"汪达尔人，20世纪侵华的日本军人不知要野蛮、血腥多少倍！

第二辑

从"女巫"到"赎罪符"——基督教在欧洲

◉ 卡诺莎之行

卡诺莎城堡位于意大利北部，现今艾米利亚—罗马涅大区的小城雷焦艾米利亚市。矗立在该城以南 18 千米亚平宁山北坡的城堡废墟（建于 10 世纪中叶，13 和 16 世纪遭两次毁坏），早在 1878 年就被国家收购，作为历史文化遗产保护了起来。

1077 年 1 月 28 日

1077 年 1 月 28 日，在卡诺莎城堡发生了世界史上堪称绝无仅有的、真实的却比戏剧情节还要轰动的一幕——

经过漫长艰辛的跋涉，卑躬屈膝、备受身心煎熬的等待，德意志国王、神圣罗马帝国皇帝亨利四世（1050—1106，1056—1106 在位）终于获得了教皇格利高里七世（约 1020—1085，1073—1085 在位）的接见。

1076 年末，时年 26 岁的亨利四世获悉教皇应德意志反对派诸侯的邀请，离开罗马北上准备前往德国。教皇名为调停，实际上却旨在进一步挑起皇帝与反对派诸侯的矛盾，还准备另选他人来取代亨利四

世的国王、皇帝位置。于是，皇帝立即决定，带着他的妻子贝尔塔和两岁的儿子康拉德离开施派尔，前往位于意大利北部的伦巴第，期望在途中与教皇相遇。当然，亨利四世急于见到教皇，除了希望阻止上述双方之间的会面外，最大的愿望是期盼教皇收回开除他教籍的敕令。

也在途中的教皇，临时下塌卡诺莎城堡，这样，亨利四世一行也尾随来到城堡前。据记载，亨利四世身披麻毡，在雪地里光着双脚，完全是一副基督教忏悔者的装扮。而教皇则摆足了架子，从1月25日到28日，足足让皇帝在冰天雪地中等了三天三夜。

在姗姗来迟的接见中，皇帝向教皇"悔罪"，而教皇则给了皇帝一个表示赦罪的吻，皇帝也被恢复了基督教的教籍。据说，亨利匍匐在教皇面前，展开双臂，使全身呈十字架，接受了教皇的宽恕。

于是，"卡诺莎之行"（"Gang nach Canossa"、"Walk to Canossa"）这一词汇在西方语言中，就表示"屈辱地请求原谅"、"请求宽恕"的意思。

皇帝与教皇

在基督教史中，格利高里七世是一位极为强悍的教皇。以往，在皇帝与教皇的关系中，皇帝始终处在主导地位：从奥托一世起，皇帝任命主教甚至教皇。亨利四世的父亲亨利三世就先后罢免了三位教皇，完全控制了罗马教廷。然而到了格利高里七世，事情就起了变化。他首先为教皇的独立而奋斗，继而更要求凌驾于皇帝之上。皇帝与教皇的斗争，最初首先集中表现在"授职权之争"上——究竟是皇帝还是教皇有权任命主教和修道院院长？

冲突爆发在米兰大主教的任命上：双方提出了不同人选。于是，在皇帝与教皇之间的一场闹剧就由此开始。

1076 年元旦，皇帝收到教皇的警告信。在信中，教皇训斥皇帝未经同意，即擅自任命米兰等地主教的做法。提出警告：倘若皇帝继续一意孤行，教皇作为圣彼得的嫡系传人，将开除皇帝的教籍，届时未谓言之不预也！

年轻、血气方刚的皇帝与一年后在卡诺莎之行时的表现是截然不同的。他哪能吃教皇的这一套！1076 年 1 月 24 日，他在《沃尔姆斯回绝决议》中，极不策略地指着鼻子臭骂了教皇一顿。他在信中也不称对方为教皇了，而是直呼其名"希尔德布兰德"，说他不仅教皇的位子是非法篡夺来的，而且以其"不道德的生活"（如与已婚女子通奸等）破坏了教会的秩序。作为罗马的统治者，亨利四世命令希尔德布兰德下台！

事情又回到罗马。知悉皇帝信函内容后，勃然大怒的教皇于 2 月 15 日以向圣彼得祈祷的形式，宣布对皇帝的判决：禁止亨利在德意志和意大利的统治，并将皇帝革出教门——这种做法是史无前例的。在 11 个月之后，就发生了前面所说的卡诺莎之行。

亨利四世之所以前倨而后恭，完全是因为形格势禁——他当皇帝时的情况已完全不同于以往了：当时的中央皇权已大不如前，格利高里七世正是瞅准了这个时机与皇帝叫板，而德意志反对派诸侯也正好乘皇帝与教皇斗法之际而兴风作浪……

通过卡诺莎之行，亨利四世得到了喘息的时机。1080 年，亨利四世战胜主要政敌士瓦本公爵鲁道夫，1081 年，进军意大利，对教皇进

行报复。教皇则向诺曼人求援。教皇的援军还没有到，亨利四世即攻破罗马城。教皇只得逃到诺曼人军中。后来，诺曼人进入罗马，抢劫三日，烧毁罗马城的三分之一。诺曼人撤退时，格利高里七世害怕罗马人会声讨他引入祸水，随诺曼人南撤，于1085年客死萨勒诺城。

对"卡诺莎之行"的不同解读

一种观点认为，大丈夫能屈能伸，通过"卡诺莎之行"，亨利四世获得喘息的机会，这是亨利一个聪明的策略。另一种观点则认为，亨利四世在"卡诺莎之行"中，丧失了原则，留下了无穷的后患：亨利完全承认了当时尚闻所未闻的教皇有开除皇帝教籍和罢黜皇帝的权力，就意味着放弃"王权直接受命于上帝"的观点，对皇帝来说，迈出了极为不幸的一步。

俾斯麦是持后一种观点的一个典型代表。1872年5月14日，俾斯麦在议会就"文化斗争"问题，从他的角度说出了一句名言："我们不去卡诺莎！"5年后，在现今下萨克森州的巴特哈尔茨堡竖起了一座高16米的碑。碑的两面分别刻着俾斯麦的像和他所说的"我们不去卡诺莎！"

◎ 追杀 "女巫"

——发生在欧洲历史上惨绝人寰的一幕

"女巫"被押解到柴堆上，捆在柱子上。柴火点着，随着一阵阵瘆人的惨叫，一个个"女巫"被处决。据历史记载，从 1275 年在图卢兹首次对"女巫"开杀戒，到 1793 年在波兹南处决欧洲最后一个"女巫"——时间的跨度达 500 余年，欧洲的"女巫"牺牲者共达几十万至数百万！（据《不列颠百科全书》"巫术"——"witchcraft"条目的数字统计。）

《女巫之锤》

在长达 5 个世纪迫害、追杀"女巫"的历史过程中，不乏各种文人在理论和实践上对此加以总结。其中，最为恶劣、影响最大的当推由天主教宗教裁判所裁判官、多明我会会士海因里希·克拉默尔博士（1430—1505，又名因斯蒂托利斯）用拉丁文所写的《女巫之锤》。该书从 1487 年推出第一版，一直到 18 世纪，一共印行了 30 版，是欧洲自古登堡推行印刷术以来，印数最多的书籍之一。在该书出版至少

200年的时间里，它竟成了在理论和实践上推动欧洲迫害"女巫"运动发展的指导书籍。

克拉默尔这个神学博士，不仅著书立说，而且在审判异端方面，是极为严酷的裁判官。他之所以能写成这本遗臭万年的"著作"，也得益于他的"司法实践"——在他写这本书时，他已经把48个"女巫"送上了火刑柱。终其一生，他一共把200个"女巫"送上了熊熊燃烧的火堆！为此，他感到颇为自傲。

《女巫之锤》全书共分为三大部分：第一部分，从神学理论角度阐述，开展迫害、追杀女巫的运动是有道理的、必要的。第二部分，揭露女巫的"真实面貌及罪行"：女巫为了邪恶的目的不惜与魔鬼勾结（通过与之聚会、交合），运用超自然的力量，加害一切善良的人们。第三部分则就如何对女巫进行审讯，对审讯者应有怎样的心态，审讯应有什么具体步骤，如何逼出女巫嫌疑人的口供等问题作了指点。克拉默尔特别强调，在审讯过程中，动用刑罚是必不可少的。

飞来横祸

而对于这上百万的"女巫"牺牲者来说，事情都以"飞来横祸"开头，以在烈火中死于非命告终！

本来还是好好的农妇村姑、城镇婆姨，突然因有人告发或受已刑拘"女巫"招供的牵连，祸从天降：被官府的法庭或教会的宗教裁判所（在很长一段时间内，世俗法庭和宗教法庭对此都有管辖权）拘捕。她们被关在专设的地窖或塔楼里。脱光她们的衣服和剃去头发和体毛的原因，据说是为了使她们无法施展巫术。她们还被"验明正身"，看看身上带不带明显的女巫的特征：身上有没有疤痕、胎记。如果有，就用针刺，不流血者肯定是女巫；还有一种"水试"——把嫌疑人扔到水里，如果是漂在水上不下沉的，也被认定是女巫……这类检查身体方法还有"火试"、"泪试""摇试（放在摇篮里摇晃）"。如果通过了"体检"，接着就是审问。在《女巫之锤》中，克拉默尔就精心设计了法官所提出的问题。如在第一个问题"承认不承认有女巫存在？"中就布下了陷阱：回答"不承认"，就可以扣上违反教会的说法，因而是反教廷异端的帽子；如回答"承认"则马上与其本人联系起来。嫌疑人极少能摆脱上火刑柱的命运，因为最后还有各种刑具伺候，屈打成招、胡乱招供，又会引出新的一串女巫嫌疑者……

中国有句谚语叫"比窦娥还冤"，把这句话用在欧洲上百万无辜的"女巫"牺牲者身上完全是名实相符的：窦娥的冤屈在于法官子虚乌有地将她与一项与她无关、然而确实存在的罪行联系起来；而欧洲上百万的"女巫"们不仅子虚乌有地、虚妄地被与一项罪行相联系，而且连这项罪行也是根本不存在的（如克拉默尔就指责"女巫"制造灾难、瘟疫，使女人不能生育，让男人不能人道……）。"窦娥"死后，还有关汉卿为其呼号、呐喊；而当时欧洲的许多作家则"墙倒众人推"——把她们作为残暴的巫婆、凶相毕露的母夜叉的创作原形，在他们的作品中继续进行诋毁、诽谤……

世界之最

在世界上的其他地方，在漫长的历史进程中，无疑或多或少地均会发生迫害、追杀"女巫"或类似的事件。然而像欧洲这样危害时间

之长、规模之大、性质之恶劣，则是创造了世界之最的纪录。

在欧洲，追杀"女巫"运动，不仅发生在黑暗的中世纪，而且延续到近代。莎士比亚、培根、笛卡儿、伽利略和开普勒仍旧生活在焚烧"女巫"的年代。连开普勒的母亲在德国西南部符腾堡的一个小城里也待不下去了，差一点要被当作女巫烧死！追杀"女巫"运动在欧洲前前后后漫延达五百年，其中，1450—1750 年是它的高潮时期，而1550—1650 年则是最为癫狂的时期。

追杀"女巫"运动席卷整个欧洲，由西欧而南欧、中欧再到北欧、东欧。追杀"女巫"的习俗甚至随英国移民带到了北美：1692年，在马萨诸塞的塞勒姆，由于一群小女孩的告发（其时，因看重孩童的童真和直觉，而特别鼓励儿童的检举揭发），有 30 多人被判犯有施用巫术罪而被付之一炬！

在欧洲，追杀"女巫"运动不仅有宗教裁判所，有克拉默尔这样的裁判官和刽子手；而且尘世间世俗的法庭也与宗教法庭合力围剿、两路夹击上述无辜而又可怜的"女巫"。特别要指出的是，欧洲在经过宗教改革后，出现了罗马天主教、新教路德宗、加尔文宗等派别，这些教派为教义上的分歧，争得不亦乐乎，打得不可开交；然而，当时他们在迫害、追杀"女巫"这一点上，却保持惊人的一致！

布拉格扔出窗外事件

——三十年战争的发端

1618 年发生的"布拉格扔出窗外事件"（德文：Prager Fenster-sturz，英文：Defenestration of Prague）成了三十年战争的发端。三十年战争（1618—1648）是以德意志为主要战场，欧洲历史上第一次大规模的国际战争。

从 17 米高处扔出

1618 年 5 月 23 日，在布拉格参加捷克新教代表会议的代表冲进城堡，不管三七二十一，将哈布斯堡王朝的两个高官连同一个文书从布拉格城堡三层（距地面 17 米）的窗户扔了出去。三人如果掉在石子路上谁也活不了，幸运的是，当时城市的卫生状况很差，即使在城堡的周围也堆了不少垃圾。他们三人都掉到垃圾堆上，除了受到惊吓、被摔晕外，只有一人摔伤了腿。那个文书约翰内斯·法布里齐乌斯因祸得福——由于他的"临危不惧"，被皇帝封为贵族，他的封号叫"Von Hohenfall"翻成中文就叫"从高处坠下的法布里齐乌斯"！

　　这初听起来有点滑稽的"扔出窗外事件",却有着严峻、残酷的历史背景,并产生了更为严峻、残酷的后果。大的历史背景是,1555年签订《奥格斯堡宗教和约》后,只经历了很短的一段相对平静时期。之后,德意志新教、旧教诸侯之间,诸侯同皇帝之间争斗不断。新教诸侯再接再厉打算进一步扩大自己的地盘;皇帝与旧教诸侯则来个"反攻倒算",正式的说法是"反宗教改革"。教会系统除了吸取了一些教训,在内部进行改革,消除最为臭名昭著的弊病外(如取消赎罪符买卖),还更加重用耶稣会,对一切反对天主教的人进行不择手段的报复。耶稣会的创始人罗耀拉有句名言叫:"只问目的,不择手段,目的使手段神圣。"天主教的"反宗教改革"取得了不少成效。

　　布拉格扔出窗外事件的近因是,当时统治捷克(布希米亚)的信仰天主教的哈布斯堡王朝收紧了对信仰新教的当地民众的限制,引起了不满,引起了骚动,进而发生了"扔出窗外事件",爆发了起义。本来,按照"教随国定"的原则,主子信天主教,臣民百姓应随着信,否则就须出境、走人。但当时的捷克情况有些特殊:捷克于1526年方重新并入德意志民族神圣罗马帝国的版图,它保有很大的自治权,国会、新教教会继续发挥着重要作用,皇帝鲁道夫二世迫于形势,在1609年的"皇帝诏书"中,对捷克新教徒作了很大让步。事过境迁,皇帝出尔反尔,于是就引起了前述事件,而这一事件又捅开了三十年战争的马蜂窝。

三十年战争　四大阶段

　　三十年战争分为四大阶段:捷克—普法尔茨阶段(1618—1624)、

> 从布拉格被惊恐万状地推出窗户的哈布斯堡王朝官员，到四平八稳坐在明斯特市政厅参加谈判的衮衮诸公，两个镜头的切换耗时 30 年！

丹麦阶段（1625—1629）、瑞典阶段（1630—1635）和法国阶段（1635—1648）。交战的一方为神圣罗马帝国皇帝、德意志天主教诸侯和西班牙（教皇、波兰也站在他们一边）；另一方有德意志新教诸侯、丹麦、瑞典和法国（并得到荷兰、英国和俄国的支持）。

投入最大力量和心计参战的外国是法国和瑞典。法国把哈布斯堡王朝视为其争夺欧洲霸权的最大敌人，而瑞典则谋求在波罗的海的霸权。如果说，战争的第一阶段还是在神圣罗马帝国范围内的内战的话，那么在其他阶段，主要外国参与者分别是丹麦、瑞典和法国。

三十年战争　三大"战神"

通常被称为三十年战争三大"战神"的军事统帅是华伦斯坦、梯里和瑞典国王古斯塔夫-阿道尔夫二世。

战争的第一阶段，本应是皇帝与捷克人之间的斗争。之所以把普法尔茨也牵扯进来，是因为捷克国会认为自己有权任免捷克国王，于是在 1619 年免去了神圣罗马帝国皇帝斐迪南二世所兼的捷克国王一职，选举"新教联盟"的领袖普法尔茨选帝侯弗里德里希五世（1596—1632）为新国王。年轻的弗里德里希（他在法国留学时改信新教加尔文宗）明知捷克属哈布斯堡王朝的势力范围，而且自己完全没有力量与之抗衡，却不切实际地幻想着他的岳父英王詹姆士一世和德意志新教诸侯届时会出兵支援（这种一厢情愿的想法以后完全落空），兴冲冲地跑到布拉格去当国王——后果自然是灾难性的：应皇帝的请求，天主教联盟盟主巴伐利亚公爵马克西米利安派他的大将梯里前往捷克征讨，在布拉格附近的白山大胜捷克军。西班牙军队也抄

了普法尔茨的老巢。三十年战争第一阶段，以捷克失败、弗里德里希既丢了国王头衔又丢了选帝侯的头衔和原有领地而告终。

梯里是这次胜利的主将。而在战争的第二阶段，华伦斯坦则是打败丹麦的主要军事统帅。在第三阶段，梯里和华伦斯坦对遏制瑞典向南德的进攻分别起到同样重要的作用。1632年，梯里以七十多岁的高龄战死于战场，身后备极哀荣；1634年，身体好好的华伦斯坦却被自己的皇帝派人谋杀。同一阵线的两大军事统帅，命运为何如此不同？

梯里（1559—1632）从小在科隆耶稣会学校受到严格的天主教教育，从16岁起，即服役于诸天主教君主的军队里，他是一个忠诚的职业军人。1610年受巴伐利亚公爵马克西米利安一世的委托重组巴伐利亚军队，他也成为该邦军队的统帅，由于巴伐利亚是天主教联盟的首领，他也成了该联盟军队的统帅。在战争的第一阶段，皇帝用上了梯里指挥的军队，这当然必须征得巴伐利亚公爵的同意，而且花了很大的代价：偿付军费、把普法尔茨选帝侯的头衔转封给马克西米利安，并将其很大一块领地划归巴伐利亚。更何况，皇帝与公爵（1621年后为选帝侯）也经常闹矛盾，皇帝无法随心所欲地使用梯里指挥的公爵的军队。

正当皇帝朝思暮想自己拥有一支像梯里军队那样强大的、且随时服从命令征战的军队之时，1525年，华伦斯坦毛遂自荐找皇帝来了：他可以自筹经费，自募兵丁，组建军队供皇帝调遣。

华伦斯坦（1583—1634）出身于捷克乡村贵族家庭，他的祖父是最早将新教引入捷克的先驱者之一。华伦斯坦后来却又改了回来，信天主教。在1618年捷克起义时，他站在哈布斯堡王室一边，并参加了保卫皇帝的战斗。当时，他已是捷克最富有的大地主、大工商经营者和新军阀（或可称之为军队经营者——用经营地产和经营工商企业的方法来经营军队）。他是个冒险家，他身上混合着天才的组织者、商人和毫无顾忌的掠夺者的气质。在他的一生中曾多次大发横财。第一次是 1609 年 5 月与极其富有的摩拉维亚大地主、寡妇露克莱西娅·冯·维特奇科夫结婚，第二次是捷克起义失败后，他趁哈布斯堡王室收拾起义新教贵族（处决、放逐、没收产业）之机，大肆敛财。他管理的田庄、工商企业效益极高。他不仅"富可敌国"，而且实实在在拥有一个富有的"国家"——在他的领地弗里德兰，他实行重商主义，创办工业企业，已成了捷克北部的小型"模范国家"。斐迪南二世同意授权华伦斯坦招募军队之后，华伦斯坦在人生奋斗的道路上迈上了一个新的台阶：以往，他的政治、经济影响力只局限在一个地方的范围内，他手下的兵丁也只不过是地方民团式的武装；现在他要面向全德意志，面向全欧，在军事上，他不仅要与梯里并驾齐驱，而且更要超过一头！

华伦斯坦一出手就向皇帝提供四万他招募的受过严格训练的雇佣军。他成为丹麦与皇帝在北德开战的主力。1625 年 4 月，华伦斯坦在德绍的易北河大桥上首战告捷，展开了凌厉的攻势。只是由于怕华伦斯坦独占军功，巴伐利亚选帝侯方赶忙派出梯里出征。

虽然华伦斯坦在三十年战争的第二阶段中，打败丹麦，功勋卓著，但因得罪遍了天主教诸侯，在他们的压力下，皇帝于 1630 年免去他的职务，还命令他遣散军队。

恰恰就在 1630 这一年，瑞典入侵，在国王古斯塔夫-阿道尔夫二世（1594—1632）率领下，浩浩荡荡由北德势如破竹地打到南德，连梯里也抵挡不住瑞典人进攻的锋芒。1631 年 9 月，梯里在莱比锡附近

的布来登费尔德几乎全军覆没。在 1632 年春，瑞典攻下纽伦堡、慕尼黑。不久，梯里也在莱希河战役中阵亡……在这样的情况下，皇帝不得不请华伦斯坦再度出山。

华伦斯坦果然不同凡响：1632 年 11 月，率军突入瑞典军的后方——德国中部的萨克森，瑞典人腹背受敌，不得不匆忙北撤，华伦斯坦因此解了巴伐利亚之围。这一年，在吕岑的鏖战中，华伦斯坦在军事上虽然没有占先，但被称为"北方之狮"的古斯塔夫-阿道尔夫二世却在该战役中负伤致死，瑞典的士气受到极大的损伤：华伦斯坦的军队剥去国王身上的所有衣服，听凭他浑身是伤的尸体一丝不挂地暴露在战场上。然而，吕岑之战竟成了华伦斯坦打的最后一仗。

在这一时刻，华伦斯坦达到了他人生的顶峰：弗里德兰公爵、梅克伦堡公爵、帝国军队统帅……然而，华伦斯坦风光、踌躇满志的时光很短：他先是在 1634 年 1 月被皇帝解职，同年 2 月 25 日，他同他最亲密的心腹被皇帝授意的自己军队的军官杀害于捷克的埃格尔城堡。

三十年战争三大"战神"不同的际遇、不同的命运成了欧洲历史上谈论不断的话题。华伦斯坦的结局，其原因是"功高震主、狂妄自大"，是"图谋叛逆"，是"鸟尽弓藏，兔死狗烹"，还是其他的什么原因？这似乎也成了仁者见仁、智者见智的永远无法理清的历史公案。

法国——战争最大获利者

三十年战争的前三阶段，法国虽然没有赤膊上阵直接参战，却在外交上极尽煽动鼓噪之能事，唯恐天下不乱：先是为交战双方火上加油，加剧和利用德意志新教、旧教联盟的争斗。在战争第二阶段（丹麦阶段），1625年，法国首相黎塞留瞅准了时间，撺掇英国、荷兰、丹麦三国建立反哈布斯堡王朝同盟，资助丹麦出兵德意志。而1630年瑞典出兵之时，也正是法国怂恿并援助正在谋求波罗的海霸权的瑞典入侵之日。1634年9月，瑞典在诺德林根大败之后，在交战诸方精疲力竭之时，法国终于从后台走向前

黎塞留

台：1635年4月，法国和瑞典缔结共同作战的盟约，5月19日，路易十三正式宣战。战争最后一个阶段持续12年。最初，法军战绩平平。值得一提的胜仗均发生在后期：1643年5月，法军在法国、比利时交界处的罗克鲁瓦战胜西班牙军队，1645年在诺德林根打败了巴伐利亚人和帝国军队。1648年8月，孔代亲王在朗斯告捷。

三十年战争期间的法国首相、红衣大主教黎塞留，在国内镇压胡格诺派新教徒是毫不手软、极为残酷的。在国外，为了法国的利益，为了夺取欧洲霸权，他却也会毫不顾及宗教上的对立，与德意志新教诸侯以及丹麦、瑞典、英国等新教国家结盟，反对同一宗教信仰的哈布斯堡王朝和德意志天主教诸侯。他把这种维护法国利益的做法称为

"国家理性"——总之，在他那里，无论是在国内镇压新教徒，还是在国外联合新教徒打击天主教徒，都是有道理的。黎塞留这个红衣主教，给人们上了他的有关"政治超越宗教"的一课。

如此这般，法国在三十年战争的和约——《威斯特伐利亚和约》（1648）中，成了最大的获利者：法国取得整个阿尔萨斯（斯特拉斯堡除外）和洛林的三个主教区（梅斯、土尔、凡尔登），实现了黎塞留把国界扩张到莱茵河的目的，法国成了欧洲的霸主。哈布斯堡王朝势力大大削弱。而对于德意志新教、旧教诸侯来说，除了加尔文宗获得与路德宗一样的合法地位外，打了三十年的仗似乎又回到战前的原状——在领土问题上，规定以 1618 年的占有情况为基准。而在宗教上，"教随国定"的原则被保留，同时，这一原则要受到 1624 年实际宗教信仰分布状况的限制。就是说，在宗教上以 1624 年为基准年，在这一年一个地区信什么教就永远信那个教。

倒霉的是平民

对于德意志新教、旧教统治者来说，他们有"保持原状"的条款作保证；而平民百姓"战前的原状"则早已一去不复返。恩格斯在《马克》一文中曾对三十年战争的结局作过如下的描述："在整整一个世代里……到处是焚烧、抢掠、鞭打、强奸、屠杀……物质的破坏，人口的凋零，是无穷无尽的。当和平到来的时候，德国已经不可救药了，已经被踏碎、被撕破，遍身流血，躺在地下，最可怜的，当然还是农民。"

前述在出身、性格、打仗方式诸方面截然不同的战争中的三大统帅，在盘剥、蹂躏、欺压平民百姓方面却是一个赛过一个：华伦斯坦本是一个提出"以战养战"，靠战争大发横财的，皇帝的"雇佣兵队长"。他纵容部队从民众那里掠夺财物作为军饷，每攻克一地，即大肆抢掠粮食和财富，就像蝗虫过境那样。梯里则极为暴虐，如他在1631年5月攻下新教的马格德堡城后，城市几乎完全被摧毁，居民大部分遭到杀害。1632年，古斯塔夫-阿道尔夫二世在攻下纽伦堡、奥格斯堡和慕尼黑后，紧接着的是大肆抢掠。还有名目繁多的其他军队、"义勇军"、"民团"，他们在哪里宿营，便要农民供应吃的、喝的，奸淫妇女，稍有怠慢，就将农民杀死……德国成了本国的兵痞、操欧洲各种语言的暴徒的为所欲为的天堂。

战争使德国丧失三分之一的人口，在战争的重灾区如德国东北部、中部和西南部，人口减少了三分之二。战后，德国城乡残破、农工商业凋敝，生产力遭到严重破坏，六分之五的乡村被毁，农民变得一无所有，在饥馑和死亡线上挣扎——这正是"战伐乾坤破，疮痍府库贫。"最倒霉的当然还是处在社会最底层的平民百姓。

从布拉格到明斯特

从布拉格被惊恐万状地推出窗户的哈布斯堡王朝官员，到四平八稳坐在明斯特市政厅参加谈判的衮衮诸公，两个镜头的切换耗时30年！谈判在威斯特伐利亚邦明斯特和奥斯纳布吕克两个城市分头进行。和谈从1644开始，光谈判就持续四年多的时间，到了1648年10月24日，各方代表终于在明斯特正式签字，这就是前面已提及的《威斯特伐利亚和约》。

　　鉴于三十年战争对于德意志民族的特殊重大意义，德国剧作家、诗人席勒罕见地写了一部历史学专著《三十年战争史》，他还创作了有关华伦斯坦的戏剧三部曲《华伦斯坦的军营》、《皮柯洛米尼父子》和《华伦斯坦之死》。席勒除了杜撰皮柯洛米尼的儿子和华伦斯坦的女儿恋爱的情节外，均以忠于历史的态度从事创作。当然，写三十年战争最为著名的文学作品，当推德国作家格里美尔斯豪森的《痴儿西木传》（我国已有李淑、潘再平教授的译本），他依据自己的亲身经历，创作了这部长篇小说。中国观众从德国现代剧作家布莱希特以三十年战争为背景创作的剧本《大胆妈妈与她的孩子们》中，深切地体会到当时百姓遭受的苦难……

　　前往欧洲旅游的游客能从至今仍矗立在布拉格市中心的古城堡的侧翼，看到当年扔下三个官员的窗户。在德国北威州（北莱茵—威斯特伐利亚州）明斯特市的市政厅，能看到有关三十年战争和《威斯特伐利亚和约》的展览。1350 年建成的明斯特市政厅在第二次世界大战中被炸毁，1948—1958 年按原样重建，于同年 10 月重新开放。好在遭轰炸前厅里的文物、装饰都被转移到别处，所以现在看到的多是当时签字时的原物。看到布拉格的古城堡、明斯特的市政厅，人们能体会到当初三十年战争时的些许氛围吗？

◎ 选帝侯

——皇帝的选举人

与其他西方大国不同,德国直到1871年才真正获得统一。德国历史上的一个专有名词"选帝侯"(简称"选侯")就是与德国长期处于四分五裂、邦国当政的状况紧相联系的。"选帝侯"在德文中叫Kurfürst,英文是依据当时"选帝侯"的拉丁文称呼,译为prince-elector。

选帝侯

选帝侯是德意志民族神圣罗马帝国诸侯中有权选举德意志皇帝的诸侯。这一制度从13世纪中期实行,一直到1806年帝国灭亡废止。初期有七个选帝侯,在实行这项制度的五百余年时间里,选帝侯的人数保持在7人至10人这样的范围内。1356年,查理四世皇帝颁布了《黄金诏书》,以诏书的形式,确认皇帝由选帝侯选举产生,并规定了具体的程序。

这里列举不同时期的8个最为著名、影响最大或担任此职时间最长的选帝侯。在世俗选帝侯中,以实力而言坐第一、第二把交椅的无

疑是哈布斯堡邦国（首都：维也纳）和勃兰登堡—普鲁士君主国（霍亨索伦家族，首都：柏林）。在他们之后，实力不俗的还有萨克森选帝侯国（韦蒂纳家族，首都：德累斯顿。该国邦君自 1697 年曾兼任波兰国王）；巴伐利亚（维特尔斯巴赫家族，首都：慕尼黑）和汉诺威选帝侯国（韦尔夫家族，首都：汉诺威。该国君主自 1714 年兼任大不列颠的国王，在英国的影响一直延续至今）。从开始到 1803 年均担任此职的是美因茨（首都：美因茨）、特里尔（首都：特利尔、科布伦茨）和科隆（首都：波恩）三大教会选帝侯。这三位同时又是天主教大主教的选侯，确保了选出的皇帝永远是天主教徒。这就是宗教改革后，"老大"哈布斯堡家族（天主教）差不多成了当皇帝的专业户；而"老二"霍亨索伦家族（基督教新教）永远当不上神圣罗马帝国皇帝的一个重要原因。

我在《赎罪符——宗教改革的导火索》一文中，曾提到教皇 1514 年将美因茨大主教一职贿卖给阿尔布雷希特。这可是一个非同小可的职位，凭这个职位，阿尔布雷希特就成了选帝侯！不用说广大信众愤愤不平，就是那些老选帝侯们，看到这么一位专事贿赂的"新同事"，心里又会怎样想呢？

德意志皇帝

面对强大诸侯的是羸弱的皇帝。皇帝并非没有想过办法、采取措施来提高自己的权威，使自己凌驾于诸侯之上。如亨利六世（1165—1197）曾尝试直接传位于儿子，遭到德意志贵族一致反对，那时实行的还是更为复杂的一套选举德意志皇帝的制度。经过各种政治势力的纵横捭阖，在 1257 年终于确立了选帝侯选举德皇的制度。

在《黄金诏书》中，进一步确认、扩大了选帝侯的权力：选帝侯在其领地内政治独立，拥有司法（独立的、不准臣民上诉的最高司法裁判权）、铸币、采矿、征税等国家主权。同时，进一步削弱了皇权，加剧了德意志的政治分裂。

在《黄金诏书》中，确定法兰克福是选举皇帝并举行加冕典礼的地方。对选帝侯如何抵达法兰克福，享受怎样的待遇，七个选帝侯投票的先后顺序……都作了详细规定。1792 年在法兰克福举行了最后一次选举、加冕典礼和庆典。

选帝侯们对皇帝的态度可说是"高高捧起，轻轻放下"。一方面，在形式上，皇帝位高权重，是"最高贵的统治者"，"世俗世界的首领、最高的行政长官、整个基督教世界的庇护人和保护者"，在整个欧洲享有崇高声誉；另一方面，皇帝在帝国内部的施政权力却受到很大的限制。皇帝经常处在"大权没有，小权不少"的状况之中：在涉及外交、内政、对外宣战或媾和等重大事宜上，均受制于以选帝侯为首的帝国大大小小的贵族、领主，受制于后者在其中施展政治影响的帝国议会。这样，为皇帝剩下可干的事情就只有：任命帝国的官员，用自己的威望去影响主教、修道院院长的选举，在帝国的小诸侯那里施加恩惠以获取支持，再有就是不时发布一个嘉奖令、大赦令之类……好在德意志皇帝还都是选帝侯。在他的选帝侯国里，他可是说一不二的。

选帝侯的遗迹

原选帝侯国的纹徽在德国均被传承下来，用来当作今天的州徽或

城徽。最典型的一个例子是莱茵兰—普法尔茨州的州徽。因该州在历史上有三个选帝侯国：特利尔、美因茨和普法尔茨，故该州的州徽即由这三个选帝侯国的纹徽三合一组成。

昔日的选帝侯宫，在今天或成了供旅游者参观的名胜古迹，或成了大学的一部分。联邦德国首都在波恩时，位于科隆与波恩之间的小城布吕尔的选帝侯宫成了招待国宾的迎宾楼。

许多城市都有以"选帝侯"命名的大街。在柏林的选侯堤大街（Kurfürstendammstr.）更是柏林的金街——地位与北京的王府井大街相当。中国与德国建交，自清朝起使馆就在这条大街上。当年赛金花随洪状元到柏林，当然也在此留下了他们的足迹。可惜原中国使馆这所房子（位于西柏林）在 20 世纪 80 年代被售出。那时，有谁会想到东德、西德会合并，而且首都也会搬到柏林来呢？

◎ 赎罪符

——宗教改革的导火索

赎罪符，英语叫 indulgence，源自拉丁文，原意为"仁慈"、"宽容"。中世纪教会开始推行据称可以赦免"惩罚"的赎罪符，它逐渐发展成了 16 世纪宗教改革的导火索。

沿革

按照天主教教义，凡人有两种罪：原罪和本罪（又称"现犯罪"），本罪又分为大罪和小罪——从教义的根本原则讲，罪是人由于自私、骄傲和不顺从而故意违抗上帝意旨的言行和思想；同时，本罪又可根据一定的准则予以量化。一方面，是众信徒犯下的大量本罪；另一方面，由于当初基督被钉在十字架上，拯救了人类，功德无量，圣母及其他圣徒也积有许多"善功"（按照这种理论，教会因此拥有以基督为首的诸圣人的贡献而形成的庞大"功库"）。能否在一定的条件下，在教会的权威指导下，"将功补过"？即用基督、众圣人之"功"来补芸芸众生诸信徒的"过"（"尘世罪孽惩罚"）？得出肯定的

答案之后，教皇和经其授权的主教就拥有了调用诸圣人之"功"来补罪人之过的权力。究竟为谁动用教会的"功库"？从道理上讲，当然要看罪人的"现实表现"，这里就引入了第二个"将功补过"：罪人用以后的立功（教会所承认的"功"）力图抵消他本人的前愆。因而可以说，第一个"将功补过"是以第二个"将功补过"为前提的。还有一个必要前提是，罪人在"将功补过"时，态度要端正：事事处处要有"罪责"感，不但要"闭门思过"，而且要"开门思过"——按规定到教堂去尽教徒所有的义务。

如果说，教会在实行赎罪符制度的前期，还是较多地按上述规矩，以罪人立功的实际内容（祈祷忏悔、施舍、朝圣、参加十字军征伐等）发给赎罪符的话，随着时间的推移，日益蜕化，到最后，发放的标准、予以承认的"立功"就只剩下"给钱"两个字了。1095 年，教皇乌尔班二世首次发放赎罪符的对象是东征的十字军骑士；16 世纪初，利奥十世的赎罪符推销特使，在街上就像小贩那样叫卖，高喊："快来买赎罪符！您的钱叮当投入钱箱，您的灵魂就进入天堂！"中国有句俗语叫"有钱能使鬼推磨"，在教皇（"基督在世代表"）的授权代理人的嘴里，竟然以神的名义喊出了类似"有钱能使神推磨！"这样的口号。

奥吉亚斯牛圈

恩格斯称宗教改革前的天主教教会为"奥吉亚斯牛圈"（奥吉亚斯是古希腊神话中的一个国王，他的牛圈养了 2000 头牛，30 年未曾打扫。这样的牛圈当然是十分肮脏、臭气熏天的。恩格斯以此比喻他所说的教会）。马丁·路德 1510 年因公到罗马出差，他对罗马的印象是："很难描述，而且令人难以置信，那里是如此龌龊！要说地狱，罗马便是地狱。罗马本应是圣洁之地，现今却成了肮脏之城。"

当时的罗马教廷可用"腐败、贪婪"四字加以概括。以教皇为首的高级僧侣同时也是领主、地主，在地租等这方面的收入一点也不比一般领主、地主少。此外，他们还能凭着"教皇掌握通往天国的钥匙"这样的神学体系，向整个天主教世界大肆伸手要钱：什一税、特别税、特赦税……当然还要加上敛钱特效手段——推销赎罪符。

以上所有的一切还不能使他们满足，在一段时间里，罗马教会竟然在罗马开办起了妓院，也在操皮肉生意的女子身上搜刮！值得一提的是，教皇还有一笔数额很大的其他收入，而且交款人只涉及"内部人员"：天主教神职人员按规定须过独身生活（celibacy），如果包养情妇，每年就要向教皇交一笔钱，这种钱在历史上因上不了台面，一向没有一个固定的名称，在这里我姑且称之为"包养情妇审核批准费"。

至于教皇本人则根本无须由谁"批准"，许多教皇肆无忌惮地过着十分糜烂、荒淫的生活。

当时的教皇及高级僧侣十分得意——要权有权，要钱有钱，为所欲为。他们没有想到，他们的所作所为正是在掏空他们权力的根本——正是教会自己的恶行，大大伤害了信众宗教信仰的感情。

利奥十世

1513—1521 年在位的教皇利奥十世是长期统治佛罗伦萨的显贵美

第奇家族的成员、族长，他既是天主教世界的最高领袖，又是意大利最大的世俗统治者之一。

他在教皇任内出了一件大丑闻，这个丑闻在历史上产生了深远的影响。丑闻涉及卖官鬻爵、上下串通、官商勾结、挂羊头卖狗肉欺骗愚弄民众、搜刮民财、大肆贪污等罪行。

1514年，美茵茨大主教的职位空缺，教皇以24000杜卡特金币的价位出售给霍亨索伦家族的23岁的阿尔布雷希特·冯·勃兰登堡。当时他已任马格德堡大主教，故这样的叙任是明显违反天主教的相关规定的。收了阿尔布雷希特的钱，心中有数的教皇有所表示：给新任美茵茨大主教以"特殊政策"：授予该大主教在德意志销售赎罪符为期十年的权力（双方约定，所得收入对半分）。德国银行家富格之所以也掺和在里面，是因为阿尔布雷希特买官的钱是向富格借来的。再说，教皇也是富格家族的老主顾，富格曾多次参与选举教皇的事务，在那个时期，贿选的事情是经常发生的。

教皇以修建罗马圣彼得大教堂为理由，1517年在德意志又再度推销赎罪符。虔诚的百姓心想，为耶稣的大门徒彼得的圣殿添砖加瓦是功德无量的事情，更何况自己死后凭着赎罪符在炼狱并不会因"尘世罪孽惩罚"而受太多的折磨、甚至完全不受折磨而直升天堂！他们哪里会想到他们拿出的至少一半的钱会用于阿尔布雷希特升官、买官、当大主教！那些跟在赎罪符推销特使后面的富格家的掮客，则喜滋滋地为教皇、为美茵茨大主教、为他们的东家收下一笔又一笔的款项。至于原先默默无闻的多明我会修士台彻尔因当了一任赎罪符推销特使，在任内特别卖力，而且有创造性的贡献（在他那里不仅可为已犯的罪孽，而且可以为将来犯的罪孽购赎罪符），又在马丁·路德近旁晃来晃去推销赎罪符，被马丁·路德抓了典型，因而他的大名永远留在了历史书上。

1517 年 10 月 31 日，马丁·路德发表《评赎罪符的效能》（即《九十五条论纲》），轰轰烈烈的宗教改革运动由此展开。赎罪符成了欧洲宗教改革的导火索。经过宗教改革，作为大一统的欧洲罗马天主教教会已不复存在。

教随国定

——信新教还是旧教由主子说了算

16世纪马丁·路德的宗教改革，给原先大一统的欧洲罗马天主教会（旧教）撕开了一个口子：在天主教之外，产生了一个与之分庭抗礼的基督教（新教）。新教也逐渐形成了路德宗、加尔文宗和英国国教等主要教派。长期以来，欧洲主要只有一种宗教信仰：天主教。现在一分为二，老百姓该信新教还是旧教呢？

德国：打了个平手

"教随国定"的说法，源自神圣罗马帝国皇帝查理五世（1519—1556在位）与德意志新教诸侯1555年签订的《奥格斯堡宗教和约》，其拉丁文原文为 Cuius regio, eius religio；英文译为 Whose realm, his the religion。虽然英译、中译均没有完全按照原文字义翻译，但总的意思是准确的。

在罗马教廷看来，马丁·路德这个天主教神学教授，自1517年以来的所作所为是大逆不道的。但马丁·路德并没有步以往抨击教廷者的后尘——遭到教廷严厉的制裁、甚至被判火刑，完全是因为有不少德意志诸侯的保护、支持。这些支持马丁·路德的贵族后来就成为德意志的新教诸侯。

分析起来，"教随国定"：主要包含以下两层意思：一、赋予了各邦国统治者在宗教信仰上在一定范围内的选择权：究竟是信天主教还是基督教悉听尊便——决定权在各邦国君主的手中，他们可以两者选一了。二、至于各邦国的臣民，则没有像他们的主子那样的选择权——要听从君主的决定，以君主的信仰为自己的信仰。

无论是中文还是外文，"教随国定"只是简简单单的几个字、几个字母。然而，要白纸黑字写在结束新、旧教诸侯间战争的《奥格斯堡宗教和约》上，成为基督教（路德宗）和天主教共同存在于德意志的第一次永久性法律根据，从直接相关的历史事件看，就经历了从1517 年马丁·路德宗教改革开始到1555 年条约签订的近40 年在理论上、政治上、军事上……非常激烈、残酷的斗争：马丁·路德的舌战笔伐、德译《圣经》（至马丁·路德逝世，他翻译的《圣经》已售出20 万本）、骑士暴动、德国农民战争、四个利益集团（教皇、皇帝、新教诸侯和旧教诸侯）的纵横捭阖、在他们之间进行的诸如施马尔卡登战争等战事……

《奥格斯堡宗教和约》在德国历史上具有重大意义。到2005 年，该和约已签订450 周年了，德国当时举行了不少纪念活动。为了了解它的意义，我们不妨看一组现实的数字：德国现有人口8235 万，据统计，其中基督教徒2538 万，天主教徒为2587 万——不相上下。这种局面的形成就源起于《奥格斯堡宗教和约》的签订，当然，在德国，宗教信仰格局的最终形成，还要等到三十年战争（1618—1648）

结束。

从基督教的角度看，它在德国与天主教打了个平手。从天主教的立场出发，原来大一统的信仰天主教的德意志丢失了一半地盘，然而却没有全盘皆输，还牢牢掌握了半壁江山。与德国相比，法国与英国则呈现了完全不同的情况。

法国：一以贯之的天主教信仰

如果说，四分五裂的德国大小邦主，分别选择了新教、旧教的话；那么，法国国王倒是一以贯之地坚信天主教：1516 年，法国国王弗朗索瓦一世（1515—1547 在位）与罗马教皇利奥十世（1513—1521 在位）签订《博洛尼亚政教协议》，强调天主教在法国是唯一被确认的宗教；1685 年，路易十四废除"南特敕令"后，天主教地位更加巩固——国王已将天主教信仰强加给他的每个臣民。

在国内处于弱势地位的法国新教徒——主要为胡格诺派新教徒，遭到残酷的迫害和镇压。1540 年，弗朗索瓦一世颁布"枫丹白露敕令"，下令对新教徒进行残酷的审讯。1545 年，他更下令征伐普罗旺斯的新教徒，24 个村庄被毁，处死 3000 余人。从 1562 年至 1594 年，胡格诺派新教徒与以国王为首的天主教派打了 30 多年的被称为"胡格诺战争"的内战。1572 年 8 月 24 日，天主教派在巴黎制造"圣巴托罗缪夜"惨案，杀死胡格诺派教徒 3000 多人！这次下令大规模屠杀胡格诺派教徒的是王太后凯瑟琳·德·美第奇。她是教皇克莱芒七世的侄女，弗朗索瓦一世的儿子亨利二世的王后。她的三个儿子都先后成为法国的国王。在她儿子当政时，她成了法国实际的最高统

> 究竟是信天主教还是基督教悉听尊便——决定权在各邦国君主的手中，至于各邦国的臣民，则要听从君主的决定，以君主的信仰为自己的信仰。

治者。

"南特敕令"被废除后，胡格诺派教徒在法国已无立足之地，大批的胡格诺派教徒被迫移居国外。法国始终保持为一个典型的天主教国家。

英国：翻了三次烙饼

1534 年，在英王亨利八世（1509—1547 在位）主导下，英国国会通过《至尊法案》。《至尊法案》标志着脱离罗马教廷的英国国教会的产生，正式宣布英国国王为英国国教会的首领。1536 年，亨利八世下令调查修道院的罪恶，1539 年，下令封闭所有修道院。教皇因此开除英王的教籍，对此，亨利八世毫不在乎。在与罗马教廷的关系上，亨利八世的这些举措可视为第一次翻了烙饼。

最初，亨利八世以反马丁·路德的面貌出现，他发表《七圣事确定论》（1521）驳斥路德，还被教皇利奥十世封为"天主教的卫士"。事情的转折点在教皇迟迟不批准亨利八世的离婚请求。而这件事也并非教皇与其作对：国王的原配西班牙公主凯瑟琳是神圣罗马帝国皇帝查理五世的姑母，教皇怕得罪皇帝而迟迟不批。当然在这一导火索背后，是英国王权和罗马教廷围绕英国教会的领导权和巨大的经济利益所引起的斗争。

就像法国的凯瑟琳·德·美第奇王太后的三个儿子先后都当上法国国王那样，亨利八世的三个异母子女也陆续登上了英国的王位。

儿子爱德华六世（1547—1553 在位）执政的时间很短，在宗教上维持父亲的做法。

女儿玛丽一世（1553—1558 在位）为前面提到的西班牙公主凯瑟琳所生。她坚持天主教的信仰，执政不久，在宗教政策上就又翻了一次烙饼：1554 年 3 月 4 日，她通告全国恢复天主教信仰。在她的统治下，新教被视为异教，对新教徒大肆迫害。期间，约有 300 多名新教徒被处火刑，死于狱中者更是难以计数。她因此获得"血腥玛丽"的绰号。英国在经历了 20 年的宗教改革之后，天主教又东山再起。

然而，这只不过是昙花一现。英国全国恢复天主教信仰只不过持续了短短的几年（1554—1558），随着玛丽一世的逝世，她的异母妹妹伊丽莎白一世（1558—1603 在位）上台后又把烙饼翻了过来：继续父亲亨利八世的自上而下的宗教改革……

也许，我们从法国成为天主教国家，英国成为基督教国家，而德国成为半天主教、半基督教国家的历史过程中，可以看出：王权在这中间曾经起了多么重要的作用。

◉ "不吃鱼"

——宗教斗争的一种手法

一直到现在，欧洲许多天主教地区还维持着星期五吃鱼的习俗。20世纪80年代，笔者在德国特里尔大学攻读博士学位，每星期五中午到学校食堂就餐，吃到的主菜毫无例外都是鱼——德国最古老的城市、马克思的出生地特里尔是一个典型的天主教城市。

天主教：星期五吃鱼

天主教国家有狂欢节。狂欢节（来自港台的一种时髦说法叫"嘉年华"）——carnival，又译谢肉节，即"与肉食说再见"：过了狂欢节是40天的斋戒和停止娱乐活动。在这之前，可劲的大吃大喝、狂欢、大量的化装舞会、参观各种杂耍也不失为民间对以后40天漫长斋戒的一种平衡。当然，现代西方人对他们祖先的活动全过程，就只取了前一半的狂欢、大吃大喝，而舍弃了后一半的40天斋戒期。

以往，天主教徒须守斋戒，斋戒又有大小之分。大小斋均需禁食肉类（鱼虾不在此列）。大斋日每天只能进食一顿正餐，辅以另食充

饥。小斋日可按平时餐次用餐，但不能吃肉。耶稣受难日和圣诞节前一日为大斋日。每星期五（除逢节日和耶稣受难日）为小斋日。

按教会的说法，耶稣被钉在十字架上，在一个星期五受难，在星期天复活。耶稣受难日为复活节前的星期五。由于复活节的日期是不固定的（3月21日以后首次月圆后的第一个星期天），故耶稣受难日每年的日期也是不同的。除了耶稣受难日那个星期五践行大斋外，一年中的所有星期五只要不逢到节日，为了感念耶稣都要遵守小斋的规定：不准吃肉！

故而，在天主教里，星期五不能吃肉，就吃鱼——久而久之，成了惯例。虽说中世纪的贪嘴僧侣经常打破这一戒律，甚至把肉末做成鱼的形状以掩人耳目，但在表面上，教会确是极为严格遵守这一戒律的，犯戒的平民百姓会受到各种惩罚。在历史上，最倒霉的要算巴黎一个鞋商的妻子：恰逢弗朗索瓦一世在严厉镇压胡格诺派教徒期间，有人揭发她在星期五吃肉——于是就把她拉到柴堆上，一烧了之！

伊丽莎白一世：星期五不吃鱼

在英国伊丽莎白一世统治期间，英语中出现了一个新成语叫"eat no fish"（"不吃鱼"）。它产生的时代背景是这样的：

伊丽莎白一世即位后面临的首要任务是处理遗留的宗教问题。她的父亲亨利八世在位时，1534年颁布《至尊法案》。《至尊法案》标志着脱离罗马教廷的英国国教会的产生，正式宣布英国国王为英国国教会的首领。在他之后先后登基的是：儿子爱德华六世，他执政的时间很短，在宗教上维持父亲的做法。大女儿玛丽一世，她是亨利八世第一任妻子、西班牙公主凯瑟琳所生。她是虔诚的天主教徒，她很快就在英国恢复了天主教的信仰。最后轮到当国王的就是本文讲的、亨利八世的幼女——伊丽莎白一世。她执政不久，带领英国干脆利落地又转向了新教：在 1559 年，就很快颁布了新的《至尊法案》，重立英国国教，与罗马教廷决裂，重申英国国王为英国教会最高首领。1571 年，她又促使国会通过作为英国国教会官方教义的《三十九信条》，最终确

当公主时的伊丽莎白一世

立了英国国教。作为《三十九信条》中的一项规定，英国国教会摒弃了天主教星期五不准吃肉的斋戒。《三十九信条》在英国历史上意义重大，它一直沿用到今天。

英国的许多百姓为了表明自己的态度：站在伊丽莎白一世一边与天主教划清界限，他们的一项标志性的做法和口号是"星期五不吃鱼"——你们天主教不是星期五吃鱼吗？我们星期五偏偏不吃鱼！"星期五不吃鱼"又缩略成"不吃鱼"——在视伊丽莎白一世为正统的社会里，"不吃鱼"就成了一种与政府保持一致的标志，于是在英语中，"不吃鱼"就成了表示拥戴政府的行为，"不吃鱼的人"就成了"忠于政府的人"以至于成了"诚实可信的人"的同义词。这样，在英语的日常应用中就产生了如下的句子：Frank is a man eating no fish, so we can believe in and depend on him. ——弗兰克是个诚实的

人，我们可以信任并依赖他。

"不吃鱼的人"何以变成"诚实可信的人"这个弯子转得有点大。也许，在新教中最为温和的英国国教会，当时需要这样一种形式来表明他们与天主教的区别吧？

伊丽莎白时代与弗吉尼亚

伊丽莎白一世在位45年，16世纪后半期的英国，深深地打上了她的烙印，被称为"伊丽莎白时代"。为了表示对她的推崇，1584年英国在北美建立的第一个殖民地被命名为"弗吉尼亚"（Virginia）——她在世时就以"The Virgin Queen"（"童贞女王"）著称，她一生都保持独身没有结婚。

如果说，一辈子没有结婚是她个人生活中第一个特点的话，那么，另一特点是她跌宕起伏、大起大落的人生历程：她母亲是亨利八世的第二个妻子安妮·波琳，在伊丽莎白三岁时，亨利八世以"通奸和叛逆"的罪名处决安妮，宣布废除婚约。很长时间，伊丽莎白在宫中作为"非婚生女"遭到冷遇。到了11岁时（1544年），在父王第六个妻子凯瑟琳·帕尔的张罗下，国会又宣布恢复伊丽莎白按顺序继承王位的权利。在她的异母姐姐玛丽当政时，伊丽莎白的日子最不好过——头上总像悬着一把达摩克利斯之剑。玛丽把她视为争夺王位的最危险的对手。1554年发生针对玛丽女王的怀亚特叛乱，伊丽莎白也成了被怀疑对象，被关进伦敦塔，差一点要步她母亲的后尘。由于幸运和靠着她的沉着应对，伊丽莎白方躲过了这场杀身之祸。以后，她一直战战兢兢地应对玛丽女王。时间终于到了1558年的11月7

日——在玛丽女王去世前的第 11 日，玛丽方松口告知伊丽莎白：她同意后者继承王位，条件是后者要替她还清她所欠的债务并永远信仰天主教。

当伊丽莎白在经历了动荡不安的青少年时代和令其毛骨悚然的1554—1555 年，在 25 岁上登上英国王位时，完全用得上中国的一句俗语："昔日阶下囚，今日人上人"。伊丽莎白一世开始了与她的前半生截然不同的统治英国的时代。

如前所述，在宗教方面，伊丽莎白一世拥有了忠于她的宗教政策的民众——"不吃鱼的人"。与伤筋动骨的法国、德国的宗教战争比起来，在英国只能说是掀起了一波又一波的涟漪：英国并没有因宗教问题伤及基本国力。倒是由于英国国教会与天主教有许多妥协之处，而产生了另一方面的问题：涌现出经常反对它的、更激进的英国清教徒。但总起来说，伊丽莎白一世仍可称为颇有成效地处理了英国的宗教问题。

莎士比亚的绝大部分剧作产生在伊丽莎白一世统治时期，培根的近代科学也源起于她这个时代。当然，她也支持被称为"海狗"的冒险家如豪金斯、德雷克进行海盗、贩奴和走私活动。他们把掠夺所得与女王分赃。在家庭、亲戚范围里，伊丽莎白在姐妹阅墙、妇姑勃谿中，总能全身而退或稳操胜券：在与异母姐姐玛丽一世的争斗中，玛丽最后宽恕了伊丽莎白，并让其继位；而伊丽莎白在与她的表妹、另一个玛丽（苏格兰女王）的争斗中，则毫不手软，最后处决了玛丽·斯图亚特，开了处决加冕的欧洲帝王的先河。在国际关系上，她利用她"小姑待嫁"的地位，对先后向其求婚的西班牙、神圣罗马帝国、法国、瑞典等王室虚与委蛇，纵横捭阖。在她治下，英国海军击溃西

班牙"无敌舰队",初步确立英国的海上霸权。伊丽莎白一世利用贸易活动,在海外建立殖民地——从最初 1584 年北美的弗吉尼亚到 1600 年组建东印度公司,矛头指向印度、指向亚洲。到了 19 世纪,中国人在鸦片战争中,终于见识了英帝国主义者的真正面目。

⚛ 胡格诺派教徒

在欧洲宗教改革的进程中，在一国范围内，斗争最为激烈、残酷、血腥、曲折的无疑是法国天主教徒与胡格诺派教徒的斗争以及持续长达 30 多年的"胡格诺战争"。

名称的由来

胡格诺派教徒（亦译雨格诺派教徒），法文原文为 Huguenot（英文的拼写也完全与之相同）。把法国加尔文宗新教徒称为"Huguenot"的由来一直没有完全弄清楚。流行最广的有三种说法：第一种说法——Huguenot 源自瑞士德语 Eidgenosse（宣誓入盟者）。法语的最初相应词为"eiguenot"，后演变为"huguenot"。后一词是故意把该派人士与其时在日内瓦活动的反王权的斗士贝藏松·胡格联系起来，强调他们非常激进。第二种说法：传说法国加佩王朝第一位国王胡格·加佩（Hugo Capet，987—996 在位）喜欢在夜间变身幽灵在外面巡视。而处在秘密活动时期的新教徒也须在夜间偷偷进行宗教活动。有人就把他们称为 Huguenot——小胡格、小幽灵。而第三种说法，则是指在中

世纪 "huguenot" 有 "不值钱的硬币" 的意思。

总之，无论是哪一种说法，都是当时法国天主教徒对法国加尔文宗新教徒的蔑称，含有 "嘿，你这拉帮结伙者"、"你这外来户"（法国新教加尔文宗最初由瑞士传入）、"你这夜游者"、"你这不值钱的贱货" 这样的意思。在初期，法国新教徒则从来没有自称 "胡格诺派教徒"。即使是一个称呼，也表现出当时的法国天主教徒对新教徒的成见、仇恨有多深！

法国大革命时，制订 1791 年宪法者考虑到，"胡格诺派教徒" 这一说法 "政治上不正确"，故正名为 "新教徒"。但事情往往就是这样：叫着叫着，不仅历史书上这么用，连属于这一教派的人，在时过境迁之后，也自称 "胡格诺派"——它已变成了一个不带感情色彩的普通名称。

国王的嘴脸

胡格诺派教徒在法国发展、活动期间，当政的重要国王（或王太后）有：瓦洛亚王朝的弗朗索瓦一世、王太后凯瑟琳·德·美第奇、波旁王朝的开国君主亨利四世和他的孙子路易十四。

与四分五裂的德国不同，法国的王权强大。在与教皇的斗争中，法王分得了很大的权力和利益。这集中反映在弗朗索瓦一世在上台后的第二年（1516 年），与教皇利奥十世签订的《博洛尼亚政教协议》上。据协议，法王掌握在法国教会中的人事任免权和经济大权。作为一种回报，法国国王则在协议中一般性地表态：天主教在法国为唯一被确认的宗教。即使对如此有利的协议，弗朗索瓦一世也完全采取了实用主义的态度：根据政治、外交和军事的需要来处理宗教问题：在国际上，他支持德意志新教的施马尔卡登联盟。在国内，当新教初起之时，他并未采取一露头就打的做法，甚至还把它作为在国际上进行斗争的一只棋子——在对手是查理五世的意大利战争中，他急需德意志新教诸侯的支持。他曾邀请新教徒鲁塞尔在王宫公开布道。然而，一旦新教的发展损害了他的利益，他就毫不手软地采取了镇压措施：1523 年 8 月 8 日在巴黎用火刑活活烧死了新教僧侣让·瓦利埃——这是他发出的要进行镇压的第一个信号。1534 年 10 月，发生了"标语事件"——新教徒在巴黎、奥尔良、图尔等城市到处张贴宣传新教、攻击天主教的标语，甚至在王宫的大门上也贴上了诸如"天主教弥撒大搞偶像崇拜"之类的标语。国王一声令下——仅在巴黎就有 80 余名新教徒被活活烧死。这真可谓："昔为座上客，今成火中灰！"在这之后，国王又变本加厉地采取了一系列血腥镇压措施。

如果说，弗朗索瓦一世在镇压新教徒时，尚有先兆或由头的话；他的儿媳、后当了王太后的凯瑟琳·德·美第奇则完全是翻手为云，覆手为雨。最典型的事例当推"圣巴托罗缪之夜"惨案。为了维持、巩固她的统治，太后欲与胡格诺派拉关系：要把自己的女儿玛格丽特·德·瓦洛亚许配给胡格诺派的首领、纳瓦尔国（位于比利牛斯地区）国王、波旁家族的亨利。婚礼于 1572 年 8 月 18 日举行，胡格诺派的许多头面人物都前往巴黎庆贺。然而，天主教派贵族吉斯公爵亨利等人趁机刺杀科利尼海军上将（胡格诺派的另一领袖），当太后获悉胡格诺派因此群情激愤之时，她采取了"宁负天下人"的做法：立即逼迫她的儿子查理九世下令反过来屠杀、清洗胡格诺派。在巴黎的这场大屠杀中（1572 年 8 月 24 日），尸横街头，3000 多名胡格诺派

"圣巴托罗缪之夜"大屠杀

教徒丧生：他们本是太后女儿婚礼的贺客，太后赏给他们的则是身首异处！在其他城市的 8000 余名胡格诺派教徒也死于非命。

　　而婚礼的主角，新郎官亨利，当然不会在这场屠杀中伤及毫发：最重要的原因是他立即改信了天主教；再说，新科岳母也不会让新婚的女儿马上去当寡妇！

　　还有更好的好事等着纳瓦尔小国的国王亨利：1589 年，瓦洛亚王朝最后一位国王亨利三世遇刺身亡，瓦洛亚家族已无男性继承人，于是，根据当时一套极为复杂的王位继承规矩，波旁家族的亨利（他的母亲是弗朗索瓦一世的侄女，他又是当朝的"驸马爷"）就成了最有资格当法国国王的人选。当了法国国王的亨利，历史上称为亨利四世，是波旁王朝的第一位国君。以宗教信仰而言，亨利由新教改为天主教，又改回来，如此反复几次，最后终于认定了天主教——除了其他因素，要坐上、保住法国国王的宝座，不能不说是最重要的原因。

回过头来看，那为了自己的权势，机关算尽、无所不用其极的王太后凯瑟琳·德·美第奇，到头来什么也没有留下：1599年12月，亨利四世与她的女儿离婚。继亨利四世登位的路易十三已非她女儿的骨血。

对于灾难深重的胡格诺派教徒来说，朝廷最为宽松的政令是1598年亨利四世颁布的"南特敕令"。它在首先肯定天主教在法国地位的前提下，又同时保证胡格诺派教徒信仰、仪式的自由及人身安全，新教徒与天主教徒还享有同等的担任官职的权利。然而好景不长，在路易十四执政后，推行专制主义统治的"太阳王"，一开始就把胡格诺教派的存在看作是对他的"严重挑战"，并且破坏了他所追求的"一个信仰、一种法律、一位国王"局面的形成。路易十四终于在1685年颁布"枫丹白露敕令"——孙子撤销了当年被爷爷（亨利四世）宣布为"不可撤销"的"南特敕令"。于是，胡格诺派教徒就只剩下或改信天主教或逃亡国外两条路可走了。

别了，法兰西

胡格诺派教徒本来只需说一句改信天主教的话，就可以在他们美丽的故乡法兰西继续生活下去。他们就是闭住嘴，不说这句话。民间许多人对自己信仰的执着，与上述国王、权贵的态度是完全不同的。大批胡格诺派教徒（约有25万人）走上了离乡背井、前途未卜的道

路。离开法国时，他们悲愤的口号叫做"离开巴比伦"——他们就像当年巴比伦囚虏离开巴比伦那样（公元前538年），离开自己的故乡。

这25万胡格诺派教徒，近的流落到德意志新教诸邦、英国和荷兰；远的则抵达南非的好望角或北美。

胡格诺派教徒的一个重要安置点是柏林。1700年，胡格诺派教徒在柏林的人数占到全市总人口的三分之一（全城人口11000人，胡格诺派教徒为4000人）。这就是一直到现在柏林土话中还保留较多法语词汇、柏林的不少地名与法国有关（法兰西大街、法兰西教堂……）的原因。

第三辑

欧洲皇室别传

玛丽亚·特蕾西亚

——哈布斯堡王朝的唯一女王

在近代欧洲历史上，影响最大的女皇（或女王）当推英国的伊丽莎白一世、维多利亚女王，俄国的叶卡捷琳娜二世和本文介绍的哈布斯堡王朝的玛丽亚·特蕾西亚。

六个儿子，十个女儿

特蕾西亚（1717—1780，1740—1780 在位）是德意志民族神圣罗马帝国皇帝、奥地利君主查理六世的长女。查理六世一共有 3 个女儿，没有儿子。好在皇帝早在 1713 年颁布了"国本诏书"，规定在没有儿子的情况下，长女或长女的后裔有权继承王位。

查理六世在 1740 年逝世，年方 23 岁的特蕾西亚就成了哈布斯堡王朝的女君主。她在 1736 年即与比她年长 9 岁的弗兰茨·斯特凡·冯·洛林公爵结婚，后者成了哈布斯堡家族的上门女婿。

婚后一年，她的大女儿降生，到 1756 年为止，她已成了 16 个孩子的母亲：6 个儿子、10 个女儿——虽说其中 6 个孩子在儿童或青年

时期就殁世，但有了4个成年的儿子，哈布斯堡王朝自此没有了男系绝嗣之虞。

她的父亲若在地下有知，当会欣喜异常。查理六世可说一登上皇位就始终笼罩在没有男性接班人的阴影之中：特蕾西亚有个哥哥——生下不久就夭折了。之后，皇后一连为他生下3个女儿，皇帝也遭受了三次大的失望。但不到最后时刻，皇帝始终摆脱不了患得患失的心态：既要未雨绸缪为长女争得继承的权利，更盼望皇后能生个儿子。故而他的"国本诏书"在很长时间被束之高阁，只是在万般无奈的情况下，方拿出来为执行作准备。

放在当时的语境下，查理六世的"国本诏书"可说是一种"自说自话"——本来，哈布斯堡家族的宗室继承法，早就明文规定，女性无王位继承权。而查理六世之所以能当上皇帝就是因为他的兄长约瑟夫一世（1705—1711在位）只有两个女儿。既然他的女儿可以当君主，为什么传位于他的兄长的女儿反倒不能当呢？这就是在之后爆发的"奥地利王位继承战争"（1740—1748）另一方的一个冠冕堂皇的理由。就是因为约瑟夫一世和查理六世兄弟俩都没有儿子，授人以口实，成了这次王位继承战争的导火索。

而在40年前发生的"西班牙王位继承战争"（1701—1714），也是因为西班牙国王、哈布斯堡家族的查理二世死后无嗣，而展开的一场

"母仪天下"的玛丽亚·特蕾西亚

王位争夺战。结局是哈布斯堡家族在西班牙统治的寿终正寝和波旁王朝在西班牙二百余年统治的开始。

登上王位即面临战争的特蕾西亚有怎样的命运呢?

王位继承战争

在奥地利王位继承战争中,结成反奥联盟的有普鲁士、巴伐利亚、萨克森、法国和西班牙,站在奥地利一边的有英国、荷兰和俄国。前面提到的特蕾西亚的两个堂姐分别嫁给了巴伐利亚和萨克森以后的选帝侯,而在三十年战争中成为死敌的奥地利和法国,他们的王室倒是世代通婚,有着极为复杂、盘根错节的亲缘血统关系。叫得最凶、下手最狠的,却是本与此毫无瓜葛的普鲁士霍亨索伦家族。有意思的是,与特蕾西亚在同一年登上王位的普鲁士弗里德里希二世(后被称为弗里德里希大王),在以后40年执政期间,彼此成了欧洲土地上最大的死对头。而在特蕾西亚未出阁前,维也纳王室曾一度颇为认真地考虑过特蕾西亚与弗里德里希(比前者大5岁)的结合——倘若两个王族真在如此之高的层次上结为秦晋之好,历史又该如何写呢?

特蕾西亚的青少年时期在官里过着平静的日子。她虽受到良好的教育,却从未被作为未来的统治者加以培养。她的教育集中在宗教、语言和音乐等课程上。平时,她说带维也纳口音的德语,会说拉丁语、意大利语和法语。当然,她一下子登上如此庞大帝国的王位,是既没有准备更没有经验的。多少年来厉兵秣马、虎视眈眈的普鲁士瞅准了时机,在1740年,即特蕾西亚登上王位的当年12月,就出兵奥地利的西里西亚,打出的旗号是"主持公道"——为巴伐利亚鸣不

平，主张它的选帝侯应该当奥地利的君主。普鲁士私下却在秘密谈判中提出，只要奥地利同意放弃西里西亚，作为交换条件，普鲁士不但承认特蕾西亚当君主的合法地位，而且在日后选举神圣罗马帝国皇帝的过程中，保证投奥地利的票。特蕾西亚没有轻易就范。

出乎许多人的意料，在奥地利危急之时，特蕾西亚所表现出的临危不惧、表现出的毅力和能力远远超出她的父亲，在奥地利历史上留下了浓墨重彩的一笔。她在战略决策上，进退自如，布置得宜：她选定巴伐利亚为重点打击对象，与萨克森迅速签订了没有给予让步的和约，对法国则虚与委蛇。由于确实打不过普鲁士，女王并没有继续坚持，同意普鲁士以取得西里西亚地区为条件退出战争。（以后，在1756—1763 年的七年战争中，特蕾西亚曾力图收复西里西亚，但没有成功。）在国际上，特蕾西亚则加强与友邦英国和俄国的联系和结盟。在国内，女王对各等级提出的要求作大幅度的让步，因而获得了如匈牙利人的鼎力支持。1748 年 10 月 18 日，《亚琛和约》签订，结束了奥地利王位继承战争：女王保住了王位，奥地利维持住了在欧洲的强国地位。当然，自此之后，普鲁士也跻身于欧洲五强（英、法、俄、奥、普）之列。在欧洲大陆这一历史舞台上，自 16 世纪以来，经常呈现的法国与哈布斯堡王朝的矛盾、争斗，在奥地利王位继承战争之后，则常常转为德意志帝国内两个最大的邦国——奥地利与普鲁士之间的"自相残杀"。

特蕾西亚改革

受战争所暴露的众多问题的刺激，为了加强中央集权，巩固哈布斯堡家族的统治，特蕾西亚女王对她父亲留下的规章制度进行了一系列的改革。改革内容主要包括以下八个方面：

国家管理体制改革（如废除中世纪留下来的社会机构，建立中央枢密院直接对女王提出建议并协调各部门的工作，建立司法部、行政部和财政部等）；军事改革（建立总参谋部，建立军事学院，实行新的征兵制度）；财税改革（取消贵族和教会不纳税的特权）；经济改革（推行重商主义工商政策，增强国家引导国民经济的能力，限制贵族对农民的剥削，改善农民处境，如减少农民劳役地租和代役租的数额）；教育改革（实行国民义务教育制度：全民六年制义务教育）；司法改革（制定新的民法和刑法，废除刑讯）；最后，则是减少、限制教会在社会上的影响（如禁止耶稣会的活动、打破教会控制学校的传统等）。

通过改革，哈布斯堡王朝的国力大大增强。

成了哈布斯堡—洛林家族的老祖宗

随着时间的推移，特蕾西亚从刚坐上王位的小女子变成了哈布斯堡—洛林家族的老祖宗。哈布斯堡王朝以奥地利为核心区域，统治共645年（1273—1918），从1406年至1806年，除了中间很少几年外，奥地利的君主均担任神圣罗马帝国的皇帝。而从1740年到1918年，王朝的约四分之一时间由特蕾西亚及其后裔统治，历史上称为哈布斯堡—洛林家族统治时期。

儿时的特蕾西亚居住在深宫后院，很少有机会碰到年龄相当、地位相称的年轻男子。由于没有儿子，她的父亲就把洛林公爵的儿子收

在官里，当干儿子来养。特蕾西亚很早就认准了他就是自己的如意郎君。于是发生了前面提到的 1736 年他们结婚的一幕。

她的父亲查里六世除了是奥地利的君主外，还是神圣罗马帝国皇帝。巴伐利亚趁奥地利王位继承战争之机，抢走了"皇帝"的头衔，这就是在历史上当了短短 3 年皇帝的查理七世（1742—1745 在位，巴伐利亚维特斯巴赫家族）。1745 年，特蕾西亚又设法把"皇帝"的头衔夺了回来，让自己的夫君当皇帝，史称弗兰茨一世（1745—1765 在位）。特蕾西亚的正式头衔就成了"德意志民族神圣罗马帝国皇后、奥地利女大公"。父亲的头衔由夫妻俩分而任之，开始了"妇唱夫随"的统治。弗兰茨一世逝世后，他们的大儿子当上了神圣罗马帝国的皇帝（约瑟夫二世，1765—1790 在位）。这是特蕾西亚生平最为得意的一件事情。

特蕾西亚众多的子女则成了她精心策划政治联姻的雄厚资源。她把女儿嫁到了欧洲的四面八方，她因此得到了"欧洲的岳母"这样的称呼。一个大臣对她的做法作了如下的概括："仗让别人去打，我们喜欢做和亲的事情。"

虽说她的丈夫当上了皇帝，但毕竟是外来户，娘家的天下娘家的事，最后还得由她一个人打理。再说她是一个满怀责任意识、事必躬亲的女强人。年轻时，一个个子女的教育，在许多方面她也亲力亲为。她曾用写信的形式教训她的女儿："清晨醒来要马上起床，并屈膝做晨祷。"为了合理支配时间，她的一个名叫塔罗卡的顾问曾为她制定了一天的时间安排表格供她参考。我们可以从中看到女王工作、生活的节律：早晨 8 时起床，用一个半小时梳洗打扮、晨祷、吃早餐、与孩子简单交流；9 点半至 12 点半是在办公桌前、会议室和接见大厅中度过的；中午有三个半小时用于吃中饭，去向母亲请安和休息放松；从下午4点到晚上8点半又是工作：阅读文件、报告，听大臣们的汇报，谈论局势，研究工作。在这之后，就须把工作完全抛在一边，打打牌，跳跳舞或听听音乐——当然这些娱乐也要保持在适度、节制的范围内……

自1748年起，特蕾西亚喜欢经常住在美泉宫。她中年发胖，到老年连走路都有点困难，故在美泉宫特地为她建造了机械的升降机——这当属世界上最早投入使用的"电梯"。1765年，她的丈夫去世。直到特蕾西亚本人在1780年逝世，她穿了整整15年的丧服。她还下令把她的办公用纸都印上黑框。

特蕾西亚的后代

特蕾西亚之后，哈布斯堡王朝又经历了她的6个子孙当皇帝的统治时期。限于篇幅，这里只能列举特蕾西亚的几个后人。

第一个要说的是特蕾西亚最小的女儿玛丽·安托瓦内特（1755—1793）。1770年14岁时，在母亲的运作下，她与法国王储路易·奥古斯特结婚，1774年成为法国王后。在法国大革命中，继她的夫君路易十六之后，王后也在1793年10月16日被推上了断头台。

第二个轮到的是玛丽·路易丝（1791—1847）：拿破仑一世的皇后。她是特蕾西亚的孙子弗兰茨二世/一世（他是神圣罗马帝国最后一个皇帝，称"弗兰茨二世"；1804年起为奥地利帝国皇帝，改称"弗兰茨一世"）的长女。路易丝是特蕾西亚的重孙女。故1810年春，拿破仑与路易丝结婚后，拿破仑就成了特蕾西亚的重孙女婿。这场婚

姻是百分之百的政治大交易：在拿破仑的强大军事压力下，路易丝的父亲希望以此改善与法国的关系，维持王朝的生存；而当了皇帝的拿破仑也希望与欧洲最古老的正统王朝联姻，以改善自己暴发户的形象。而路易丝则抱定牺牲自己、成全哈布斯堡家族的想法前往巴黎。第二年，路易丝为拿破仑生了个儿子，这是拿破仑唯一的婚生儿子。拿破仑兵败后，被流放到海岛上。而路易丝则带着儿子跑回了娘家。1814 年 5 月 21 日，母子俩抵达王室供他们居住的美泉宫——大小姐回来啦！由于父皇在维也纳会议上的竭力主张，路易丝在意大利北部

玛丽亚·特蕾西亚与她的六个子女

得到一块领地——帕尔马。路易丝把儿子丢在娘家，跑到意大利的领地，寻求自己的幸福去了。后来，路易丝又结了两次婚。至于拿破仑与路易丝的儿子——赖希施塔特公爵（1811—1832），则一直住在美泉宫，可惜，在21岁上因肺痨病在那里去世。联想到法国以后政坛的情况：路易·拿破仑·波拿巴——拿破仑弟弟的一个儿子，凭借拿破仑的名望，在1848年12月当选为第二共和国的总统，以后又当上了皇帝（拿破仑三世），如果货真价实的拿破仑的儿子回到巴黎，将会引起怎样的轰动？

　　第三个要讲的当然是"茜茜公主"。德国、奥地利影视界像中国影视界翻来覆去拍清宫戏那样，不厌其烦地大拍以茜茜公主为题材的影视作品。2009年12月，德国电视二台又推出了全新的以"茜茜"（Sisi）为名的电视连续剧。中国观众最熟悉的当然是德国著名女演员罗密·施奈德当主角、摄于1957年的那部《茜茜公主》。在历史上，茜茜公主是奥地利皇帝弗兰茨·约瑟夫一世（1830—1916，1848—1916在位）的皇后，特蕾西亚的玄孙媳妇，大名：伊丽莎白·冯·巴伐利亚（1837—1898）。她的丈

茜茜公主——玛丽亚·特蕾西亚的玄孙媳妇

夫虽然在位68年，是在位时间最长的一个奥地利皇帝，但相当平庸且保守，在第一次世界大战前对形势与欧洲军事力量的估计严重失误。

他们于1854年结婚，育有一个儿子、三个女儿。唯一的儿子鲁道夫（1858—1889）当然是皇储，但偏偏在1889年自杀身亡。1889年1月30日晨，在维也纳郊区皇太子的狩猎宫，发现皇太子鲁道夫和他的17岁的小情人玛丽·韦蔡拉双双饮弹自尽。同当时许多奥地利的贵族女孩子一样，韦蔡拉对虽已结婚的皇太子趋之若鹜。1888年在一次观看赛马的场合，韦蔡拉与皇太子有一面之缘，之后她给鲁道夫写信，收到回信后，他们开始幽会。一直到双双自杀，他们共计幽会了20余次。对韦蔡拉的自杀，也许可以归结为年轻女孩的痴情。对皇太子却很难作如此的推定：皇太子在这之前，在他的另一个情人米齐·卡斯帕尔处过夜，直接从那里到狩猎宫与韦蔡拉幽会——他们的自杀成了一个永远的谜。

在这之后，一波三折——算起来皇帝总共有过四个皇储：第一个皇储他的儿子鲁道夫自杀而亡；第二个皇储他的兄弟卡尔·路德维希于1896年在他之前离开了人世；同年，他兄弟的大儿子、他的大侄子弗朗茨·斐迪南被立为皇储——后者于1914年6月在萨拉热窝遇刺身亡（第一次世界大战也由此爆发）；最后一个皇储又是弗朗茨·斐迪南的侄子，对于老皇帝来说，则是他的侄孙。在老皇帝1916年逝世后，第四个皇位继承人终于当了两年奥地利的皇帝，史称卡尔一世。1918年，卡尔一世被推翻后住在葡萄牙，死于1922年。他的妻子——哈布斯堡王朝最后一个皇后则一直活到1989年。

再把话题拉回来，茜茜公主——伊丽莎白皇后1898年在日内瓦被一个意大利的无政府主义者刺死。她的儿子鲁道夫与夫人施特法尼生有一个与她同名，也叫伊丽莎白的孙女。这个孙女后来倾向革命，与自己的贵族丈夫温迪施-格雷茨侯爵离婚，嫁给了社会民主党人阿道夫·佩茨内克。在奥地利，人们称茜茜公主的这个孙女为"红色女公爵"。

皇室墓园

位于维也纳市中心的哈布斯堡家族皇室墓园，创建于 1618 年，一直到 1989 年，共埋葬了哈布斯堡家族重要成员 144 人。说"埋葬"，用词有点不够准确：在墓园有若干个墓室，每个墓室都放着若干个密封的金属棺椁，所谓墓室就是一个个大厅。在玛丽亚·特蕾西亚墓室内，居中平排紧挨安放着特蕾西亚与她的夫君弗兰茨一世的棺椁，离他们最近的是他们的大儿子约瑟夫二世的棺椁。在弗兰茨·约瑟夫墓室里，并排放着三个棺椁：弗兰茨·约瑟夫二世居中，伊丽莎白皇后和鲁道夫皇太子分列两边。特蕾西亚父亲查理六世的棺椁则陈放在查理墓室内……在整个墓园里，特蕾西亚的棺椁处在一个承上启下的位置上。特蕾西亚在哈布斯堡家族的地位还表现在这样一点上：在皇室墓园里除了这 144 个族人外，存放的唯一一个外人的棺椁是特蕾西亚的老师——卡罗利妮·富克斯-莫拉特女伯爵。

◉ 女皇南巡与波将金村

在世界各国语言中，恐怕大多有"波将金村"这个词（英语：Potemkin village，德语：Potemkinsches Dorf）。在一本汉语辞书中，该词被解释为"弄虚作假、装潢门面的代名词"。这个业已"走向世界"的词，它的源头在哪里呢？

俄国女皇

俄国最为著名的女皇当然是叶卡捷琳娜二世（1729—1796，1762—1796在位）。我们知道，无论是英国的伊丽莎白一世、维多利亚女王或哈布斯堡王朝的玛丽亚·特蕾西亚这些女王均为前任君主的女儿。而与此不同，叶卡捷琳娜不但与以往的沙皇没有任何血缘关系，而且还是一个外国人（德国人）。她在1745年远嫁到俄国的罗曼诺夫皇室，17年后竟然令人瞠目地成为统治庞大俄罗斯帝国说一不二的女沙皇！

从1725年彼得大帝逝世到1762年叶卡捷琳娜二世登上皇位，俄国共有六位沙皇。在她之前的两位沙皇是伊丽莎白（1741—1761在位，彼得大帝的女儿）和彼得三世（1761—1762 在位，彼得大帝的外孙、叶卡捷琳娜的丈夫）。

俄国叶卡捷琳娜二世

女沙皇伊丽莎白在1742 年召她姐姐的儿子彼得——德国霍尔斯坦-戈托尔普公爵前往俄国成为她的皇位继承人。她的姐姐安娜·彼得罗夫娜早先嫁给了上述邦国的老公爵卡尔·弗里德里希。伊丽莎白既然有了皇位继承人，第二步就是火急火燎地为其找配偶。皇太子妃的寻找范围也限定在德意志人之内。如果说，在当时高度统一的中国或法国要寻觅皇帝真正的金枝玉叶，还颇有难度的话，那么在四分五裂有几十个、上百个邦国的德国找一个有"公主"头衔的年轻女子就要容易得多了。由于普鲁士国王弗里德里希二世的大力帮忙，经过多次评选、协商，普鲁士国王命令他手下的一个名叫克里斯蒂安·奥古斯特的将军（安哈尔特—策布斯特侯爵）赶紧把他13 岁的女儿送到莫斯科去。带着美好的愿景和寒酸的行李，母女俩忐忑不安地于1744 来到莫斯科。初次见面，沙皇伊丽莎白对这个德国女孩就感到非常满意。以后，她有了俄国名字——叶卡捷琳娜，她学习俄语、俄国礼仪并改信东正教。1745 年，她成为皇太子妃。出乎所有人的意料之外，她利用近卫军发动宫廷政变，推翻她丈夫彼得三世的统治，于1762 年7 月9 日登上了沙皇的宝座，这就是俄国历史上的叶卡捷琳娜二世。彼得三世被

第三辑 欧洲皇室别传

谋杀于同年 7 月 17 日。究竟是叶卡捷琳娜授意，还是她在近卫军中的军官情人先斩后奏——具体的细节一直到现在也没有被搞清楚。

当年竭力向俄国皇室推荐叶卡捷琳娜（她的德国名字叫索菲·弗里德里克·奥古斯特）的普鲁士国王弗里德里希二世，原本希望她能在俄国宫廷为普鲁士说说好话，敲敲边鼓，因为普鲁士国王对她的最高期望就是最好能当上皇后。她虽然大大超出了普鲁士国王的期望，当上了俄国的皇帝，她的所作所为却令他大失所望：叶卡捷琳娜比血统纯正的俄罗斯罗曼诺夫皇族的人还要彻底地维护俄国的利益！她夺取立陶宛、白俄罗斯、西部乌克兰及克里米亚地区。在三次瓜分波兰的过程中与普鲁士锱铢必较……

女皇南巡

1787 年 1 月 18 日，踌躇满志的叶卡捷琳娜二世从圣彼得堡查尔斯科耶皇村起驾，开始了她浩浩荡荡南巡的旅程。女皇时年 58 岁，自 33 岁登上沙皇的宝座已经进入第 25 个年头。经长时间精心准备的南巡既是庆祝登基 25 周年的欢庆之旅，更是显示女皇统治政绩的政治之旅。为了向国外显示在她治理下俄罗斯的强盛，她还专门请欧洲列强英、法、奥诸国公使与其同行，在旅行期间，还与奥地利皇帝、波兰国王进行了会谈。

南巡的旅程分两段：第一段从圣彼得堡经斯摩棱斯克到基辅，交通工具是马拉雪橇和马车；第二段从基辅开始乘船沿第聂伯河顺流而下一直到塞瓦斯托波尔（其中因航道关系曾舍舟就车）。"波将金村"的故事就发生在第聂伯河之旅的第二段旅程中。

> 待女皇的船队一过，这些赶场的"演员"们就连忙赶往下一个"演出地点"。连牛羊也担当起"演员"的角色，在这里、那里演了一出出"风吹草低见牛羊"的情景剧——这就是在第聂伯河畔海市蜃楼般子虚乌有的、在以后历史上大名鼎鼎的"波将金村"。

女皇乘坐的雪橇其实就是一座流动的小型宫殿：由 30 匹马拉着扣在巨型雪橇上的带有四个房间（办公室、图书室、卧室和衣帽间）的房子。与女皇共同享用这座流动宫殿的还有她的现任面首马莫诺夫（时年 26 岁）和宫廷女官普洛泰索娃小姐。在志得意满的女皇看来，如今，文治武功、江山"美人"她一样都不再欠缺。1767 年她被尊奉为"大帝"——在罗曼诺夫王朝有此头衔的只有彼得一世和她两人。1783 年克里木并入了俄国的版图，这次南巡就是到那里去视察。她的雪橇车队拥有 14 辆大雪橇、124 辆小雪橇和 40 辆备用雪橇。在每个驿站均备有 560 匹高头骏马供替换。从基辅开始，女皇的船队包括 7 艘大型双桅战艇和 80 艘普通船艇，有乘客三千，动用的划桨水手、疏浚河道的军民则多达数万人。在女皇的御船上，有可供 70 人就餐的大餐厅、大客厅，还有一个 12 人的专用乐队，乐队的指挥是意大利人萨尔蒂。该人奉波将金的指令，在南巡一年前就早早专门创作了《女皇南巡之歌》。在各种场合，这首乐曲当然是少不了的。

早在俄国并吞克里木之初，叶卡捷琳娜二世的宠臣兼面首波将金（1739—1791），就建议女皇作巡视克里木之旅。前面提到的南巡的路线、交通工具、后勤保卫……总之，女皇、高官、使节这一大帮难伺候的贵人在巡视期间的吃喝拉撒睡，以及路途上所听的音乐，均须波将金操心、负总责——而以后被人们称为"波将金村"的"欺骗性的布景"当然也是南巡准备工作的一个重要部分。1784 年秋，女皇南巡的意向已确定下来。在波将金的主持下，详细的巡行路线、精确的日程安排在 1786 年已编制完毕，并铅印成册——女皇以后的南巡，总体均按此计划实行。为了与奥地利皇帝约瑟夫二世在南巡时进行重要会谈，在 1786 年夏天，女皇就提前足够的时间向他发出了邀请。

最后，在 1786 年年底，波将金还沿着南巡的路线先行亲自实地走了一遍。

波将金村

在景色美丽的第聂伯河航行的御船上，女皇不时会看到如画的村庄、向她山呼"乌拉"的健壮的村妇、英俊的哥萨克人。"如画的村庄"可说真正"名副其实"——像画一样画出来的村庄：修葺、粉刷、油漆装饰一新的农舍，用类似舞台上的木头画布布景挡住的破败的茅草屋。在这样的背景下，哥萨克人表演骑术，士兵穿着新军服在操练，农村的小伙子和姑娘们则唱起了民歌、跳起了土风舞……待女皇的船队一过，这些赶场的"演员"们就连忙赶往下一个"演出地点"。连牛羊也担当起"演员"的角色，在这里、那里演了一出出"风吹草低见牛羊"的情景剧——这就是波将金一手炮制出来的在第聂伯河畔海市蜃楼般子虚乌有的、在以后历史上大名鼎鼎的"波将金村"。

当然，"波将金村"的一些破绽即使在船上也并不难发现：怎么有些人的面孔一再出现？作装饰的同一块挂毯既出现在这个村又出现在下一个村？然而隔岸观景，从大面上还是过得去的。女皇是那么兴高采烈，不要说俄国人对这些破绽噤若寒蝉，就是外国的贵人们在当时也是三缄其口，齐声附和。只要对显示女皇的文治武功有利，女皇在具体的行程、细节上就会给以居高临下的配合：绝不偏离原定的路线和时间安排。女皇与波将金有着特殊关系，他们互相心照不宣地配合、串通好的联合演出还会出现什么问题吗？

据考证，一种得到较为普遍认可的说法认为，"波将金村"这个词最先出自德国人 W. 黑尔比希 1797—1799 年发表在汉堡《密涅瓦》（密涅瓦是罗马神话中的智慧女神）杂志上的回忆连载文章上。黑尔比希 1787 至 1796 年任萨克森驻俄国公使馆秘书，俄国叶卡捷琳娜女皇巡视克里木这件轰动俄国和欧洲的大事正好发生在他在俄国任职其间。他的连载文章，引起了普遍的兴趣和重视——1808 年被译成法语，1811 年被译成英语，于是，"波将金村"一词在 19 世纪的欧洲渐渐流传开来。马克思在他写的一些报刊文章中也经常使用这个典故。如马克思在题为《帕麦斯顿勋爵》的连载文章的第八篇中就讽刺挖苦地写到："亚历山德拉炮台的实在性，连波将金在女皇叶卡捷琳娜二世到克里木去巡游时请她参观的纸扎的村落都不如，这一点看来是用不着再说了。"（《马克思恩格斯全集》中文版第 9 卷第 457 页，人民出版社，1961）

◎ 百年盛宴

　　1682 年，法国宫廷全部迁至巴黎西南郊 18 千米处的凡尔赛——那里不仅成了路易十四和王室成员的永久住所，也成了王国政府所在地。到 1789 年法国大革命爆发，波旁王朝三位君主（路易十四、路易十五和路易十六）在凡尔赛宫持续不断举办了足足一百多年的盛宴。

路易十四与路易十五

　　在凡尔赛宫，豪华的宴席、壮观的演出、烟火和舞会……五花八门的庆典与节日活动首尾相接，终年不断，年年如此。据统计，凡尔赛宫的消耗竟占法国岁入的四分之一！

　　在这百年盛宴中，有路易十四为博得他的情妇蒙德斯庞侯爵夫人的欢心而举行的连续一个半月的狂欢，有路易十五分别以他的两位著名情妇蓬巴杜侯爵夫人和杜芭丽伯爵夫人的名义举行的各色派对，而热衷于时装的安托瓦内特——路易十六的王后则在凡尔赛举行一场又一场令人眼花缭乱的时装发布会……

从路易十四到路易十六，由于前二位执政时间长，路易十五是路易十四的曾孙，而路易十六则是路易十五的孙子——法国虽只经历了三位国王，却已相隔六代。

路易十四实行"朕即国家"的绝对君主专制统治，人称"太阳王"。他废除"南特敕令"，迫害胡格诺派教徒。在建造凡尔赛宫期间，他几乎耗尽了法国的国库。他穷兵黩武，发动对荷兰的三次战争和西班牙王位继承战争。

而路易十五则更是变本加厉地挥霍。他的两项最大爱好是围场狩猎和追逐女色。他好大喜功参与的波兰王位继承战争、奥地利王位继承战争和七年战争更使法国的财政雪上加霜。路易十五有一句"名言"："我死后哪怕洪水滔天！"（Après moi le déluge！）1774 年，路易十五得天花去世，把所剩时间已经不多的"百年盛宴"丢给了不到20 岁的孙子。

路易十六的婚礼

当路易十六与安托瓦内特在 1770 年举行结婚大典时，他还是法国的王储，未来的王后则是奥地利女王特蕾西亚最小的女儿。婚礼分两部分进行。1770 年 4 月 19 日，在奥地利维也纳的奥古斯丁教堂举行了仪式。只有 14 岁的安托瓦内特在离别母亲之前泪流不止。在 4月 21 日离开维也纳时，特蕾西亚女王给女儿写了一张纸条："汝须善待法国百姓，他们就将会说：'我给他们派去了一位天使。'"

1770 年 5 月 7 日，"移交"的日子来到了。在莱茵河畔，神圣罗马帝国的送亲队伍告别了他们的公主。在斯特拉斯堡附近莱茵河中的

一座"中立"的岛上，安托瓦内特脱去了娘家的全部服装，换上了法国宫廷服装。

1770年5月16日，法国婚礼在凡尔赛宫举行，随后是费用高昂的无数庆典、舞会、演出。作为这场结婚喜庆的最后一项活动，是5月30日安排在巴黎路易十五广场上的"与民同乐"活动。是日晚，在广场有很多乐队演奏音乐，燃放烟花，还有由王室向百姓免费提供的葡萄酒、面包点心和肉食。正当平民百姓在广场上兴高采烈地听着音乐、喝着葡萄酒、看着在天空绽放的礼花时，突然烟火落在人群中炸开。在原本就非常拥挤的广场上，人挤人乱作一团。最要命的是广场四周正在造房子，在建筑工地前挖了很深的沟壕，而在事前并没有采取足够的安全措施。人群没有退路，互相践踏、掉入沟壕。这次活动被踩死139人，伤数百人！

法国"百年盛宴"中的这一插曲，被看成是不祥的预兆——23年后在同一个地点，国王夫妇先后走上了断头台！

王后：引领时尚新潮流

一直到现今，巴黎的时装界仍认为，在巴黎时装业的发展历史中，安托瓦内特是一个关键的、不可或缺的重要人物。王后有钱，愿意为服装一掷千金；由于从小的耳濡目染和极高的悟性，王后对服饰又有极高的鉴赏力。她经常在凡尔赛举行服装展示会，她既是巴黎服装慷慨的主顾，又是最好的推销者——当时最有说服力的广告词叫做"王后式样"！在她的身后，常常跟着一队服装顾问、化妆大师，其中就有巴黎最为著名的罗斯·贝尔坦和莱奥纳尔。王后很快就习惯了凡

法国"百年盛宴"中的这一插曲，被看成是不祥的预兆——23年后在同一个地点，国王夫妇先后走上了断头台！

尔赛宫廷的奢靡生活，并打上了她个人特色的烙印。

值得一提的是，与她的艺术鉴赏力比起来，她的赌博技巧实在不够高明，她又好赌，其他人却并没有用假输以取悦王后的想法。这样，在玩当时流行的一种叫"法老纸牌"的赌博中，王后平均每月就要输掉15000锂。

法国宫廷的奢靡，连神圣罗马帝国的皇帝也看不下去了。约瑟夫二世——当今法国王后安托瓦内特的大哥，密切注视着小妹的恣肆妄为：他曾前往巴黎访问，亲眼目睹了妹妹的所作所为；更多的则是听取他驻巴黎的外交官员的日常相关汇报。他曾多次以大哥的身份规劝他的小妹安托瓦内特。在1777年的一封信中，兄长告诫小妹：生活要俭朴，不要因奢侈挥霍和轻浮放荡而进一步激怒贫穷的百姓。那时距法国大革命还有12年，正在兴头上的年轻王后哪里能听得进呢?!

◎ "欧洲老祖母"

——英国维多利亚女王谱系

英国维多利亚女王（1819—1901），从 1837 年到 1901 年，在位 64 年零 7 个月。她与她的丈夫阿尔贝特亲王共生育 4 个儿子、5 个女儿。通过儿女的婚姻，女王与欧洲许多王室结为儿女亲家，她的孙辈又同样照此办理。这样，随着时间的推移，英王朝就与相当数量的欧洲王朝结成盘根错节的亲缘关系，维多利亚女王就成为人们所说的"欧洲老祖母"（Grandmother of Europe），即欧洲不少王朝的老祖宗。

汉诺威与科堡

汉诺威、科堡是德国的两个城市：前者是下萨克森州的首府，后者是巴伐利亚州的一个县级市。在历史上，这两个城市还当过德意志两个邦国的首都。汉诺威是汉诺威选帝侯国（1814 年起改称汉诺威王国）的首都；而科堡则担当了一个名叫"萨克森—科堡—哥达"的公国（1806 年前国名为"萨克森—科堡—萨尔费尔德"）的首都。从任何标准看，这个科堡公国都是一个蕞尔小国——领土面积 2000 平

1895 年的英国维多利亚女王

方千米左右，人口约 14 万人。

1714 年，英国女王安妮逝世。因她没有子女，按照 1701 年英国的《王位继承法》，詹姆士一世的新教徒外孙女普法尔茨的索菲应是英国王位继承人。这个索菲也于 1714 年去世，于是她的大儿子，在 1698 年已当上汉诺威选帝侯的乔治就"兼职"当上了英国国王，称乔治一世（1714—1727 年在位）。由此开始，就是英国历史上的"汉诺威王朝"时期（1714—1901）。乔治一世传位给他的儿子乔治二世（1727—1760 在位），乔治二世让他的孙子继位，即乔治三世（1760—1820 在位）。乔治三世一共有七个儿子，他死后先是他的大儿子当国王，为乔治四世（1820—1830 在位）；乔治四世女儿在他任国王前已离世，他的王位由他的三弟继承（二弟死于 1827 年，而且没有子女），即威廉四世（1830—1837 在位）。老三曾有两个女儿，早亡，于是就轮到老四肯特公爵爱德华的后代——以后成为女王的维多利亚就是他唯一的婚生子女。

世界上就有这样凑巧的事情：这位肯特公爵与上面提到的科堡公国的一位公主于 1818 年 5 月 29 日结婚，生活在德国，却赶在妻子分娩前与她一起回到英国。1819 年 5 月 24 日，他们的女儿维多利亚生于伦敦肯辛顿宫。肯特公爵在女儿出生后不到 8 个月就离开了人世。威廉四世离世时，维多利亚已成年，刚好 18 岁过 28 天，可以直接继

承大位，当国王了！

英国女王的母亲来自这样的德国小邦，而女王在 1840 年结婚时，夫君竟也是来自同一个科堡邦国，而且这两个人均出自同一个家庭：女王母亲是女王夫君的姑母。难怪英国的一些臣民当时不无揶揄地感叹："走运的科堡人！"

维多利亚女王的丈夫是萨克森—科堡—哥达公国的阿尔贝特亲王。他是维多利亚女王的亲表弟（生于 1819 年 8 月 26 日），比女王晚出生三个月。女王的母亲（也叫维多利亚）是这个小邦国的公主，兄弟姐妹共七人。她的大哥是当今这个小国的公爵——恩斯特一世，阿尔贝特是他的次子。她还有个大名鼎鼎的弟弟利奥波德，他从 1831 年起当上了比利时的国王。

利奥波德一世

利奥波德（1790—1865）是维多利亚女王的小舅，他与女王还有这么一层关系：他在 1816 年曾娶女王的大伯、以后成为英国国王的乔治四世的女儿、仅次于其父的王位继承人夏洛特为妻。这样论起来，利奥波德又是女王的堂姐夫。我们从这个舅舅兼姐夫的下面三次努力中，可以看出德国的一个小邦贵族是如何"攀龙鳞，附凤翼"——摽上英国王室，百折不挠地攀上这个高枝、与其拉上关系的。

利奥波德的三姐尤利亚妮嫁给俄国康士坦丁·巴甫洛维奇大公（沙皇亚历山大一世的兄弟）为妻，故利奥波德在 1795 年 5 岁时，就能在俄军中吃空额，被登记为上尉，到 1801 年已升为上校。直到

随着时间的推移，英王朝就与相当数量的欧洲王朝结成盘根错节的亲缘关系，维多利亚女王就成为人们所说的"欧洲老祖母"（Grandmother of Europe），即欧洲不少王朝的老祖宗。

1812 年，他方真正投身俄军。仅仅在四年之后——1816 年他就扛上了将军的肩章。其间，他参加过维也纳会议。他在 1814 年夏曾随沙皇亚历山大一世访问英国，为了达到与夏洛特结婚的目的，他使出了他的全部招数。得逞结婚后，夏洛特却因难产于 1817 年 11 月去世，他的美好设想就此成为一枕黄粱。这是他的第一次努力。

第二次努力是千方百计撮合他的四姐维多利亚和英国王室的老四肯特公爵爱德华的婚事。在利奥波德眼里，在他身为英摄政王（即以后的乔治四世）公主的妻子死后，这个王室老四的分量加重了，成了应充分利用的"奇货"。好在他与亡妻的四叔很熟，关系也很好。虽说他的四姐维多利亚已经结过一次婚，而且有了两个孩子。但当时她已丧夫寡居在家。于是就出现了"四叔匆匆赴科堡，四姐急急待再醮"的场景。这次努力大大的成功，具体过程已在前面讲过。总之，没有他的这番努力，世界历史上日后也就不会有威名远扬的维多利亚女王！

既然四姐的女儿已当上英国国王，再接再厉的第三次努力则是如何让萨克森—科堡—哥达家族的一个年轻男士（此次选定的是大哥的次子阿尔贝特），成为英国王家的乘龙快婿。为了让年轻人能对上眼，利奥波德利用一切机会在外甥女的面前勾画阿尔贝特的完美形象，尽量创造年轻人会面的机会，渲染亲切而又浪漫的气氛……第三次努力的结果是，侄子与外甥女结为伉俪。

至于利奥波德本人，在英国的全力支持下，于 1831 年利用机会终于当上了比利时的国王，称利奥波德一世。他在 1832 年 8 月又设法与法国奥尔良王朝国王路易·菲利浦的女儿路易斯—玛丽结为夫妇。世界上长袖善舞的人很多，然而能达到像利奥波德那样的水准，取得

如此丰硕成果的确属凤毛麟角——他从来自一个弹丸之地贵族家的小儿子成为既当过英国国君女婿、又成为法国国王姑爷、"凭空"当上比利时国王的这样一个历史人物。他通过三姐与俄国拉上关系；利用四姐、外甥女和侄子成为影响英国的举足轻重的人物；他在维多利亚女王长女与普鲁士王储结为秦晋之好的过程中，穿针引线，与普鲁士建立特殊关系；他还把女儿卡洛塔嫁给奥地利哈布斯堡王室的马克西米利安大公，彼此结为亲戚……1865 年，他的儿子利奥波德二世即位。后者以残酷压迫、剥削、屠杀刚果人民而臭名远扬。现今的比利时王室即是利奥波德一世的后代，是英王室的一门重要亲戚。

女王后辈的谱系

维多利亚女王是英国汉诺威王朝的最后一位君主，她的儿子爱德华七世即位后，将王朝名称改为"萨克森—科堡—哥达"王朝。后一名称只从 1901 年用到 1917 年。在第一次世界大战中，英德交战，维多利亚女王的孙子乔治五世在 1917 年把地道的德国名称"萨克森—科堡—哥达"改为英国味的"温莎王朝"，并一直沿用到如今。

在维多利亚女王的 9 个子女中，有不少也成了多子女的父母，如她的大女儿有 8 个子女，二女儿共养育了 7 个孩子。在这里无法一一列举女王的后辈，就看看两个最为突出的例子。

女王的大女儿维多利亚公主 1858 年和普鲁士王储（后成为德国皇帝弗里德里希三世）结婚，德国末代皇帝威廉二世是维多利亚公主的大儿子。女王的二女儿艾丽斯公主 1862 年与黑森—达姆施塔特大公国大公路德维希四世结亲。1894 年艾丽斯的小女儿阿丽克斯嫁给俄

在英、德、俄这欧洲三强中，英王乔治五世是女王的孙子，德皇威廉二世是女王的外孙，而沙皇尼古拉二世则是她的外孙女婿。

国末代沙皇尼古拉二世，史称亚历山德拉皇后。顺便提一句，艾丽斯的二女儿伊丽莎白1884年嫁给沙皇亚历山大二世的一个儿子谢尔盖·亚历山德罗维奇。正是在二姐的婚礼上，阿丽克斯认识了以后的末代沙皇。

在1916年，在英、德、俄这欧洲三强中，英王乔治五世是女王的孙子，德皇威廉二世是女王的外孙，而沙皇尼古拉二世则是她的外孙女婿。

由于维多利亚女王与表弟阿尔贝特亲王的婚姻属近亲婚配，自此英国王室就出现了血友病患者和血友病基因的携带者。最著名的一个血友病患者是末代沙皇的儿子阿列克谢——他是女王的重外孙。

拿破仑与苦迭打

拿破仑出生前一年（1768），科西嘉岛并入法国的版图：命运使拿破仑成为法国人；拿破仑反过来也影响、甚至改变了法国的历史命运。只有处在法国权力的顶峰，拿破仑方拥有如此的影响力，而他通向权力顶峰的道路，则是通过"苦迭打"即政变来打通的。

"苦迭打"一词音译自法语的 coup d'Etat，意为政变。在法语中，原意为"突然的（政治）状况的变化"。"苦迭打"也是法语贡献给世界上许多语言的一个词汇。

雾月十八日

共和 8 年雾月 18 日（1799 年 11 月 9 日），是拿破仑发动政变的日子。通过雾月十八的政变，拿破仑推翻了督政府，建立了以他为首的执政府，开始了他为期 15 年的军事独裁统治。

虽说以往也有几次机会，他的部下也曾怂恿他下手，但当时他认为，自己羽翼还未丰满——现在，他已积蓄了足够的力量（外加他的威望与知名度），时机已经成熟了。时年 30 岁的拿破仑，已经能够颇为自豪地回顾他走过的历程——

　　他的父亲是地中海科西嘉岛上的一个律师，拿破仑与 7 个兄弟姐妹在偏远、经济窘促的环境中成长。他在法国本土的学校、军校上学时，受尽了本土同学对他这个"乡巴佬"的嘲弄。法国大革命为他提供了施展军事才能的舞台，他以军功（1793 年土伦大捷，1796 年、1797 年在意大利击败强大的奥地利军队……），走上了通往权力的道路。

　　1799 年，巴黎的政治斗争愈益激烈，拿破仑虽在埃及远征军总司令任上，却不愿远离巴黎。1799 年 8 月 23 日晚，他率领 500 精兵乘船离开埃及，经 47 天的航行，于 10 月 9 日在土伦附近登陆，10 月 16 日抵达巴黎。经 20 多天的精心准备，在 11 月 9 日、10 日两天拿破仑动手了！

　　没有流血，没放一枪一炮，拿破仑夺取政权，获得了政变的成功。分析起来主要有以下几个原因：一是没有遭到督政官的有效反抗，相反，却得到督政官西哀耶斯和罗歇·迪科的大力合作。前者本欲利用拿破仑来当"大砍刀"，最终自己却成了拿破仑的马前卒。再加上督政府的重要部长富歇和塔列朗也为拿破仑效力。二是拿破仑控制了巴黎地区的军队。三是拿破仑用计谋和武力迫使议员就范。

　　拿破仑的兄弟吕西安是五百人院的议长，他在 11 月 9 日开会，事先不通知政见不同的议员，以此通过决议；他借口城内新雅各宾派欲图造反，在城内杜伊勒里宫开会不安全，次日让议员到西郊的由重兵"保护"的圣克鲁宫开会——"请君入瓮"；他在连拿破仑也控制不了会场局面时，则干脆命令大兵冲进会场"霸王硬上弓"地制服议员。最后，在当天晚上，在只有 100 个议员到场的情况下（应到五百人院加元老院共 750 个议员），"通过"了修改宪法和拿破仑等当执政

的决议。督政府和法国大革命就此告终。拿破仑曾经说过："公民们，革命如愿以偿——它结束了。"托克维尔在《旧制度与大革命》一书中说，拿破仑轻而易举发现和抓住了法国大革命给他提供的机会。总体而言，拿破仑"既是大革命的继续者，又是大革命的摧毁者。"

自这次苦迭打后，拿破仑成了法兰西共和国的第一执政，1802年，当上了终身执政。1804年，他自己戴上了皇冠，成了法兰西帝国的皇帝——拿破仑一世。

凯旋门

巴黎凯旋门是由拿破仑下令，为永久纪念他1805年12月2日在奥斯特里茨战役中大胜俄奥联军，于1806年动工兴建的一座炫耀性建筑。同年8月15日拿破仑生日那一天，拿破仑参加了奠基典礼，砌下了第一块基石。虽说凯旋门在1836年方完工（1892年又加一顶），其时拿破仑已去世多年，但凯旋门毕竟留下了拿破仑太多的印迹。在凯旋门上刻着拿破仑一生中，获胜的96个战役的浮雕。

作为法国历史上最伟大的军事家，他在他的部队中享有极高的威望，被奉为"战神"；他的军事举措往往为敌方军队所模仿——举例说，他的快速行军，他在决定成败的战略要地出乎意料地集结兵力和他系统、成系列的火炮运用等都成为军事史和军事理论上的经典案例。

荣军院

1821年5月5日，拿破仑死于大西洋上的圣赫勒拿岛。在时隔

拿破仑打的最后一仗——滑铁卢战役（1815 年 6
月）以失败告终。于是在许多语言中就把"滑铁卢"
（Waterloo）当成"致命的打击"和"惨重的失败"的
同义语。

19 年之后，拿破仑的遗骸在 1840 年 11 月 3 日被运回法国瑟堡，到
巴黎后通过凯旋门，于 12 月 15 日安葬在巴黎荣军院。当时的国王
是路易·菲利浦，首相是梯也尔。他们同意这么做，当然有各方面
的政治考量，但波拿巴分子的压力和拿破仑仍存在的影响必定也是
考虑的因素。

拿破仑打的最后一仗——滑铁卢战役（1815 年 6 月）以失败告
终。于是在许多语言中就把"滑铁卢"（Waterloo）当成"致命的打
击"和"惨重的失败"的同义语。套用这种说法，拿破仑本人是在
1812 年 6 月进军俄国后，开始走向通往滑铁卢的道路的。然而，话说
回来，除了拿破仑还有谁能够像他那样，在联军 1814 年 3 月攻陷巴
黎、他退位被放逐到厄尔巴岛之后又东山再起，能够打一场滑铁卢战
役？在他死后近 20 年，能够迁葬巴黎并弄出那么大的响动？

德国诗人海涅当时在巴黎，亲历了拿破仑遗骸迁葬巴黎的全过
程。他在《卢苔齐亚》一书中，记述了他当时的感受。一方面，他谈
到了拿破仑的影响："老的征服者已与世长辞，现在观看葬礼的完全
是新的一代，如果说他们并没有带着炽热的感情站在这里的话，那么
他们仍然以虔诚的忧伤注视着这金质的灵柩台，因为在这里毕竟浓缩
着他们父辈的欢乐、苦难、光荣的迷误和受阻的希望，他们父辈的真
正灵魂在此入殓！"另一方面，海涅也指出了历史已翻开了新的一页：
"皇帝已经去世，随着他，最后一个符合老标准的英雄也死了。新的
市侩世界松了口气，如同摆脱了一个辉煌的噩梦那样。凌驾于他的坟
墓让显现的是一个工业的市民时代，他们推崇完全不同的英雄……"

✿ 梅特涅与复辟时代

梅特涅香槟酒

　　奥地利的"莫扎特巧克力"（Mozart Kugel）和德国的"梅特涅香槟酒"（Metternich Sekt）成了如今的旅游者踊跃购买的两种旅游纪念品。在商品上都分别大大地印上了莫扎特和梅特涅的头像。对了，这个梅特涅就是 19 世纪上半叶在欧洲政治、外交舞台上大名鼎鼎的奥地利首相兼外交大臣梅特涅（1773—1859）。梅特涅并不是奥地利人，而是地道的德国莱茵人。

　　1773 年，梅特涅诞生于莱茵河与摩泽尔河交汇处的科布伦茨。该城是特里尔选帝侯国除特里尔市之外的另一首都，它离另外两个选帝侯国科隆和美因茨都很近。出身于历史悠久贵族家庭的梅特涅，从小就非常熟悉即将遭遇灭顶之灾的三个选帝侯国宫廷的"幸福生活"，童年和青年时

梅特涅

期的经历使他终身难忘"美好的、过去的年代"。

　　法国大革命给他的家庭和他个人带来了不幸、动荡和不安：1788年，梅特涅在斯特拉斯堡上大学，因该地受革命的影响，他被迫转学到美因茨大学。梅特涅在美因茨的时候，曾经写过一本激烈反对法国革命的小册子。后来，他在美因茨又待不下去了，好在他父亲当时在属奥地利哈布斯堡王朝的布鲁塞尔当大臣，还有一个投奔的地方。但到了1794年年底，情况又发生了变化：法国军队兵临布鲁塞尔城下，全家连布鲁塞尔也无法住下去了，最后又逃亡到维也纳。梅特涅又换到维也纳大学继续上学。此外，他的家庭丧失了在莱茵地区的全部产业。

　　不过，"失之东隅，收之桑榆"——在维也纳，梅特涅攀上了高枝：1795年9月他与奥地利前首相考尼茨伯爵的孙女和继承人结婚。这次婚姻为梅特涅这个外乡人开辟了在奥地利通往仕途顶层的道路：1801年任驻德累斯顿公使，1803年任驻柏林公使，1806年任驻巴黎大使。1809年又被皇帝任命为外交大臣，1821年开始当奥地利的首相，后两个职务一直干到1848年。

　　梅特涅在功成名就之后，又回过头来在他的故乡大置产业。在莱茵地区所有的产业中，当数位于莱茵河右岸盖森海姆小城东北4千米处的约翰尼斯贝格官最为著名，这是哈布斯堡王朝1816年赏赐给梅特涅的别墅和地产。直到现在，梅特涅的后裔还住在那里。约翰尼斯贝格官位于莱茵高地区，那里产德国最好的雷司令白葡萄酒。用这一官殿四周地块所产的雷司令白葡萄酒作原料造出的香槟酒就被称为"梅特涅香槟酒"。

复辟——梅特涅体系的核心

在欧洲历史上，维也纳会议之后至 1848 年这一阶段常常被称为"复辟时代"。而集梅特涅政治纲领大成的"梅特涅体系"的核心就是复辟。

"复辟"这个关键词在德语中叫"Restauration"，16 世纪源自晚期拉丁语"restauration"，原意为"恢复"。由这个拉丁词"恢复"在欧洲德、法诸语言中逐渐派生出骤看起来风马牛不相及的三个词："复辟"（Restauration）、"餐馆"（Restaurant）和"古画修复者"（Restaurator）。

其实，如果从拉丁文原意"恢复"出发，这三个词的联系与区别就是不难理解的：

在政治领域，被推翻的统治者恢复原有的政治地位即"复辟"。

在生活领域，通过进食恢复原有体力的场所即"餐馆"。

在艺术领域，通过各种绘画技术手段尽可能恢复古画原状的人即"古画修复者"。

哈布斯堡朝廷在 1816 年赏给梅特涅偌大的产业，当然是对他的工作业绩的一种表彰。作为维也纳会议的主要主持者，梅特涅在会议上维护了奥地利的利益；而在整个欧洲范围内，则极力试图"恢复"法国大革命前欧洲的政治、社会状况——大搞复辟。仅仅通过维也纳会议就造成了法国、西班牙和南意大利等诸多王朝复辟的局面。

梅特涅打起了"欧洲持久和平"的旗号。在他看来，为了这一目的，必须贯彻"正统主义"原则和实行"欧洲大国均势"。为此，他成为"神圣同盟"和"四国同盟"的核心人物，反对一切民族主义、自由主义和革命运动。

在梅特涅专制体制的统治下，奥地利成为一个"警察和特务国家"，人民既无民主自由，又无社会保障。梅特涅还欲图把他的"梅特涅体系"推向其他的德意志国家。在德意志联邦内，梅特涅任联邦议会的主席，经常主持联邦内部会议。在他主持下，1819 年制订了《卡尔斯巴德决议》，在更大的范围内，对自由民主运动采取高压手段，对大学生实行严格监督，加强书刊出版检查制度。《决议》成了镇压人民的基本法。其实，在经济和社会快速发展的情况下，力主"复辟"、力主恢复以往的政治、社会原状，信奉静态的平衡，这就注定了梅特涅体系的最终瓦解。在德意志境内，在民主、革命运动一浪高过一浪的情况下，维也纳在 1848 年掀起了三月革命的浪潮，终于把梅特涅拉下了首相的宝座。他逃亡伦敦，侨居布鲁塞尔，于 1851 年返回维也纳，却再也没有获得重要的职位。这样，他就有了更多的时间回到莱茵河畔的约翰尼斯贝格官，静静地看着"莱茵河水静静地流"。

基辛格与梅特涅

中国人非常熟悉的美国德裔犹太人亨利·基辛格（1923—　），是梅特涅的推崇者，人们因此将其称为"美国的梅特涅"。我们知道，基辛格之所以被称为基辛格博士，就是因为他写了一篇影响很大的博士论文《重建的世界——梅特涅、卡斯尔累与和平问题，1812—1822》（1954）。在文中，基辛格对以梅特涅为代表的欧洲古典均势学

说非常推崇。作为美国右翼政治家和外交家的基辛格，在他当美国总统国家安全事务助理和国务卿的时候，继承了梅特涅的什么衣钵并有哪些创新呢？

◉ 路易·菲利浦

——一个另类的国王

法国 1830 年的七月革命送旧迎新：送走的是波旁王朝的末代国王查理十世；迎来的是奥尔良公爵路易·菲利浦（1773—1850）——他就是七月王朝（July Monarchy，1830—1848）在位 18 年的唯一国王。

此"王朝"非彼"王朝"

本来，西方语言中的"王朝"一词（如英语中的"monarchy"），均由希腊文的两个词"monos"（唯一、独一无二）和"archein"（统治）复合而成，原意是"单独统治"，然后形成了一般词典中能查到的意思：君主政体、君主制度、王朝。然而，此"王朝"已非彼"王朝"：七月王朝君主的权力不仅无法与大革命前的君主相比，即使与路易十八和查理十世的比起来也是大大缩水。就名称而言，这种缩水当然无法体现在同样的"王朝"一词上，它故而就会表现在诸如对国王的称呼上——以往的国王是"法国国王"，而路易·菲利浦则是

"法国人的国王"。他是法国历史上唯一拥有这样一个头衔的国王。当时流行的另一说法"平民国王"（Roi Citoyen），虽不是正式的头衔，但也从一个侧面表现了这一点。

当国王前

1789 年大革命爆发时，路易·菲利浦 16 岁。作为大儿子，他追随他的父亲、大革命的拥护者、后改名为菲利浦·平等的奥尔良公爵投身到革命的浪潮中：1790 年，路易·菲利浦参加雅各宾俱乐部，成为政治权力愈益增长的该政治派别的座上宾，1792 年当上了国民自卫军的军官，同年即晋升为北路军少将，参与了瓦尔密和热马普等战役的指挥。在此期间，共和国成立，他曾表示支持。突变发生在 1793 年 4 月 5 日，他与北路军指挥官迪穆里埃弃军队于不顾，叛变投奔奥地利。此后，路易·菲利浦有 20 年之久浪迹国外。他的父亲菲利浦·平等虽在国民公会中投票赞成处死路易十六，却在 1793 年 11 月 6 日被雅各宾派送上了断头台，其中的一个理由就是说他策划了大儿子的叛逃。

路易·菲利浦出身于法国最为显赫的贵族家庭：父系和母系均可追溯到路易十四，父系的祖先是路易十四的一个兄弟。但是，在革命前，奥尔良家族就与王室积怨很深。革命一来，这种兄弟阋墙式的怨恨就带上了更为决绝的色彩。

在外逃最初的两年，路易·菲利浦受到各方的指责，两面受气。他为此隐姓埋名，曾在瑞士多所学校当教师糊口。1795 年他来到了汉堡，迪穆里埃在那里劝说他要公开打出志在获取法国王位的旗帜，而

梯也尔在《宣言》中说："奥尔良公爵在战火中高举过三色旗,是唯一能够再次高举三色旗的人,他将从人民那里接过王冠。"

他则表示宁愿远走北美,却因种种原因一直没有成行。1796 年,督政府表示要释放尚在狱中的他的母亲和两个兄弟,条件是他必须远远地离开法国到美国去。于是他先到了美国的费城,他的两个兄弟也在1797 年抵美,兄弟三人闯荡在大湖地区和密西西比河流域。拿破仑政变后,他们三人于 1800 年返回欧洲,在英国住了下来,并与也在英国的路易十八达成一定程度的和解,但他拒绝支持孔代家族的军事行动。

1809 年,他应西西里国王斐迪南四世的邀请,访问巴勒莫。同年,他与国王的女儿结婚。在西西里岛,他一直住到拿破仑下台。1814 年回到复辟王朝的法国,他受到路易十八的欢迎和拉拢:任命他为轻骑兵中将,发还他家族的产业外加流亡赔偿金。他的家族成为法国最富有的一个家族。1821 年他母亲逝世时,他的产业达 8 百万法郎。

然而,由于他与王室的历史怨恨,由于他的政治倾向,他并没有与复辟王朝同心同德,而是始终与当时的反对派——资产阶级自由派往来密切,他在巴黎的官殿成了该派的一个活动中心。他也表现出与传统贵族不同的姿态:生活简朴并把孩子送到普通学校上学。法国金融资产阶级夺取了七月革命的果实后,路易·菲利浦就成了新国王的唯一选择。他们中有人曾希望建立共和政体,由拉法耶特当总统,但遭到拉法耶特的拒绝。再说,当时欧洲的大国均为君主政体,法国独树一帜,无疑会引火烧身,所以对法国金融资产阶级来说,也只有在君主立宪政体的条件下,"国中无大王,路易来充当"一条路了。由梯也尔执笔发表在 7 月 30 日的《宣言》中说:"奥尔良公爵在战火中高举过三色旗,是唯一能够再次高举三色旗的人,他将从人民那里接

过王冠。"

当上了国王

在一旁静观其变的路易·菲利浦对当国王也持颇为积极的态度。于是出现了极富象征意义的一幕：在巴黎市政厅，在拉法耶特的陪同下，奥尔良公爵挥舞着三色旗出现在阳台上。8月，路易·菲利浦登上了王位，时年57岁。

路易·菲利浦作为一个"平民国王"统治国家。于是，身穿便服、手持雨伞、喜欢在街上溜达的国王一时成为巴黎的一景。当然，努力表现出平民色彩的国王在执政中却是毫无顾忌地以维护金融资产阶级的利益为最高准则的。他曾多次遭到暗杀，也表明了当时法国在奥尔良派、正统派、波拿巴派、共和派等派别之间的争斗是多么激烈。在位期间，他镇压巴黎共和派起义、1831 和 1834 年里昂工人起义；平定波旁王室和路易·波拿巴的叛乱。然而，一个从各种角度看轻而易举当上国王的人，在 1848 年法国二月革命的浪潮中，也轻而易举地被拉下了王位。

在法国历史上，路易·菲利浦确可称为一个另类的国王：他曾投身法国革命浪潮之中，又远离故土浪迹欧美各国 20 余年；他与波旁复辟王朝勃谿不断，反对它的政策却并不拒绝领取老王朝给予他的巨额流亡者赔偿金等好处与利益；他曾声称并不觊觎王位，机会来了他也不加拒绝；1848 年二月革命来临，首相梯也尔曾劝他迁往凡尔赛等待援兵，他却在 2 月 24 日迅即签署退位文件，再度流亡英伦三岛；他住在离伦敦仅几英里远的克莱尔蒙小镇，自称"史密斯先生"，过起了平民生活，并于 1850 年逝世。看来，还是海涅概括得精辟：
"当七月的太阳使得人们的情绪激昂，贵族国王查理十世滚下了王座，
平民国王路易·菲利浦登上了王座，他是统治着法国的金钱的代表。"
"路易·菲利浦并不是像一个无赖那样变戏法似的就得到了王冠，而
是严酷的必然性在起作用，我想说，恰恰是上帝的惩罚给他头上戴上
了王冠。"

◎ 另一个拿破仑

另一个拿破仑指拿破仑三世，拿破仑一世的侄子——他们俩是拿破仑家族中最为出名的历史人物。富有象征意义的是，拿破仑一世（下文称拿破仑——Napoléon）最后被法国人安葬在巴黎荣军院；而拿破仑三世（下文称路易·波拿巴——Louis Bonaparte，1808—1873，1852—1870在位）的坟墓一百多年来则冷清地位于海峡另一边的英格兰肯特郡奇斯尔赫斯特。

四个拿破仑

约在1858年，法兰西第二帝国的鼎盛时期，路易·波拿巴下令大量传播、发行一张名叫《四个拿破仑》的政治宣传画。画中出现了在他心目中他们家族中承上启下的人物：伯父拿破仑；堂弟——拿破仑唯一的婚生子、罗马王和以后史称的拿破仑二世；居于画面中心位置的当然是他，路易·波拿巴、拿破仑三世（他让伯父居于画面的左上角）；揽在他怀里的是1856年出生的他唯一的婚生子、皇太子：第四位拿破仑——欧仁·路易·让·约瑟夫。在他的心目中，后者将来是要当拿破仑四世的，由儿子再传位给子子孙孙。路易·波拿巴当时怎么也不会想到：他成了法国历史上最后一位皇帝；而他的皇太子，则在他们家流亡英国期间，在英军中服役，23 岁上惨死于 1879 年的祖鲁战争中。

拿破仑兄弟姐妹共 8 人。在弟兄 5 人中，拿破仑是老二，有长兄和三个弟弟。路易·波拿巴是老四路易的第三个儿子。想当初，拿破仑的父亲夏尔·波拿巴将波拿巴家的二小子取名"拿破仑"，就像他把其他几个儿子分

四个拿破仑

别叫做约瑟夫（老大）、吕西安（老三）、路易（老四）和热鲁姆（老五）那样，看不出有任何特别之处。这样，在姓名用词"波拿巴"和"拿破仑"的使用上，产生了一定程度的混乱：一方面，由于波拿巴家族因出了个拿破仑而发迹，故人们以后往往习惯将这个家族称为拿破仑家族；另一方面，这个家族却规定，并非个个族人有资格在个人姓名中随便加上高贵无比的"拿破仑"这一名字（有语曰"你也配叫拿破仑?!"）。故在实际上，许多拿破仑家族的族人都是没有资格叫"拿破仑"的。1858 年，路易·波拿巴再次明确了有资格叫"拿破仑"的排序最靠前的四个人，可见当时的标准有多高。

流亡

1796 年拿破仑与寡妇约瑟芬·德·博阿内结婚（约瑟芬 1804 年起为皇后，1809 年离婚）。1802 年，拿破仑令他的四弟路易与约瑟芬前一次婚姻所生的女儿奥坦丝·德·博阿内，即他的继女结婚。他们婚后育有三子，1808 年出生的幼子即本文要谈的主人公路易·波拿巴。1806 年拿破仑封四弟为荷兰国王，因政见不和，1810 年拿破仑废除了四弟的王位。四弟与奥坦丝的婚姻也早已亮起了红灯，于 1810 年分居。路易·波拿巴从小一直跟着母亲奥坦丝。这里要提一句，奥坦丝的母亲约瑟芬虽已与拿破仑离婚，但奥坦丝却一直与拿破仑保持密切的关系。与老路易·波拿巴分手后，她先到巴黎投奔拿破仑。拿破仑 1815 年搞"百日政变"时，她又全力支持。故波旁复辟王朝把她逐出法国。路易·波拿巴从 1815 年起就随母流亡到南德和瑞士。一直到 1848 年"二月革命"后他回法国，中间除了有 6 年时间在法国坐牢外，他长期浪迹海外。我们知道，到了 1848 年末，他就当上了法兰西第二共和国的总统。（当选的情况，将在《欧洲，1848》一文中谈及。）

路易·波拿巴在瑞士图尔高和南德的康茨坦茨和奥格斯堡长大，会说一口流利的带南德和瑞士口音的德语。他在奥格斯堡上普通学校，后在瑞士进炮兵军校学习并成为瑞士军官。1832 年对他来说是重要的一年——在这一年，他加入了瑞士国籍；同年，他的堂弟、拿破仑的唯一婚生子去世。由此开始，路易·波拿巴就自认要担当起拿破仑家族的首领和复兴拿破仑事业的职责。他曾发动过两次暴动——一次在 1836 年 10 月，另一次在 1840 年 8 月。第一次，他来到斯特拉斯堡。在那里驻有两个团：炮兵第 4 团和步兵第 46 团。炮兵团曾是拿破仑的嫡系，路易·波拿巴亮明身份后赢得了不少军官的同情。而在步兵团他就没有那么幸运了——他煽动造反的话语刚出，步兵军官就把他抓了起来并押往巴黎。七月王朝政府把他放了，条件是他必须远走高飞去北美。第二次，他在英国租了一艘汽船，拼凑了 50 多名同伙从那里出发，在法国滨海布洛涅登陆，刚胡乱放了几枪，上岸不过 3 小时，就全部被抓，路易·波拿巴被判处终身监禁。在阿姆要塞监禁期间，他写了一本名为《消灭贫困》的著作；他还与一个名叫埃莱奥诺·韦尔乔的妇女同居，生了两个儿子。他当皇帝后将这两个非婚生子统统封为伯爵。1846 年 5 月 25 日，路易·波拿巴越狱成功，逃往英国。

这两次暴动明显是对拿破仑"百日政变"的东施效颦。他也学着伯父的样子，舞文弄墨、著书立说。除了为他的政治目的服务外，他的写作当然也是为了炫耀、显示——他与拿破仑一样是写作高手。他写过《空想政治》（1832）、《拿破仑思想》（1839）、《消灭贫困》（1844）一类政治题目；也写过有关军事的著述；当皇帝后，1865—1866 年，他撰写了两卷本的《恺撒生平》（为此，成立了一个庞大的写作班子）。

新皇帝

据 1848 年宪法，法国总统任期为 4 年，而且不得连选连任。宪法还规定，下届总统选举将在 1852 年 5 月的第 2 个星期日举行。届

时，路易·波拿巴就须离开总统宝座。这位拿破仑侄子的对策是，在1851 年 12 月 2 日发动政变，使自己成为实际上的终身总统（总统任期由原来的 4 年改为 10 年，总统有权指定下届总统的人选）。一年之后，又是在 12 月 2 日，路易·波拿巴在巴黎圣克鲁宫宣布称帝，自命为"拿破仑三世"，当上了法兰西人的新皇帝。

路易·波拿巴充分利用现任总统任免内阁的职权，并用各种手段把军队牢牢抓在自己的手里。在他的周围形成了由他的同母异父兄弟莫尔尼、佩尔西尼、听命于他的圣阿尔诺将军和警察总监莫巴组成的政变核心。1851 年 12 月 1 口深夜，他调集 5 万军队至首都，包围了立法议会所在地波旁宫，逮捕了 78 名反对派头目（包括梯也尔、尚加尼埃、卡芬雅克等人）；与此同时，大量印刷、张贴公告：解散立法议会、恢复普选制、在 12 月 14—21 日就是否延长总统任期、是否赋予总统制定新宪法的权力等议题进行公民表决。在这次政变中，2.6 万反对派分子被逮捕，其中 1 万名被流放（大部分被发配到阿尔及利亚）。在法国，一时已没有起到作用的反对派！在 1851 年的公民表决与 1852 年 11 月 21 日举行的是否恢复帝制的公民表决中，路易·波拿巴均获得高票支持。如果说，进行公民投票是路易·波拿巴在政变过程中玩的新花样的话；在他夺取政权、执政的过程中，高擎拿破仑的旗帜，则始终是他的根本策略。他把政变和登基的日子均选在 12 月 2 日——当年（1804）拿破仑一世加冕的日子，也是拿破仑奥斯特里茨战役大捷的日子（1805）。

马克思称路易·波拿巴 1851 年 12 月 2 日的政变为"路易·波拿巴的雾月十八日"。"雾月十八日"原指 1799 年的 11 月 9 日，是拿破仑发动政变的日子。马克思以此表明，在通过政变攫取政权方面，路易·波拿巴与拿破仑完全是一脉相承的。

经济

在路易·波拿巴统治的整个第二帝国期间（1852—1870），法国经济倒处在比较良好的状况之中。在不到 20 年的时间里，完成了工业革命，工业、交通运输、建筑与商业得到长足的发展，农业的水准也得到相当的提升。

之所以取得如此的成果，一是在客观上，就历史上大的经济发展周期而言，当时恰好处在上升发展的时期。就是说，路易·波拿巴在这方面的运气很好。二是在政治上，第二帝国的建立，结束了国内多年的动乱，政局得以稳定也有利于经济的发展。三是帝国的经济政策有效保证了当时法国经济的发展。举例说，有诸如政府取消对创办股份公司的一切限制，实行商标制度，鼓励铁路、航运建设，减税，实行自由贸易等等。与拿破仑比起来，在这方面，不能不说是路易·波拿巴"寸有所长"的地方。

在全世界，大百货公司是首先出现于法国的商业形态，"好市场"（世界上第一家百货公司）、"春天"、"罗浮宫"、"撒玛利雅女子"、"漂亮的女园丁"等百货公司均在第二帝国时创办。法国的一些奢侈品名牌也在第二帝国时期开始了他们创名牌的历程。欧仁妮皇后就用过路易威登（LV）的包。

巴黎

巴黎在路易·波拿巴统治时期，变成了一个大拆大建、永无休止

的大工地：拆除旧建筑约2.5万座，新建7.5万座。巴黎的主要街道得以拉直、拓宽，其中"林荫大道"尤为著名；在塞纳河新架设十几座桥梁；完成了功能强大、几乎可以一劳永逸的地下排水系统；在巴黎的东郊和西郊建造了规模宏大的万森林园和布洛涅林园。当时的巴黎已呈现现代巴黎的雏形。

这个常常被称为"巴黎大改造"的持续17年的城建大工程，一百多年来成了争论不休的一桩公案：赞颂者有之，反对、指责者也大有人在。指责主要集中在两点：一点是拆毁了大量中世纪和文艺复兴时期的堪称可以传世的建筑；另一点是把老城区的贫穷市民驱赶到四周的新城区，市中心成了富人的天下，新城区形成了穷人聚居地"红腰带"。

对于最高统治者路易·波拿巴来说，巴黎大改造当然是表现他政绩的形象工程。路易·波拿巴最为得意的时刻是1867年4月1日——有众多的国王、总统、苏丹、帕夏、王子出席，他与皇后欧仁妮为巴黎世博会揭幕：巨大的展厅里放满了历代的财富，游行的队伍在奥芬巴赫音乐伴奏下在新建的大道上昂首前进……然而，此时离第二帝国灭亡还有三年时间。

战祸

路易·波拿巴当皇帝伊始，就声称"帝国就是和平"。然而，在第二帝国的18年期间却是战争不断。与他的伯父比起来，他没有军事才能，颇为平庸，却立下了宏大的军事目标：在欧洲，要洗刷1815年的耻辱，重新建立在欧洲大陆的优势地位；在海外则要为帝国征得众多的殖民地。克里米亚战争、意大利战争、海外殖民战争和普法战争，就是这战争链条上的重要环节——从第二帝国以惨重的代价在克里米亚战争中获得对俄国的胜利起，到普法战争遭到灭顶之灾为止。路易·波拿巴有时候以自己的小聪明和狡诈的外交手段为国家谋得好处：在意大利战争中，不惜损害奥地利，为法国夺得萨瓦和尼斯。有时候则以穷凶极恶的殖民者面貌出现：1857年伙同英国在中国发动第二次鸦片战争，任命库赞-蒙托邦为侵华法军司令，后者率军抢劫并焚毁圆明园，因在通州八里桥打了胜仗，路易·波拿巴就封其为"八里桥伯爵"。而普法战争使路易·波拿巴成为第二帝国第一位也是最后一位皇帝！

自1866年普奥战争后，普法矛盾加剧。1870年，普鲁士国王的一个远亲——士瓦本支系的莱奥波德亲王被宣布为西班牙王位候选人，法国认为这是对其势力范围的侵犯。在法方交涉下，普王做了让步：该亲王放弃当西班牙国王的计划。这件事本该就此了结。但路易·波拿巴却抓住这个题目不放，一定要普王再做一个书面保证：霍亨索伦家族成员不仅这一次要放弃西班牙王位，而且要宣布永远不再觊觎西班牙王位。这个过分且于事无补的要求为普王所拒绝。俾斯麦利用一封表示完全拒绝法方要求的电报刺激路易·波拿巴。于是在是年7月19日法国对普鲁士宣战。

路易·波拿巴是宣战方，对战争却并没有做好准备；俾斯麦有充分的准备，想打仗，却采取了招引对方先下手的办法。路易·波拿巴如此的气势汹汹，在军事上却明显处于劣势：普鲁士拥有80万常备军，为欧洲之冠，再加上克虏伯大炮和铁路已成为军事强国；而其时法国只能调动30万人，武器装备不如对方，而且后勤极差。法军在

接连打了多次败仗后，又在梅斯被围困，尔后在 8 月底至 9 月 2 日色当会战中彻底失败：10 万法军投降当了俘虏，其中包括在色当“御驾亲征”的路易·波拿巴。他被俘后的 9 月 4 日，法兰西第二帝国就被推翻。而他本人则被普鲁士官方软禁在卡塞尔约有半年时间。他人生的最后两年是在英国度过的。他在 1873 年 1 月 9 日临终时，对医生说的最后一句话是初听起来颇显突兀的“您到过色当吗？”

普法战争与德国的统一

——国王当上了皇帝

1871 年德意志帝国建立，德国统一。威廉一世（1797—1888，1861—1888 在位）也由普鲁士国王（König von Preußen）升格为德意志帝国的皇帝（Kaiser des Deutschen Reiches）。

战争仍在进行

标志着德意志帝国成立的仪式，1871 年 1 月 18 日在法国凡尔赛宫镜厅举行。当时，普法战争仍在进行——法国皇帝拿破仑三世虽在 1870 年 9 月 2 日在色当被普军俘获，但战争并未停止：9 月 19 日普军包围巴黎；12 月，巴黎已在普军大炮的射程范围内。在这之前的 10 月初，普军的大本营已迁至凡尔赛。在举行仪式的前一天，镜厅还是普军伤兵的病房和诊疗所。

举行仪式的 1 月 18 日，对于普鲁士来说曾经是一个吉祥的日子：170 年前（1701）的 1 月 18 日，威廉一世的先辈弗里德里希一世在东普鲁士的柯尼希堡（如今的加里宁格勒）由选帝侯加冕为普鲁士的国

王。现在他的一个后代在这一天又将成为皇帝。由选帝侯而国王而皇帝，普鲁士在170年里，完成了这个元首名称的"三级跳"。然而，这后一个1月18日，对德国来说又意味着什么呢？

俾斯麦的三条战线

当时，日理万机的俾斯麦也坐镇凡尔赛。他住在一个名叫热赛的富有的织布厂女厂主的豪宅内。他面对的是三条战线：一是对法国的战事和谈判，二是阻止其他国家（俄、英、奥等国）可能的干预，三是围绕德国统一所进行的谈判。

就最后一项而言，自1867年由普鲁士控制的北德意志联盟成立之后，尚有南德的四个邦国（巴登、黑森—达姆施塔特、符腾堡和巴伐利亚）游离在外。但普法战争爆发后，这四个邦国均站在普鲁士一边，出兵参战，在色当又打了大胜仗。俾斯麦利用这一大好时机，趁热打铁，想一举解决德国的统一问题。俾斯麦与这四个邦国的谈判是逐个单独进行的。于是，这些邦国的诸侯、高官就穿梭往来于各自的首都诸如斯图加特、慕尼黑与凡尔赛之间。经过多轮艰苦的谈判，在大势所趋，俾斯麦的威逼利诱，有时也作适度让步的情况下，四邦国终于同意在北德意志联邦宪法的基础上签订了条约。最后签约的是巴伐利亚和符腾堡，时间已到了1870年11月23日和25日。剩下要做的就是举行一个表明德国统一的仪式了。

此时的凡尔赛几乎成了德国的临时首都：威廉一世驻跸在凡尔赛县政府，俾斯麦住所离此很近。簇拥着国王而居的还有亲王、大公、公爵、元帅、将军……与法国的谈判，与欧洲列强的外交往来也在此

> 欧洲一个大国的统一仪式偏偏在另一大国的"金銮殿"内进行,这是一个极富象征意义的标志;而德法两国在普法战争中结下了仇恨,埋下了第一次世界大战的祸根。

展开。本来德国人只准备在凡尔赛待三星期,由于战事的拖延,对法谈判的艰辛、反复,法国政局的多变(其中包括巴黎公社运动的掀起),他们在凡尔赛一直待了五个月:从 1870 年的 10 月初到次年的 3 月。

1871 年 1 月 18 日

1 月 18 日的仪式定在中午 12 时举行。在镜厅的窗户旁,早早地就肃立着 150 名参战并获得铁十字勋章的来自各邦的士兵;与这些士兵相对,站在镜子旁的是来自所有团队的军官代表。各团队的旗帜则挂满了另一面的墙,成了有三个台阶台子的背景。在作了简短的祷告后,威廉一世及各邦的君主和公侯们站到这个小台子上,先由俾斯麦宣读德意志帝国成立的文件,而后由巴登的弗里德里希大公领着众人面向新皇帝山呼"威廉皇帝万岁",仪式的主体就算完成!伴随着庆祝的军乐声,人们不时还能听到从巴黎方向传来的大炮轰鸣的声音。巴黎遭围困数月之后,市民在挨饿:他们在肉铺购买狗肉和猫肉,捕捉下水道的老鼠充饥⋯⋯

十天之后,德法双方于 1871 年 1 月 28 日签订停战协议,2 月 26 日签订初步和约,5 月 10 日签署正式和约《法兰克福和约》。而德国在柏林大规模庆祝这次战争的胜利则要到 1871 年的 6 月 16 日。又过了两年——1873 年,因法国付清了 50 亿金法郎的赔款,德军全部撤出法国领土。而法国按照和约割让的阿尔萨斯全省和洛林东部则成了德意志帝国的领土。

德意志帝国在法国的凡尔赛宫宣布成立——欧洲一个大国的统一

仪式偏偏在另一大国的"金銮殿"内进行，这是一个极富象征意义的标志；而德法两国在普法战争中结下了仇恨，埋下了第一次世界大战的祸根。

第四辑

启蒙时代的新语汇

◉ 法国有个老福爷

——拉法耶特与法国大革命

有句顺口溜叫"中国有个老佛爷，法国有个老福爷"——把"老佛爷"和"老福爷"一口气说出来，并没有什么深意，除了他们均属中国、法国历史上知名度最高的人物，再加上这两个称呼发音相近外，并没有什么共同之处。

北美的英雄

被许多中国人称为"老福爷"的拉法耶特侯爵（M. J. Lafayette，1757—1834）是世界近代史上大名鼎鼎的人物。用一句话来概括：拉法耶特是两个世界的英雄，三个朝代的元老。"两个世界的英雄"是指他既在法国历史上又在美国历史上留下了深深的个人印迹；"三个朝代的元老"是说从波旁王朝他从政起，一直到路易·菲利浦的七月王朝，他在许多重大的历史关键时刻，长期纵横捭阖在法国的政治舞台上。

拉法耶特出身于法国的名门望族，父母早亡，13 岁就成了法国有

名的"少年巨富"。他为人极为慷慨，热衷于声誉，年轻而动人。他14岁上就成了步兵团中尉，17岁时娶阿·德·诺阿耶为妻，岳丈家也是非同小可的显赫世家。婚后，夫妻感情甚笃。然而北美独立战争义旗一举，他在不满20周岁时便撇下已怀有身孕的爱妻，未经当时波旁王朝官方允许就自行购船一艘于1777年横渡大西洋投入了北美独立运动。在北美，他打过仗、负过伤、指挥过战役，成了声名显赫的将军，也与华盛顿结下了形同父子的特殊情谊（他独子的名字就叫乔治·华盛顿·拉法耶特）。他在1781年10月弗吉尼亚约克镇迫使英军投降的战役中起了重大作用。

由于他的经历，拉法耶特成了法国与美国之间友谊最有代表性、说服力的象征人物。因此之故，拉法耶特在美国的知名度绝不低于他在祖国的知名度。

1824年，拉法耶特应美国总统门罗的邀请再度访美，受到英雄凯旋般的盛大欢迎，当时有几十个城市、街道、公园以他的名字命名。我们翻开美国的地图，现今仍有十个以上的城镇叫"拉法耶特"。投桃报李，在第一次世界大战中，美国飞行员组织"拉法耶特航空队"支援法国，参加了著名的凡尔登战役，"拉法耶特航空队"共击落199架德国飞机。

返回法国

拉法耶特于1781年底返回法国，随即被路易十六任命为"显贵会议"的成员，1789年作为贵族等级代表参加三级会议。法国大革命爆发后，拉法耶特虽是君主立宪派领袖之一，却处处标榜自己是

"法国的华盛顿"。一方面他曾呼吁恢复胡格诺派的信仰自由，第一个提出"国民议会"这一名称，并提出了《人权宣言》的初稿，反对国王的一些政策；另一方面，他也充当过"护驾救驾"的角色。作为国民自卫军的总司令他曾享有极高的威望，然而当他认为群众行动过激时，又站在他们的对立面。

1789—1790 年曾被称为"拉法耶特时代"，然而由于他立足于调和国王与新政体的矛盾，再加上他与同一派别的另一领袖人物米拉波由于个人的原因而互相拆台，在政治上并无多少建树。他欲图极力阻止的"革命过激化"也由于发生了 1791 年 6 月路易十六的出逃事件和 1791 年 7 月 17 日的马尔斯校场惨案而成功无望。他个人的威望也降到历史最低点。

1792 年 8 月 10 日，巴黎人民第二次武装起义打倒波旁王朝。其时，法国与奥、普已经开战，拉法耶特率领 3 万大军驻扎在色当附近。听到消息后，拉法耶特打算率部队前往巴黎"勤王"，但因部队不听他的指挥，无法做到。他就离开部队逃亡佛兰德地区，在那里被奥地利人抓获。这样，他就在奥地利坐牢五年（1792—1797），其间又发生了极富个人色彩的事情：他的妻子带着女儿自愿坐牢，这颇有点像于凤至、赵四小姐陪张学良坐牢的劲头。

1797 年拿破仑攻入意大利北部时发了话，奥方就释放了拉法耶特一家。拉法耶特却并没有在拿破仑那里当官，而是退隐在他乡间的庄园。自 1818 年起，他又担任自由派的议员。在 1830 年七月革命中，他东山再起，再度出任国民自卫军总司令，不少议员提议宣布共和并由拉法耶特当总统——被他坚决拒绝，他力主奥尔良公爵路易·菲利浦当国王。

第四辑 启蒙时代

139

拉法耶特自己写过回忆录，出版了他的通信集。由于拉法耶特是叱咤风云的历史人物，他的一生又充满着转折、意外、尖锐的冲突，大起大落，故而在法国、美国和其他许多国家出版了大量关于他的研究著作，包括雨果等法国作家也写过有关他的文学作品。

战舰与百货公司

拉法耶特既是显赫贵族，又是能征善战的将军，当年他又亲自指挥自购的船只横渡大西洋，安全顺利地抵达北美——也许是出于这样的原因，无论是美国的海军还是法国的海军都喜欢用拉法耶特的名字命名舰只。美国海军的战略导弹核潜艇就叫拉法耶特核潜艇，而法国的拉法耶特级护卫舰，则是法国制造的运用了当时最先进综合隐身技术的护卫舰，不过在 20 世纪 90 年代因当时的法国政府批准该护卫舰出售给中国台湾而闹得沸沸扬扬。由拉法耶特级护卫舰售台一案，又在法国和中国台湾引发了一连串的丑闻……

由拉法耶特这个大名人所产生的名人效应，当然也要用在所有其他可能的领域：1895 年创立的一家法国百货公司就以他的名字命名——拉法耶特百货公司，它位于巴黎市中心繁华地区，靠近蒙马特高地。随着时间的推移，巴黎拉法耶特百货公司自身也成了一家名店。它自身的——或者说由名人拉法耶特派生出来的拉法耶特百货公司的知名度也要加以利用：东、西德统一之后，在原东柏林最靠近西柏林的弗里德里希大街，开设了一家比巴黎总店还大的拉法耶特百货公司。1996 年在北京最繁华的王府井地区也曾开设过一家拉法耶特百货店，不过这家打着拉法耶特百货公司旗号的商家中文名叫"老福爷"。①

这也是有来历的：在巴黎的华人给拉法耶特取了一个中国味极浓的名字——"老福爷"，去逛了一趟拉法耶特百货公司，就说去了一趟"老福爷"。这种说法先为中国台、港、澳地区所采用，后为该公司所接纳。当然，"老福爷"这个名称不能全部替代"拉法耶特"这个译名，比如拉法耶特核潜艇，您总不能说"老福爷核潜艇"吧？

---

① 法国百货业巨擘 Galeries Lafayette 的中文名称在很长时间如本文所述叫"老福爷"。2009年3月31日新华社发自巴黎的一则消息的标题就叫《法国老福爷百货成为穆兰家族的独资企业》。现该企业将其中文名称改为"老佛爷"。本文是在改名前写成。我们知道，该企业是用法国历史名人拉法耶特的名字命名的，而拉法耶特是个虔诚的天主教徒。据《现代汉语词典》的解释，"佛爷"是"佛教徒对释迦牟尼的尊称，泛称佛教的神"。一个天主教徒是否能用汉语中通常称呼"佛教的神"的名称来称呼呢？

◎ 三色旗、《马赛曲》与国庆日

在惊天动地的法国大革命中，新的标志、符号像雨后春笋般地涌现。其中，一直影响到当今法国、最为突出的三大标志是：三色旗（国旗）、《马赛曲》（国歌）和 7 月 14 日纪念日（国庆日）。

三色旗

在法国大革命前，波旁王朝的国旗是缀有金色百合花的白旗。在 1791—1792 年间，三色旗（French tricolor）成为事实上的国旗。1794 年 2 月 15 日，在第一共和国期间，正式宣布三色旗为法国国旗。

三色旗由三色帽徽演变而来。而三色帽徽由代表巴黎城的传统颜色蓝色和红色，再加上代表波旁王室的白色这三种颜色组成。这个图案为拉法耶特设计：在他出任总司令的国民自卫军的帽徽上原先只有代表巴黎的蓝、红两色，当他获悉路易十六要前往巴黎时，在帽徽中间加了代表王室的白色。拉法耶特这样的做法，无疑表现出他对王室的某种妥协和尊重。1789 年 7 月 17 日——在巴黎起义者 7 月 14 日攻占巴士底狱三日之后，路易十六由凡尔赛抵达巴黎。国王走进市政厅，自己把一枚三色帽徽佩戴在帽檐上，出现在巴黎市政厅的窗口。这也可以理解为国王一方表现出的某种和解、妥协姿态。

同年 8 月 26 日，制宪会议通过《人权宣言》。两年后，《1791 年宪法》出炉。在这样的大背景下，再加上具体的历史进程，对三色旗曾有过两次不同的重要解读。

第一次解读：在 1791—1792 年三色旗成为事实上的国旗期间，当时三色旗的象征意义是：代表人民的巴黎蓝、红标志监视、包围位于居中位置的代表王室的白色——强调当今的王权是受人民制约、限制的王权。

第二次解读：1792 年 9 月 21 日路易十六被推翻，9 月 22 日法兰西第一共和国宣告成立，原来解释的三色旗中的白色代表王室已失去现实意义，于是人们赋予三色旗以新的含义。在 1794 年三色旗正式成为法国国旗时，新的解释是：三种颜色分别代表自由、平等、博爱——白色象征自由，蓝色代表平等，而红色则是博爱的象征。有意思的是，在三色旗里，白色原本代表作为专制体制的波旁王朝；时过境迁，而今则代表"自由"这样的政治概念。

在这之后，除了王政复辟时期（1814—1815，1815—1830）外，三色旗一直保持为法国的国旗。

《马赛曲》

《马赛曲》（*La Marseillaise*）的创作、风靡全国均发生在 1792 年。法国革命引起了邻国的不安和敌视：哈布斯堡王朝和普鲁士虎视眈眈随时准备入侵、干预。1792 年 4 月，法国抗击外来干涉的战争开始，

7月11日立法议会宣布"祖国处于危急中"。而《马赛曲》这首充满革命、爱国激情、铿锵有力的歌曲创作于4月24—25日——正逢其时！

《马赛曲》的词、曲作者是法国人鲁热·德·利尔（1760—1836），他是军事工程师、诗人兼作曲家。其时，他随部队正驻扎在斯特拉斯堡。当时他创作的这首歌叫"莱茵军团战歌"（副题"献给吕克内元帅的军歌"）。吕克内是率领莱茵军团与奥地利军队作战的统帅。而最初委托他写这首歌的是斯特拉斯堡的市长迪特里希，故而这首歌一开始就与军、政首长联系了起来。最初，该歌仅仅在斯特拉斯堡地区传唱，而全法民众能很快熟悉、知晓这首歌的旋律和歌词则要大大感谢马赛国民自卫军的兵士们——1792年6月底，500名马赛国民自卫军士兵由马赛出发开赴巴黎。在临别的聚会上，有个名叫米勒尔的医科大学生（后成为将军）教大家唱鲁热·德·利尔的这首歌。于是，他们在行军途中一路高歌。到了巴黎，这首歌又在巴黎人中间传唱开了。因是由马赛人把歌传唱到巴黎的，这首歌从此就叫"马赛曲"。

《马赛曲》在1795年7月14日被正式宣布为法国国歌。《马赛曲》在这之后的不同历史时期，曾经"享受"过三种不同的待遇：1. 遭查禁——在波旁王室复辟时期，严禁唱《马赛曲》。2. 另有国歌，把《马赛曲》只当成一般的歌曲。在1804—1814年，拿破仑称帝时期，他的国歌叫《出征之歌》。虽然拿破仑不喜欢《马赛曲》，但他毕竟是在大革命中爬到权力的顶峰，没有像波旁王室那样对《马赛曲》"赶尽杀绝"，而是把它"冷冻"在一旁。而在路易·菲利浦的七月王朝时期（1830—1848），又把《巴黎人之歌》当国歌。在拿破仑侄子当政的第二帝国，自然也有他自己专门的国歌。3.《马赛曲》

> 在三色旗里，白色原本代表作为专制体制的波旁王朝；时过境迁，而今则代表"自由"这样的政治概念。

继续成为法国国歌。

从《马赛曲》首次成为国歌到 1871 年再度成为国歌，中间相隔近 70 年。《马赛曲》经受住了时间的考验，法国人最终还是选择了它来当国歌。

国庆日

在历史上，通常把巴黎起义者攻占巴士底狱的日子（1789 年 7 月 14 日）作为法国大革命的开端。而现今恰逢 7 月 14 日的法国国庆又往往给人以纪念攻占巴士底狱这个日子的联想。其实，在 1880 年 7 月 6 日宣布 7 月 14 日为国庆的官方解释已经说得很清楚：7 月 14 日国庆的来源应追溯到 1790 年 7 月 14 日的结盟节，而不是追溯到 1789 年 7 月 14 日攻占巴士底狱的那一天。在历史上，1790 年的 7 月 14 日确曾举办结盟节的大规模欢庆活动（由拉法耶特主持）：巴黎在马尔斯校场举行了阅兵、游行等庆祝活动；路易十六也在各地代表、各等级代表的面前讲了话，故而结盟节的活动——在解释者看来——是法国全民团结的一个象征。据一些人的看法，与其将法国的国庆与历史上的一个战斗场面联系起来，毋宁与一个欢庆场面挂钩。当然，在事实上，三色旗、《马赛曲》和 7 月 14 日国庆日无论如何永远抹不掉法国大革命的印迹！

◎ 法国革命与政治语汇

　　社会巨变必定要反映在语言上，而作为语言基础的语汇则最为敏感，它随着社会的发展随时变化——法国革命中的政治新语汇就是这方面的一个典型例子。

　　这里所说的政治新语汇，主要包括三方面的内容：1. 法国革命期间首创、最先使用的新词汇；2. "旧瓶装新酒"式的词汇：不少词汇虽早已有之，但在法国革命中被赋予全新的含义；3. 有些词汇虽来自其他语言，但法语当"二传手"所得到的这些词汇，其辐射作用和影响已大大超出了原初语言。

法语词汇"革命"

　　我们常说的"法国大革命"、"法国资产阶级革命"中的"革命"一词，在法语中，均为当时采用"旧瓶装新酒"的办法所产生的"révolution"一词。

　　该词源自中古拉丁文"revolutio"，在 15 世纪原为一个天文学术语，指天体的转动，而后扩大用在一般场合，意为"变动、突然的转折"。自法国革命起，该词方拥有一直到如今仍然适用的政治含义：现存政治或社会制度的根本变革。

1789 年 7 月，路易十六听说巴黎爆发了起义，起义者攻占了巴士底狱，脱口而出"这是叛乱！"得到的回答是："不，陛下，这是革命！"

在法国大革命前，现今巴黎的协和广场叫"路易十五广场"，大革命中改名"革命广场"。路易十六和大搞"革命恐怖"的罗伯斯庇尔均在这个"革命广场"被推上了断头台。其时，有个权力很大的机构就叫"革命委员会"（又称"监督委员会"）。与"革命"相联系的说法还有"革命政府"、"革命法庭"（"特别刑事法庭"）等。而由"革命"一词派生的"革命者"（révolutionnaire）和"革命化"（révolutionner）等词也早已出现在法国革命相关的文献中。在"革命"一词前加个前缀，在 1790 年法语中又出现了"反革命"（contre-révolution）一词。

法语词汇"自由、平等、博爱"

在历史上，1789 年 8 月 26 日制宪会议通过《人权宣言》。而在 1793 年出现的"自由、平等、博爱"（liberté，égalité，fraternité）这个三位一体的著名口号，则经典地表明了法国革命的政治目标。

在思想传承上，口号中"自由"所包含的内容——"个人自由"和"个性解放"源自文艺复兴和启蒙运动中的人文主义思潮；"平等"的要求则深受勒鲁《论平等》和卢梭《论人类不平等的起源和基础》的影响；而"博爱"则是体现了卢梭"公民宗教"的观点和

人们对团结的渴求。

在语言的表达提炼和词汇的选择确定上，1793 年，最初出现在巴黎墙头的口号是："统一、共和国不可分割，自由、平等、博爱，不成功便成仁"。外省的许多地方也纷纷仿效。一时间，法国的街头刷满了这一口号。我们比较一下这前后两个口号，一眼就能看出彼此的优劣！

在用词上，"liberté"，在法语中原意为"慷慨大度"，从法国革命开始，词义变化，方有了"自由"这个含义，并一直沿用至今。"liberté"也因这一标语而得以大力传播，由此又派生出"自由主义"、"自由主义者"等词汇。"平等"也因此成了一个时髦词——当时至少有 40 个城镇、更多人在名字上都加上了"平等"这个附加语。后来的七月王朝国王路易·菲利浦的父亲奥尔良公爵虽是大贵族，也取了个"菲力浦–平等"的时髦名字。他"政治上正确"的名字，最后也没有挽救他使其免上断头台。

1848 年，"自由、平等、博爱"被法兰西第二共和国定为官方口号。

其他政治词汇

在这里，第一个要介绍的是"左派"、"右派"两词：1789 年通过《人权宣言》之后，制宪会议开始讨论宪法。坐在议长左侧的是王权的反对者，而王权的拥护者则坐在右侧。此后，"左派"、"右派"的说法，先在欧洲，后渐渐在世界上通行——左派、右派就分别成为政党派别政治上激进或保守的代名词。

现今说西方语言的任何政治家、政客，不管他对法国大革命持何种看法，都无法拒绝使用在法国革命期间形成或赋予新含义并大力加以推广、进入西方各语言的政治语汇。

"官僚体制"（bureaucratie），这个词为法国国民经济学家樊尚·德·古尔奈所创，在推翻波旁王朝过程中，成了一个常用词，很快为欧洲其他语言所吸收。

"恐怖主义"（terrorisme）：欧洲诸语言中"恐怖主义"一词均源自法语。从词源上讲，这个法语词的构成又来自拉丁词"terror"（恐怖）。在当时，"恐怖主义"多指在法国大革命中，罗伯斯庇尔和雅各宾派所奉行的恐怖政策。

其他重要词汇还有：彻底、激进、结盟、委员会、宪法、国歌、舆论、爱国主义等。法语中的"委员会"（comité）一词原本来自英语，但看看在法国革命中产生的数不胜数且影响极大的诸如革命委员会、救国委员会、公安委员会、民事行政警察和法庭委员会、财政委员会、农业和工艺委员会等，就会明白：实际上，在"委员会"一词进入其他欧洲语言过程中，法语起的作用要比英语大得多！

可以说，现今说西方语言的任何政治家、政客，不管他对法国大革命持何种看法，都无法拒绝使用在法国革命期间形成或赋予新含义并大力加以推广、进入西方各语言的政治语汇。即使是巧舌如簧的政客，没有了这些词汇，也无法发表什么政治演说。

◉ 无套裤汉

"无套裤汉"（sans-culottes），原本表明人们衣着的一个词，在法国大革命中，引申为内容包含社会阶层出身、政治取向以至带有极大感情色彩的一个流行词。

无套裤汉的典型服饰

在 18 世纪的法国，贵族等社会上层穿长及膝盖的紧身"套裤"，穿长筒丝袜；而普通平民下身就不兴这样的"两件套"，而是简单地直接穿粗布长裤。"无套裤汉"这样的说法首先是从贵族口中说开来的，带有鄙夷的口气，犹如旧时中国穿长袍马褂的老爷，呼唤底层的民众为"乡下曲辫子"那样。叫得多了，对方就把球接过去："你叫我'无套裤汉'，我就是无套裤汉，怎么着？"法国大革命更给了他们理直气壮的理由。

大革命爆发之后，无套裤汉的装束反倒成了众人仿效的一种时髦：其时，无套裤汉头戴红色的自由帽（原名弗里吉亚便帽），穿衬衫或卡马尼奥拉服、长裤，足拖一双厚木屐。自由帽是一种红色垂尖圆锥帽,由弗里吉亚便帽演变而来。弗里吉亚是小亚细亚的一个古国(在今土耳其境内)。在古代,那里的释放奴隶都要发给、戴上一顶小红帽用以与其他奴隶相区别——戴上了小红帽,获得了自由,自由帽的名称由此而来。经过法国大革命,称这种小红帽为"自由帽"的叫法,在语言上,更是传播开并固定了下来。

卡马尼奥拉服是一种无袖的上装。卡马尼奥拉是意大利皮埃梦特地区的一个城市,卡马尼奥拉服由那里工人穿的服装演变而来。如果再注意一下前述装饰在当时的一种典型的颜色搭配:红色小帽、浅色的短上衣、黑色长裤配以三色腰带,再足拖一双如今荷兰人还穿的厚木屐,无套裤汉服装中所包含的久远的历史、异域的样式再加当代元素……难怪在当时会吸引那么多人的眼球!

无套裤汉——"革命新人"

这种无套裤汉的服饰既表明了他们的政治倾向、展示了他们的艺术趣味,当然也一览无余地暴露了他们在生活、经济上的贫困。

从社会角度看,"无套裤汉"原本是指城市中靠体力劳动为生的市民:小手工业者、小商贩、小店主和帮工、伙计;后来词义扩大,泛指城市中支持革命的民众。基于他们的现实生活,他们在法国大革命中,首要、基本的政治、经济要求可概括为以下两条:不受限制的人民主权原则和由共和国保障的最低生活收入。故而从根本上看,他们构成了支持雅各宾派的基本队伍。

"无套裤汉"运动源起于巴黎劳动者聚居的圣安托万地区和圣马赛尔地区,后发展到全巴黎,由巴黎再席卷影响到全法国。在巴黎,

他们采取以"块"（巴黎的区）为单位的松散组织形式。在巴黎公社（巴黎市政府），有一个管理该组织的机构。不过，他们多采取"区自为战"的活动方式。从1792年8月10日巴黎人民第二次起义，到1794年7月热月政变雅各宾派下台，是无套裤汉在法国大革命舞台上粉墨登场、酣畅淋漓地表演的时间。

他们反对王权，是共和主义者。1792年8月10日，他们冒着生命危险，冲向有瑞士护兵把守的杜伊勒里宫，抓捕国王。1793年1月21日，在处决路易十六的革命广场现场，他们将他们的小红帽高高抛向天空。

他们是爱国主义者。1792年9月20日，由"无套裤汉"组成的法军在瓦尔密击退了入侵的普鲁士军队。

他们是恐怖政策的身体力行者。后世议论最多的是同样发生在1792年的"九月惨案"。尽管在瓦尔密大捷之前巴黎形势危急，尽管保王分子在狱中表现嚣张，但包括"无套裤汉"在内的屠杀者，从9月1日至6日，在巴黎各监狱未经任何审讯，杀死1200人——无论如何是一场杀戮！

无套裤汉与雅各宾派

应当说，雅各宾派自1793年6月开始执政后，出于巩固自己的统治考虑，是颇为注意搞好与"无套裤汉"之间的关系的，也曾照顾他们的利益，以换取支持。然而，最终双方的关系却以破裂而告终。这是因为雅各宾派政权、主流派在经济和政治上触犯了"无套裤汉"的基本利益。在经济上，对"无套裤汉"提出的要对主要食品实行最

> 这种无套裤汉的服饰既表明了他们的政治倾向、展示了他们的艺术趣味，当然也一览无余地暴露了他们在生活、经济上的贫困。

高限价的要求，迟迟不作响应、不作严格规定（如既提出肉类限价，又规定牲畜可以自由定价买卖，使肉类限价成为一纸空文）。在"无套裤汉"看来，雅各宾政权对日常必需品的限价很不积极，对限制工人工资的提高却非常起劲。

在政治上，雅各宾派内讧，以罗伯斯庇尔、圣茹斯特和库通为首的主流派，用残酷的手段清除异己：1794年3月24日，埃贝尔等人以"勾结外国、图谋不轨"的罪名被送上断头台。在雅各宾派中，埃贝尔派是最为接近"无套裤汉"的一派。埃贝尔派的被铲除，对"无套裤汉"是沉重的打击，也引起了他们对雅各宾派主流派的极端不满。1794年7月27日，罗伯斯庇尔在热月政变中被捕，次日被处死。在这过程中，很少有"无套裤汉"出来，对罗伯斯庇尔表示声援。到了1795年，"无套裤汉"发出了他们政治上最后的声音：芽月起义（4月1日）和牧月起义（5月20—23日）——均没有产生多大的影响。"无套裤汉"自此在政治舞台上销声匿迹。

时局与时尚的变化同样非常之快：往日游荡在巴黎大街小巷的无套裤汉已不见踪影；在热月党人统治的巴黎，最为引人注目的是上身穿着方领口露胸长外套、穿套裤长袜和皮鞋的"金色青年"。

● 法国断头台

　　法国大革命期间所使用的断头台，在法语中叫"guillotine"——是以在法国最先倡议用断头台执行死刑的吉约坦大夫（Joseph - Ignace Guillotin，1738—1814）的名字命名的，这两个词只相差一个字母。

吉约坦大夫

　　吉约坦大夫是三级会议中第三等级的代表，他就是 1789 年 6 月 20 日清晨第三等级代表前往会场吃了闭门羹，带着大家到网球场聚会的那个人。他曾长期担任路易十六的兄弟、以后成为路易十八的普罗旺斯伯爵的私人医生，故对凡尔赛一带的地理位置非常熟悉。10 月 10 日，吉约坦在制宪议会上提出了一个今后执行死刑应一律采用断头台的提案。他的六点提案的中心意思是：在执行死刑时，应迅速麻利地处决死刑犯，以减轻他们的痛苦；所有死刑犯在处决时应采用相同的方法，不能把死刑犯分成三六九等：对贵族、富人罪犯用斩首的办法，而对穷人罪犯则用绞刑吊死。今后应废除其他的处决方法（火刑、绞刑、四马分身），一律采用斩首的办法，而斩首要采用机械装置——断头台。

尽管吉约坦的立意在当时是没有什么可挑剔的，无奈在那个时候要处理的事情太多，议会没有太理会这位大夫的提案。时间到了1791年，由于吉约坦不断提出，再加上巴黎死刑的实际操作者——刽子手夏尔-亨利·桑松支持使用机械的砍头机。他抱怨用斧子或刀砍头太累，而且太过浪费——用过一次的刀已无法再用。1791年

上断头台前的法国王后安特瓦内特

5月3日，制宪议会正式接受了吉约坦的提案，于是就进入了实施阶段。首先，有关部门委托路易十六的御医安托万·路易写出了一份对制作断头台的设想、评估和实施准则。在这之前，在欧洲历史上，先后有爱尔兰和英格兰曾经使用过断头台，分别叫"苏格兰使女"和"哈里法克斯断头机"——不过到18世纪早已不再使用。御医路易选定哈里法克斯断头机作为制作新断头台的基础，并提了改进意见。

制作任务交给了在巴黎的德国钢琴制作师傅托比阿斯·施密德，之所以把"生意"交给他，一是因为他的手艺特别高超，二则他是刽子手老桑松的朋友——老桑松业余时间喜拉小提琴，他们因音乐而结缘。在制作断头台过程中（老桑松也参与其间），先用活羊、后用尸

体试验，改进了刀具下落时力道不足和不够锋利等问题。德国人施密德是法国第一架断头台的制作者。断头台第一次处决人犯在 1792 年 4 月 25 日——这就是老桑松的营生了。第一个上断头台的是一个名叫佩尔蒂埃的盗贼。自此，断头台就成了法国大革命许多场景中必不可少的杀人利器。

法国人由此也开始用吉约坦的名字来称呼断头台。在我国的一些书刊中，因此把吉约坦说成是断头台的"发明者"、"设计者"的说法是不确切的：在吉约坦之前，早就有断头台在使用；吉约坦也没有参加过断头台的任何设计、改进或制作的过程。在法国使用断头台执行死刑方面，吉约坦仅仅是一个立法上的倡导者。他的姓氏在法语中却因此听起来与"断头台"、"上断头台的人"、"在断头台上处决"等词汇差不多（只差词尾的一两个字母）。吉约坦大夫去世后，他的后人曾多次向法国政府提出请求：变更"断头台"在法语中的说法，均遭拒绝。于是他们这个家族就改了姓，自此不再使用"吉约坦"这个家庭姓氏。

刽子手世家

桑松家族世代以当刽子手为业，从 1688 年到 1847 年的 159 年间，巴黎城刽子手一职均由他们家族的人垄断。在法国大革命期间，当刽子手的是前面已提到的夏尔-亨利·桑松。他于 1793 年 4 月交棒，把职位传给了他的长子亨利·桑松。法国革命十年，约有七年执行死刑使用断头台，前一年由老桑松担当，后六年则由小桑松负责。在非常时期，他们的业务自然非常繁忙。据保守的统计，大革命期间死于断头台的，在巴黎为三千人，在全法国则达到三万人之多！有一种传播很广的说法：拿破仑有一次在巴黎街头碰到小桑松便问他："处决了那么多人，你晚上还能安心睡觉吗？"小桑松回答："皇帝、国王、当政者能安心睡觉，我为什么反倒不能安心睡觉呢？"

虽说处决路易十六（1793 年 1 月 21 日）的刽子手仍是老桑松，但父亲还是把最重的活留给了他的大儿子小桑松。小桑松的职业生涯使他成为世界历史上也许是绝无仅有的一个刽子手：从安托瓦内特王后（1793 年 10 月 16 日处决）到罗伯斯庇尔（1794 年 7 月 28 日处死）都在他操作的断头台上身首异处！

1793 年 1 月 21 日是路易十六上断头台的日子

上断头台的人们

我们不妨看看小桑松的工作经历——走上他操作或他指挥手下操作的断头台的有：

以布里索为首的 21 名吉伦特派著名人物，在 1793 年 10 月 31 日被雅各宾派推上断头台。几天之后，该派另一非常有名的领袖人物罗兰夫人也横死于断头台上。在梁启超翻译的《罗兰小传》中，梁把她的一句名言翻译为："自由，自由，多少罪行假汝以行。"罗兰夫人以自己的死为她的这句名言提供了一个实例。此外，立宪派元老、曾任巴黎市市长的巴伊，因追随革命改名为"菲利浦-平等"的奥尔良公爵也被雅各宾派冷酷地处决……

在 1793 年 6 月至 1794 年 7 月约一年雅各宾专政时期，是小桑松作为刽子手最为繁忙的时期，他与他的团队曾创造了 38 分钟用断头台处决 21 人的记录。

雅各宾派先是翦除其他政治派别。紧接着，雅各宾派以罗伯斯庇尔为首的主流派，开始向自己一派内部持不同见解的人开刀，于是埃贝尔、丹东及他们的拥护者分别在 1794 年的 3 月和 4 月被送上断头台。最后，成了孤家寡人的罗伯斯庇尔也在热月政变中被推上了断头台。自罗伯斯庇尔被处决后，小桑松明显地清闲起来……

而那个据说与小桑松有前述一段对话的拿破仑，则在打了无数胜仗的情况下，让他的士兵把法国断头台带到了欧洲的许多地方。

🏵 画家大卫

在法国大革命期间，画家中影响最大的当推雅克－路易·大卫（Jacques-Louis David，1748—1825）。

罗伯斯庇尔的支持者

大卫的成名作是 1784 年创作的《荷拉斯兄弟之誓》（现藏巴黎卢浮宫）。在艺术上，大卫的创作已经历了从洛可可风格到新古典主义的转变（1775—1780 年留学意大利期间，逐渐形成了他的新风格），经过回国后一段时间的砥砺，到 1784 年就形成了他人生创作的一个高峰。在这幅画中，英雄主义的主题、庄重的色彩、严谨的构图，已显现大卫画作的特质。艺术上的成功，加上这幅画所表明的政治倾向：号召人们为自由和祖国而奋斗——这与大革命前，广大民众的情绪是一致的。《荷拉斯兄弟之誓》是大卫艺术创作上的一个里程碑。

在大革命初，大卫成为罗伯斯庇尔领导的雅各宾派的成员，他是一个负有政治使命的艺术家。1792 年，他当上了国民公会议员，投了处死路易十六的赞成票。在雅各宾派专政时期，他曾任公共教育委

会和美术委员会的委员，成了那时教育口和文艺口的实际负责人。他对于罗伯斯庇尔的指示是坚决贯彻执行的。大卫是那个时期庆典、群众游行、集会的总策划和艺术总监。他在美术上有如此之高的造诣，当个"革命化妆师"当然应该是绰绰有余的：他用宏伟壮丽的场面、仪式和庆典为革命增添异彩：1794 年 5 月 7 日罗伯斯庇尔通过国民公会颁布了建立"最高主宰"崇拜的法令，要在 6 月 8 日举行新信仰的庆祝仪式。是日，罗伯斯庇尔以凌驾一切的姿态主持了巴黎的"最高主宰节"。大卫则从罗伯斯庇尔到唱诗班的服饰，舞台造型到"无神论"的塑像，以至整个的流程都一一亲自过问。

最为鲜明突出表现大卫政治立场的画作是他在 1793 年创作的《马拉之死》（现藏布鲁塞尔王家美术馆）。1793 年 7 月 13 日，雅各宾派另一主要领导人马拉，在私宅的浴缸里遭刺杀。在马拉遇刺四个月后，大卫即向国民公会呈献了《马拉之死》这幅画。在悬挂该画的仪式上，大卫慷慨激昂地发表了要行动起来实行报复

马拉之死——大卫画作

的演说。这幅画挂在国民公会前厅正面的入口处。在画中，奄奄一息却意志坚定的马拉躺在浴缸里，如丝绸般光滑的手里拿着写有他最后话语的一张纸，脸上则如宗教殉道者那样发出圣洁的光……而实际上，马拉患有严重的皮肤瘰疬病。女刺客科代用 30 厘米长的厨用刀具直刺马拉的颈部和胸部（锁骨近旁），马拉因主动脉破裂随即死

亡……

在雅各宾派执政期间，为鼓舞斗志一共推出了五大"自由殉难者"：第一个当然是马拉；第二个是 1793 年 1 月 20 日被保王分子杀害的国民公会议员、"弑君者"勒佩勒蒂埃；第三个是 1793 年 7 月 16 日被里昂叛乱者处决的沙利埃；第四个是一位 14 岁的少年巴拉——他是在旺代作战的共和国军的鼓手，被俘后因拒喊"国王万岁"的口号而被杀害；第五个是少年维亚拉——在阿维尼翁，他在破坏一座桥梁以阻止敌军退路时遭杀害。大卫至少为其中的三人（马拉、勒佩勒蒂埃和少年巴拉）作了画。倾注了大卫最多感情和艺术功力的无疑还是前面提到的《马拉之死》。

雅各宾派下台后，大卫的《马拉之死》被从杜伊勒里宫前厅摘了下来，该画被大卫用铅白涂盖，保护、收藏了起来。罗伯斯庇尔被杀后，大卫也被捕入狱，差一点也要步罗伯斯庇尔的后尘。在 1826 年（大卫死后第二年）和 1837 年，大卫的家属曾两次与其时的法国政府文化艺术主管部门接洽，希望他们能收藏大卫的这幅名作，均遭到拒绝。1893 年，大卫的侄子将该画转让给了大卫生命最后十年居住的地方——布鲁塞尔的美术馆。

为拿破仑歌功颂德

1794 年底，大卫出狱之后，从事了一段时间的美术教育和肖像画创作。拿破仑掌权后，他成为拿破仑的"御用画家"。从 1804 年起，正式成为拿破仑一世的"首席宫廷画家"。在这个时期，他的美术创作的重点在于美化、颂扬拿破仑本人和法兰西第一帝国的历史，最有

名的作品有：《跨越阿尔卑斯山圣伯纳隧道的拿破仑》（1800 年，现藏维也纳贝尔费德美术馆），《波拿巴将军画像》（1797 年，现藏巴黎卢浮宫），《拿破仑一世的加冕典礼》（1806/07 年，现藏巴黎卢浮宫），《颂授老鹰旗帜》（1808/10 年，现藏巴黎卢浮宫）和《在书房中的的拿破仑》等等。

颂授老鹰旗帜（局部）——大卫画作

以"拿破仑骑马像"著称的大卫的名画，表现的是年轻的拿破仑在 1796 年底进军意大利通过圣伯纳山口的情况：拿破仑骑在一匹高头大马上，气宇轩昂地手指前进的方向——而实际上，在又冷又累的情况下，拿破仑骑着温顺的毛驴，艰难地通过了隘口。拿破仑本人也

他用他的画作体现出他的、或他绘画委托人的政治见解，而且是在如此之高的艺术水准上——产生如此深远影响的这样的例子，在美术史上是并不多见的。

看到过这幅本人的"骑马像"，曾直截了当地说"这是一幅宣传鼓动之作"。而《拿破仑一世的加冕典礼》则经过了大卫的两次拔高：一次是对参加典礼的人——从拿破仑到宫女在仪式上的服饰、化妆，大卫都作出"艺术指点"；在从实际人物到变为画中人物的过程中，大卫又作了一次拔高。画中出现的 100 个左右人物，有许多还被大卫请到画室，以此为这幅大画作了无数素描。

拿破仑骑马像

可以说，大卫摆脱了当时许多画家在绘画时一味模仿的做法，他模写的是他自己定义的、不同的现实。他用他的画作体现出他的、或他绘画委托人的政治见解，而且是在如此之高的艺术水准上——产生如此深远影响的这样的例子，在美术史上是并不多见的。

波旁王朝的死对头

大卫是罗伯斯庇尔的坚定支持者，拿破仑一世的"首席宫廷画家"，他还是"罪不可赦"的"弑君者"（他是赞成处决路易十六的国民公会议员）——这三重理由使他在波旁王朝复辟的法国已无立锥之地。他生命的最后十年在比利时度过。死后，波旁王朝当局不准他的遗体在法国下葬。现今在巴黎的拉雪兹神甫公墓，有一个大卫墓，在那里葬着的是大卫的心脏。

　　大卫是名不虚传的世界著名画家。在反动的波旁王朝复辟时期，他受到迫害，也是确实无疑的事实。但在本文的结尾，还想指出这样一个事实：上述《颁授老鹰旗帜》一画描绘的是发生在加冕典礼后第三天——1804 年 12 月 5 日的事情。皇后约瑟芬也参加了这一仪式。在画中，皇后约瑟芬原来占据了显著的位置。这幅画画得很慢，1809年，拿破仑已与约瑟芬离婚。为了迎合拿破仑，大卫就从画中把约瑟芬去掉，空出的位置就将站在后面的男士的腿画成向前跨出一大步——这就是这位先生的腿和马靴显得不成比例硕大的原因。

◉ 变色龙梦断"弑君罪"

——富歇的阴谋人生

在法国大革命中，涌现了像罗伯斯庇尔、丹东、圣茹斯特、米拉波、拉法耶特、罗兰夫妇、巴贝夫、拿破仑这样的历史人物；也产生了像阴谋家富歇那种类型的小人。

变色龙

约瑟夫·富歇（1759—1820）出身于法国西部港口城市南特的一个海员家庭，世代以航海为业。因为他从小就体弱多病，无法胜任海员的生涯，在受过神学教育后，就在神学院的附属学校谋得一个教席，先后讲授逻辑、数学和物理等课程。

法国大革命给了他投身政治的机遇。1792 年 9 月 16 日，他成为南特选出的国民公会的议员。从外省来到巴黎，他按照他的一贯作风，最初缄默不语，察言观色，脑子则在飞速运转，搜集、评估信息——谁是当今政治舞台上最强、最大的势力？他没有任何政治信仰，谁在当今的政治斗争中处于最强势的地位，富歇就投靠谁。富歇

不喜欢抛头露面，不喜欢在大会上发表演说出风头。他热衷于参加各种委员会的工作，在那里既有实权，又不会将事情弄得满城风雨。

初到巴黎时，他比较接近吉伦特派。1793 年 1 月 16 日，国民公会表决是否处决路易十六。据富歇的传记作者、奥地利作家斯蒂芬·茨威格的说法，富歇在前一天（15 日）的态度还是反对处死国王。但由于轮到他投票的时间比较靠后（已经到了 17 日凌晨），在短短的一天时间里，他的态度已经完全变了！其时，他用当过数学老师精于计算的脑子，又飞快计算了一下已投票的情况——他总是投与多数派一样的票——这样，他投票赞成处死国王，就成了以后所说的"弑君者"。在万不得已的情况下，富歇用如此公开的政治表态，投靠雅各宾派，这在他的一生中可说是唯一的一次。他成了雅各宾派的一员，并逐渐成为该派的头面人物。雅各宾派专政之日，也成了富歇尽量表现他极"左"面貌之时。在那个时期，他看起来甚至比罗伯斯庇尔还左：他领导了下卢瓦尔省的"反天主教信仰、反天主教会"的运动，他取消了教士独身的规定，命令他们在一个月内结婚；他毁坏教堂、没收教会的财产；他命令神父脱去袍服，戴上表示革命的小红帽……在他领导的地区，消灭私有制的运动也搞得非常有气势……他还作为特派员于 1793 年 10 月巡视被雅各宾派看作是"抗上作乱"的里昂等地，肆行杀戮，在他主持下，在当地判处 1600 人死刑，被称为"里昂屠夫"。

1794 年 4 月，罗伯斯庇尔怀疑富歇是埃贝尔派分子而把他召回巴黎。命若悬丝的富歇竟然奇迹般地逃过了罗伯斯庇尔的掌心，反过来，热月政变（富歇在暗中策划时起了重大作用）最终却把罗伯斯庇尔送上了断头台。

"弑君者"在法语中叫"régicide",除了用在一般
场合,还作为法国历史上的专门用语特指"判处法王
路易十六死刑的人",即指在国民公会里,投票赞成
处死路易十六的议员。

在经过了一段为期约三年的遭冷遇的日子后,富歇又时来运转当上了督政府和执政府的部长。他先与督政官巴拉斯拉上了关系。因在破获巴贝夫"平等派密谋"的案件中有功,富歇在1799年被巴拉斯任命为警察部部长。

富歇这个警察部长一当竟然就当了三个朝代:督政府时期当,拿破仑时期当,甚至到了波旁王朝复辟的最初时期他还在当。纵观富歇这条变色龙,在一生中,呈现极其斑驳的色彩:吉伦特派、雅各宾派、热月派、波拿巴派、王政复辟派……他一而再,再而三地违背自己的誓言。杜伊勒里宫见证了富歇的寡廉鲜耻:1793年他在这里投票把路易十六送上断头台;1815年7月28日,在同一个地方,富歇组织了欢迎路易十八的仪式,为了能当上王朝的大臣在国王面前深深鞠躬、单膝跪下,宣誓效忠,吻手致敬……

警察部长

有句西谚说"最卑鄙和最邪恶的行为也需要气魄和才能"——富歇就拥有这方面的足够气魄和才能。他与罗伯斯庇尔、拿破仑都打过交道,人们尽管可以说出各种各样的客观原因,但历史的结局是:前者遭富歇的暗算;后者则对他无可奈何,最后还得用他。

在当警察部长的最初几个月,他就建立起公共警察和秘密警察的体系。他是高效和疏而不漏的近代警察密探和间谍体系的最初创建者。为此,他夜以继日地工作,利用种种人性的弱点肆无忌惮地施展阴谋诡计,再加上他极高的组织才能和行政办事能力而构筑起密探网络。他的奸细、密探、线人,三教九流兼收并蓄、无所不包,甚至把

拿破仑的妻子约瑟芬、他的秘书、路易十八在伦敦的御厨都吸纳了进来。这个网络成了他权力的基础。他一手独霸密探体系人、财、物的大权，再加上其他的生财之道，成了法国的一个巨富。这个密探网络一开始就被他设计成离开他就不起作用、无法运作……

1799 年，富歇利用他担任警察部长之机，协助拿破仑获得了雾月十八日政变的成功，毫不迟疑地把有恩于他的巴拉斯一脚踢开。拿破仑兵败滑铁卢，他又火急火燎地投奔新的主子，一厢情愿地幻想复辟的老王朝会赏给他更为灿烂的前程。

弑君者

这最后一次，富歇也几乎如愿以偿——他当了短时期波旁复辟王朝临时政府的负责人。在当政时，为了巩固自己的地位，他竟然向国王上报了一个拟处死刑或流放人员的名单。把现在还活着的、他在国民公会和革命时期的伙伴统统囊括在内——然而，1816 年 1 月 5 日的法令，使得他的一切妄想和丧心病狂的努力，像本文标题所说的那样"变色龙梦断'弑君罪'"，成了黄粱一梦！

"弑君者"在法语中叫"régicide"，除了用在一般场合，还作为法国历史上的专门用语特指"判处法王路易十六死刑的人"，即指在前面提到的国民公会里，投票赞成处死路易十六的议员。上述法令规定，凡"弑君者"至少赶出法国、永不叙用。而富歇是明白无误的"弑君者"。当初国民公会在表决时，为了表明他们的光明磊落，并不是秘密投票，而是在马拉的提议下，每个议员都要逐个到讲台前，在全体议员面前，亲口讲明自己的观点，并详细记录在案（国民公会就路易十六量刑的表决原始记录，现存法国国家档案馆），第二天在报上公开发表。所以，富歇其他什么都能赖，而"弑君罪"是板上钉钉，即使再狡猾也是无法赖掉的。

法令公布时，富歇在萨克森当公使，丢了官不说，从此他永远不准回法国。他先后住在布拉格、林茨，最后死在当时属于奥地利管辖的的里雅斯特。

大革命中，难免鱼龙混杂，泥沙俱下。然而。像富歇这样的阴谋家，居然能"过五关斩六将"，长期混迹于多个时期的法国权力中心。劣迹斑斑的富歇，最后竟然会以"弑君罪"结束了他的政治生涯——马拉提议的表决方式，无疑使波旁王朝很容易就找到了全部"弑君者"。当初的马拉会料到那口口声声拥护雅各宾派的富歇后来是该派凶狠的掘墓人？会料到历史的发展会是这样的吗？

维也纳会议

——"会议在跳舞，会议毫无进展"

为奥地利服务的比利时裔外交官、军事家和作家利奈亲王曾说了一句："（维也纳）会议毫无进展，会议在跳舞。"（Le congrés ne marche pas，il danse.）这句话在之后竟成了一句名言，成了谈维也纳会议的作品经常要提起的一句话。

"会议在跳舞"

维也纳会议从 1814 年 9 月开始到 1815 年 6 月结束，期间大会却从未正式开过。维也纳的市民们看到的则是数千涌进涌出的客人。他们包括 5 位现任帝王：俄国沙皇，普鲁士、丹麦、符腾堡和巴伐利亚的国王，216 个公侯家族代表（他们原本是诸多小邦国的君主，后被剥夺了原有权力，如今寄希望于由此恢复以往的天堂）。除了这大大小小现在和以往的统治者外，还来了大批的大臣、外交官、作家和政客。像格林童话的作者雅各布·格林和现代体操的创始人雅恩也都来到了维也纳。这是世界近代史上规模空前的一次国际会议，除奥斯曼帝国外，所有欧洲国家都参加了。

这些外来客不仅要提出各自的诉求，参加辩论，亲身经历这在欧洲历史上数百年才有一次的盛会，他们也要欢庆、娱乐。这一次，奥地利皇帝弗兰茨一世扮演了好客东道主的角色。在会议期间，他每天平均要拿出 30 万法郎。舞会、宴会、庆典、音乐会、戏剧演出一场接一场。值得一提的是，在维也纳会议期间，贝多芬也被动员出来参加演出，曾指挥演奏了《菲岱里奥》等作品。

就像如今的商家促销不愁找一个理由那样，欢庆、宴会的由头也很容易找到。1814 年 10 月 18 日是莱比锡大捷的一周年纪念日，反法联盟的参战方都分别举行了宴会，第一天是奥方举办，第二天就轮到俄国大使做东。沙皇亚历山大一世在 12 月 6 日举行盛大宴会，理由是庆祝他的一个妹妹叶卡德琳娜女大公的父名日（我们知道，沙皇一共有 9 个弟弟妹妹），席开 50 桌，宾主欣赏着俄罗斯的民间歌舞，嘴里吃着珍膳佳肴：伏尔加河的鲟鱼、法国的牡蛎、意大利巴勒莫的橙子和不顾严寒、千里迢迢从圣彼得堡运来的樱桃……旨酒佳肴之后，当然是跳舞。沙皇与他垂青的贵妇名媛依次跳舞，跳了一个又一个，舞了一场又一场。有人因此说，"沙皇只顾跳舞，不管罗马大火！"

在经历了 25 个动荡的革命和战争的年头之后，欧洲的贵族们感到，威胁他们世界的危险终于过去。他们情不自禁地疯狂欢庆。

四强和五强

除了沙皇之外，在会议期间最具特色的人物可说是奥地利首相梅特涅和法国外交大臣塔列朗。本来这次会议的主角就是反法联盟的四

大强国：俄、英、普、奥。由于他们之间的角力和纷争，才使"会议毫无进展"。无论从实力和以往的贡献而言，奥地利均列四强之末：它是最后一个与拿破仑撕破脸的国家，打败拿破仑的主力是俄国与普鲁士，虽说在1813—1814年的战役中，奥地利出了兵，但去得太晚，而且军队的供应和训练都很差。当拿破仑欲图东山再起时，是英国和普鲁士军队给予迎头痛击。但长袖善舞的梅特涅，不仅牢牢把握住了四强之一的位置，而且看起来还像是胜利方的领袖。这就是奥地利在财政非常拮据的情况下，举办维也纳会议的原因。梅特涅作为东道主成了"名副其实的会议的主席"。在欧洲范围内，他为了遏制俄国的势力，而尽力设法保存法国的实力来作为一种抗衡的力量；在德意志诸邦范围内，他则极力维持普、奥至少并驾齐驱的局面。梅特涅的折冲樽俎、纵横捭阖竟然在一定程度上获得了成功。

作为战败国法国的外交大臣，在谈判中本没有塔列朗说话的地方，然而塔列朗却用了两招打破了这一局面。一招是利用四强之间的矛盾。另一招则是借"如何正确看待法国"这一问题，即法国的身份认同——是战败国还是被解放了的国家？在塔列朗看来，波旁王朝复辟后的法国完全符合正统主义原则，它显然是一个被解放的国家。塔列朗强悍而又巧妙地维护了法国的利益。法国最终得以保住1790年的国界。在欧洲历史上，这是对战败国惩罚最轻的一次。在这之后，法国又钻入了欧洲强国的行列：俄、英、普、法、奥被称为欧洲的五强。这个局面维持了很长时间，以至当时有把报刊杂志称为"第六强国"的说法。

维也纳会议期间的美国，可能是力量不够或者自顾不暇，未见它发出类似"维也纳会议事关美国利益"的说法。

维也纳会议之后

如果没有拿破仑的百日政变，维也纳“会议在跳舞”和讨价还价的谈判还会延续很长一段时间。一切在 1815 年 6 月 9 日——滑铁卢战役的九天前戛然而止——维也纳会议结束了！

维也纳会议亮明的旗帜和原则是：复辟、正统主义、均势和补偿原则，即政治复辟和领土分赃政策。当时的四大战胜国和法国，在彼此作了若干让步后，在政治、领土诸方面看来都各得其所。然而，复辟的波旁王朝就在十几年后被 1830 年的七月革命推翻，而以“欧洲宰相”自诩的梅特涅则在 1848 年的革命风暴中被赶下了台。

至于亲身经历过“会议在跳舞”的遗老贵妇们，大概还会时时回忆起那衣香鬓影、觥筹交错的吉光片羽。

◎ "恐怖"为什么要与"白色"联系在一起？

在中国的辞书上，通常是这样解释"白色恐怖"的："指在反动政权统治下，反革命暴力所造成的恐怖，如大规模的屠杀、逮捕等。"（《现代汉语词典》第6版）然而，这类恐怖，为什么与自然界的一种颜色"白色"联系起来呢？

一般认为，"白色恐怖"这种说法源自法国，最初它产生于法国大革命期间，而到了波旁复辟王朝时期，它的意义更加明确，在更大范围内使用，并为欧洲其他语言所吸收。波旁王室的旗帜是缀有百合花的白旗，故波旁王室施行的恐怖事件，在白旗飘扬的情况下发生的恐怖行为，一开始就被称为"白色恐怖"。

复辟王朝

在法国历史上，自"白色恐怖"一词产生后，最为臭名昭著、影响最大的两次"白色恐怖"，发生在波旁复辟王朝时期。

波旁复辟王朝是外力强加给法国的一个王朝：1814年3月31日，俄普反法联军进占巴黎，拿破仑于一周后退位。路易十八获得反法联军的支持，从他的流亡地英国匆匆回国，于 5 月回到巴黎。在历史上，波旁复辟王朝满打满算存活了不到 16 个年头：从 1814 年 5 月 3 日到 1830 年 8 月 2 日，中间还要刨去拿破仑百日政变的时间（1815 年 3 月 20 日至 6 月 22 日）。

　　路易十六有两个兄弟，后来先后均成为复辟王朝的国王——路易十八（1814、1815—1824 在位）和查理十世（1824—1830 在位）。他们两人在执政的策略上虽有差别，但在整体上，在恢复、维护旧政治制度方面则是基本一致的：波旁王室百合花白旗飘扬之日，正是三色旗被禁之时。《马赛曲》不准唱！7 月 14 日不准庆祝！路易十六上断头台的日子 1 月 21 日被定为"国丧日"……这两位复辟国王的统治与路易十六同样的奢华和不理智，就仿佛法国大革命根本没有发生过似的。

　　在法国大革命期间，流亡到国外的法国贵族及其随从，数目达到了六位数。这里举一个极普通的例子：一个流亡到德国莱茵河畔城市杜塞尔多夫的法国侯爵，随遇而安地在那里安顿了下来。为谋生，他干起了鞋匠的营生，专攻女鞋的制作，并在那里站住了脚。拿破仑打到莱茵地区，他又慌不迭地逃到另一城市，当起了裁缝。波旁王朝复辟后，这位爵爷回到了阔别二十多年的祖国。在过法国边境时，就仿佛那里有个遥控装置似的，使侯爵整个人完全变成另一个样子：不再是技艺高超、随和的手艺人，他一下子摆出一副高级贵族的高傲面孔，摆出趾高气扬的架势，就仿佛他根本没有拿过锥子、拿过针似的。——法国老百姓对这类贵族的评价是"他们什么都没有学会，什么都没有忘记！"还乡团回来了！

两次白色恐怖

第一次白色恐怖发生在 1815 年到 1816 年。1815 年 6 月拿破仑在滑铁卢战役失败的消息一传到法国，王党分子就疯狂行动：在马赛，6 月 25—26 日，50 个波拿巴分子和共和派人士被杀，约 200 人受伤，焚毁约 80 所房屋。在阿维尼翁，布吕内元帅在 7 月 24 日被杀并投入罗纳河中。在尼姆等地，约 80 名新教徒被天主教徒杀死……为审讯大批的革命者和拿破仑帝国同情者，复辟王朝设立了军事法庭和特别法庭。当年的"弑君者"，即投票主张处死路易十六的国民公会议员、在"百日政变"中投向拿破仑的将领无一幸免。1815 年 8 月 19 日，拉贝多瓦叶将军第一个在巴黎被处决；1816 年 12 月 8 日，帝国元帅米歇尔·内被判处死刑……同时，复辟王朝进行了严厉的行政清洗：38 个省长、115 个副省长被免职，行政机关清除近 6 万人。帝国的军官 12000 人遭到免职而只能领半薪……

第二次白色恐怖发生在 1820 年到 1823 年。导火索是 1820 年 2 月 13 日夜，阿尔图瓦伯爵（以后的查理十世）的儿子贝里公爵遇刺身亡。这是关系到波旁王室后继是否有人的大事：路易十八无子嗣，阿尔图瓦伯爵有两个儿子：长子只有一个女儿，次子贝里公爵又遇刺（他的妻子在同年 9 月 29 日生下遗腹子波尔多公爵——后被称为"亨利五世"的波旁王朝继承人）。这一谋杀事件加上在当时发生的多起反政府密谋又掀起新的一轮白色恐怖的高潮。

然而，白色恐怖和其他种种倒行逆施都无法延长波旁复辟王朝的寿命：1830 年 7 月，在经历了"光荣三日"的革命之后，"什么都没

> 波旁王室的旗帜是缀有百合花的白旗，故波旁王室施行的恐怖事件，在白旗飘扬的情况下发生的恐怖行为，一开始就被称为"白色恐怖"。

有学会，什么都没有忘记的"的贵族头子查理十世只得卷起铺盖走路——波旁王朝离开了法国，一去不复返。

"白色恐怖"成了一种约定俗成的说法

"白色恐怖"一词的形成，是与波旁王朝紧相联系的。随着波旁王朝退出法国的统治舞台，以后发生的类似恐怖事件，自然不再与旧王室的白旗标志存在什么关联。然而人们把"白"这种本来是一种天然的颜色，概念化、抽象化、政治化，"白色恐怖"一词脱却了形成时的具体关联，约定俗成地表示本文一开头所表明的那种意思。因此之故，以后在法国历史发生的一个更大的恐怖事件——1871年，梯也尔政权镇压巴黎公社起义，仅仅在一个星期内在大街上就处决了两万以上的巴黎公社成员——就理所当然地被称为白色恐怖。

◉ 塔列朗的两句名言

    在维也纳会议上，人们领教了法国外交大臣塔列朗。作为战败国的谈判首席代表，竟然表现出那么强势和难以应付，这在国际交往史中是颇为罕见的。塔列朗平时喜欢发表议论、舞文弄墨，故他的语录、名言在西方相关著述和媒体上俯拾即是。笔者在这里介绍的他的两句名言，是经常为人引用的"名言中的名言"。可以这么说，凡是西方历史名人的语录、格言、箴言、名言之类的书，如果其中也包括塔列朗，就少不了他的"人之所以拥有语言，就是为了掩盖他的思想"和"在世界上，在所有的告别中，再也没有比与权力告别更令人痛苦的事情了"这两句名言。

塔列朗其人

    法国近代史上的政坛不倒翁塔列朗（1754—1838），出道很早——在法国大革命前，1780 年 26 岁上就担任法国全国教会总代表，1788 年 34 岁已当上了奥顿主教。这两个职位均位居法国高级教士的顶端。他出身巴黎的贵族世家，按家族的传统，他本该沿着当军官的台阶往上爬，不幸的是，他在 4 岁时摔坏右脚，自此一辈子走路一瘸一拐，当军官就成了他的一枕黄粱。

大革命给予塔列朗投身政治更大的机遇。在大革命初期，他的表现显得颇为独特。一方面，他作为三级会议第一等级的代表，却主张把三级会议改为国民议会。作为天主教的一个大主教，倒向第三等级，拥护没收教会的财产并主张取消什一税，他还率先宣誓效忠于与教皇唱对台戏的《教士公民组织法》。另一方面，他又与国王路易十六秘密通信。由于前一点，教皇庇护六世革除了塔列朗的天主教教籍。因为后一点，又受到国民公会的指责，不得不于 1792 年离开法国，流亡至英国和美国。塔列朗出身于第二等级，当时是第一等级的代表。据乔治·勒费弗尔在《法国大革命的降临》这一历史专著中的说法，"塔列朗因操作股票交易，早在大革命前就已闻名遐迩。"——这使他又有了与第三等级中金融资产阶级相仿的利益，再加上他本人的个性，应当是他采取上述左右逢源做法的主要原因。革除教籍、逐出法国，对于塔列朗来说，却得到了意外的塞翁之福。

塔列朗在美国住了两年多（1794 年 3 月至 1796 年 9 月），从事金融投机活动。当他 1796 年从北美返回欧洲时，法国的政治局势已完全变了。1797 年 7 月，督政府任命他为外交部长。自此之后，他几乎没有间断地担任督政府、执政府、第一帝国（虽自 1807 年起塔列朗不再担任外交大臣职务，但仍以拿破仑的宫廷侍卫长的身份参与外交事务）和波旁复辟王朝初期的外交部长或外交大臣，一直到 1815 年 9 月 24 日由于极端保王党的激烈反对而被迫辞职。到了 1829 年，耐不住寂寞的塔列朗又与奥尔良公爵路易·菲利浦拉上了关系，希图东山再起。他的最后一个职务是七月王朝的驻英大使（1830—1834）。

"语言掩盖思想"

1807 年，西班牙驻巴黎公使伊斯基罗在与塔列朗的一次谈话中，一再提醒塔列朗，他曾经对西班牙答应过的一项允诺。塔列朗被逼急了，就冒出了这么一句"人之所以拥有语言，就是为了掩盖他的思想"。在这样的语境下，塔列朗这句话一开始还真使人摸不着头脑：是"王顾左右而言他"？是隐晦地表示"那时我这么一说，你这么一听，何必那么认真"的意思？还是有其他什么意思？塔列朗说出这句话，就让西班牙公使自己琢磨去吧！反正塔列朗用这句听起来带点调侃带点幽默、警句式的话应付过去了上述场面。

"语言掩盖思想"从字面上分析，无非是说，人们说的与他想的有可能是完全不一致或至少是部分不一致的。"语言掩盖思想"会有哪些手段？讲话云山雾罩、离题万里、巧言令色、言不由衷……应该都属于这一范围；而"语言掩盖思想"的最高境界则是马克思曾经直截了当指出过的"撒谎"。马克思把塔列朗和小拿破仑（路易-拿破仑·波拿巴）并列为 19 世纪上半叶撒谎最多的人。（马克思：《马志尼和拿破仑》，全集第 12 卷，人民出版社，1962，第 454 页）

靠着"语言掩盖思想"这样的本领，塔列朗这个欧洲外交界像鳗鱼一样圆滑的老油子，在外交舞台上活跃了近 40 年。当他在拿破仑手下也另搞一套时，"语言掩盖思想"就成了他的一项法宝。

最痛苦的告别

有的时候，塔列朗也会直言不讳，吐胆倾心。像"在世界上，在

> 塔列朗还告诉我们他是怎样的人："聪明而又勤奋——这样的人还从未有过；聪明而又懒惰——这就是鄙人；愚笨而又懒惰——这样的人在应酬场合还差强人意；愚笨而又勤奋——愿上苍保护我们免受这些人的骚扰！"

所有的告别中，再也没有比与权力告别更令人痛苦的事情了"，就是这类名言。

有一次，他曾经不由自主地流露出对革命前旧王朝的留恋："谁没有在旧体制下生活过，谁就永远无从知晓，生活曾经是多么美好。"塔列朗是在旧王朝生活过的人，1789 年革命爆发时他已经 35 岁了；同时，他又是从波旁王朝一直到七月王朝在权力的漩涡中翻滚的人。掌权的威风、舒畅，丧失权力下台的切肤的痛苦，他自有亲身的体会。因此他的这句话当是他的经验之谈。

为了避免这"最痛苦的告别"，塔列朗什么事情没有做过？1799年 7 月他因向美国三个使节索取巨额贿赂的事情被揭露，而被督政府免去了外交部长的职务。几个月后，拿破仑发动政变，因塔列朗在政变中的表现积极，而又官复原职。当然，塔列朗对有求于他的欧洲各国和美国的索贿和受贿就更加变本加厉，他积累了惊人的财富。1802年至 1804 年，塔列朗在拿破仑成为终身执政和称帝的过程中，起了重要作用。为了消灭拿破仑潜在的敌人，塔列朗甚至参与 1804 年绑架当时旅居在中立国巴登的波旁王族重要成员当甘公爵的勾当。当甘公爵被绑架至巴黎处死。以后，塔列朗对此事或闭口不言、噤若寒蝉，或动用"语言掩盖思想"的本领，把事情说成是他当时曾采取了营救当甘公爵的种种措施。可以说，塔列朗为了避免与权力说再见——他所说的世上最痛苦的告别，是无所不用其极的！而作为同时代的亲历者，他目睹或耳闻了与自己有密切交往的路易十六、拿破仑一世和查理十世在与权力告别之后，上断头台、被赶到一个荒岛或走上流亡道路等境遇。这样的历史事实，都可以拿来为他的这句话作佐证。

第四辑 启蒙时代

　　在当权时，塔列朗经常跟人说的一句话是"重要的是，不要过于热情"。许多处于高层的人大概都有这样的经历：下级或有求于自己的人拍马屁拍得过于起劲，献殷勤献得过于夸张，吹捧歌颂的话讲得过于没有边际，本来对于双方都是愉快的事情，因此变得颇为尴尬。所以深谙人情世故，一辈子都在当高官的塔列朗，一直告诫他的属下"不要过于热情!"

　　塔列朗还讲了不少带有讽刺意味的格言警句，自嘲式的话语以及自己领悟的生活常识。塔列朗是美食家，他告诉我们什么样的咖啡是好咖啡："咖啡要烫——烫得就像地狱，咖啡要黑——黑得就像魔鬼，咖啡要纯——纯得就像天使，咖啡要甜——甜得就像爱情。"塔列朗还告诉我们他是怎样的人："聪明而又勤奋——这样的人还从未有过；聪明而又懒惰——这就是鄙人；愚笨而又懒惰——这样的人在应酬场合还差强人意；愚笨而又勤奋——愿上苍保护我们免受这些人的骚扰!"

　　也许，本文介绍的塔列朗的两句名言，会有助于勾勒出塔列朗的某些基本特征。而塔列朗众多的语录、名言、警句则构成了他那个时代的一种独特的文字著述。

◎ 三个洋江湖骗子

古今中外，江湖骗子的踪迹绵延不断。他们一茬又一茬，在社会天地这个舞台上演出一出又一出的丑剧：蝇营狗苟，周而复始。

在欧洲历史上就有名气足够大的三个洋江湖大骗子，三个"charlatan"。他们是意大利的卡廖斯特罗、俄国的拉斯普廷和法国的斯塔维斯基。

"charlatan"一词的由来

除了带有各自语言特色的一些说法外，在英、德、法诸语言中，均有一个来自意大利语"ciarlatano"的外来词，用来表示"江湖骗子"的意思："charlatan"（英语、法语）或"Scharlatan"（德语）。而意大利语"ciarlatano"本身又是由"ciarlare"（吹牛）和"cerretano"（切雷托城的居民）两词复合而成。按照民间的说法，切雷托（Cerreto）人以兜售伪、劣、假药和毒品而闻名，故而该意大利语复合词的原意是"假药贩子"、"卖假药的"，后词义扩大就成了现今的意思——"江湖骗子"。

这个意大利语词汇在 17 世纪首先进入同属罗曼语的法语；而在西日耳曼语的德语和英语中的相应外来词则是从"二传手"法语那里吸收过来的。

"卡廖斯特罗伯爵"

卡廖斯特罗（Alessandro Cagliostro，1743—1795，真名巴尔萨莫——Giuseppe Balsamo）出生于西西里岛首府巴勒莫，父母早亡，父亲生前是一个破产的首饰匠，故他从小家境贫寒，在巴勒莫的贫民区阿尔贝盖里阿长大。受家庭传统的影响，他曾在当地的天主教本笃会修道院当差，当过修道院药剂师的助理，获得他最初的有关药剂方面的知识——这对于他以后的炼丹、"神医"生涯大有裨益；而他家族传了多少代的首饰匠手艺，使他以后的炼金、炼丹至少看起来像那么回事，比其他人显得总要技高一筹。

巴勒莫是意大利黑手党的发源地，卡廖斯特罗从小就与一帮不肖之徒混在一起，尽干些鸡鸣狗盗、偷鸡摸狗的勾当，小小年纪就出入妓院，甚至还当起了皮条客。由于他的丑行，他先被修道院开除、遭到所有亲戚的谴责，后又引起当地政府的注意和调查，于是他匆匆逃离故乡，一去而不复返。

对于卡廖斯特罗来说，在家乡当他还叫巴尔萨莫的时候，他的所作所为只不过是牛刀小试。他的聪明机灵劲儿，他的胆大妄为和他行骗想象力的丰富和行事的缜密，即使在当时就已经显现出他在这一领域当"大师"的潜质。

按照他自己的说法，离开巴勒莫之后，他到了希腊、埃及、波斯、罗德岛，四处拜在高手的门下"游学"、学艺——用现在的说法，就是"在多国深造"。他"闪亮登场"的地方是马耳他岛，他向马耳他骑士团首领公开亮明了自己杜撰、以后在欧洲如雷贯耳的名字和头衔：卡廖斯特罗伯爵。他自称是在东方学得了炼金、炼丹真经的高手，而这个骑士团头头恰恰是一个炼金炼丹术迷。于是他在骑士团首领的面前，做起了试验。试验完全成功！于是骑士团首领给罗马和那不勒斯的权贵们写了推荐介绍信。有贵人相助，意大利上层就争相为"卡廖斯特罗伯爵"打开了大门。

1768年在罗马，25岁的卡廖斯特罗与年方14岁的漂亮而做事不顾廉耻的费莉恰妮（又名塞拉费娜）结婚。夫唱妇随——此后，他们就以卡廖斯特罗伯爵夫妇（或以其他的姓名和头衔）行骗于欧洲的许多地方。巴黎和伦敦是他们主要的活动场所。他们还去过德国、荷兰、波兰、俄国、爱沙尼亚……"卡廖斯特罗伯爵"以炼金术士、占卜大家、催眠术士、神医等身份出现，而"卡廖斯特罗伯爵夫人"则充当一个配合默契的助手。他们大力推销迷魂春药媚药、长生不老药、驻颜美容粉剂和炼金药剂……在一些场合他们甚至"以身试效"——各自为出高价者提供性服务。一场又一场蛊惑人心的忽悠、推销使他们赚得盆满钵满。渐渐地，他们已不满足于这样一次又一次地"辛苦挣钱"。在1785—1786年，他们甚至卷入了涉及法国王后安托瓦内特的"钻石项链丑闻"。

巴黎一家珠宝钻石公司有一串极为珍贵的钻石项链，价值160万锂（约相当于如今5百万欧元）。卡廖斯特罗与另一女骗子斯莫泰-瓦莱伯爵夫人串通，通过一系列令人眼花缭乱的手法，空手套白狼把钻石项链骗到手并在伦敦拍卖。事情败露后，卡廖斯特罗和斯莫泰-瓦

莱夫人被关进监狱。由于在这一骗案中出头露面的都是那个女骗子，而卡廖斯特罗则矢口否认与该案有任何牵连，在没有掌握确凿证据的情况下，卡廖斯特罗在巴士底狱坐牢9个月之后，法庭不得不于1786年5月31日将其释放。

"钻石项链丑闻"可说是卡廖斯特罗一生"事业"的分水岭：在这之前，虽说有"拆穿西洋镜"的时候，但他总能化险为夷；这次的事情实在是闹大了——不仅牵连到王后，而且法国举国为之震惊！

担当这场大骗剧的出场主角是瓦莱夫人。以往她一再对外宣扬，谎称王后是她的闺蜜。信以为真的除了上面提到的珠宝商外，还有一个名叫路易·德·罗昂的斯特拉斯堡枢机主教。前者想利用她向王后推销这串珍贵无比的钻石项链，而后者则为了自己的仕途想通过瓦莱来讨好王后、拍王后的马屁。在此期间，瓦莱成了大主教的情人。瓦莱不时向情人显示她与王后的关系有多铁：展示王后写给她的信，她应大主教之请求还向王后递送他写的信，之后瓦莱居然给罗昂送来了王后一改常态写得极为亲切的亲笔回信。一次在瓦莱转来王后写的亲笔信中，王后表示她很想购买那串钻石项链，但为了不事声张，主教如果在办具体手续时有所效劳的话，她将乐于接受。得到大大鼓励的罗昂于是向珠宝商出具了购买担保，自以为得到王后的授权，还商订了分期付款事宜。在没有付款的情况下，珠宝商把那串极为昂贵的项链留在大主教那里，大主教又托瓦莱把项链交给王后。瓦莱终于拿到了朝思暮想的钻石项链！而在这场大骗局中，卡廖斯特罗是个幕后摇羽毛扇的人物！珠宝商后来因长时间没有得到购珠宝的款项，一次有机会就直接询问王后。王后完全不知情！真相大白后，国王、王后盛怒。瓦莱夫人、卡廖斯特罗自然没有好果子吃，罗昂大主教想拍马屁拍到马脚上，偷鸡不着蚀把米。而法国王室的威信也因此再度大大受损！

一则由于这件丑闻，而使卡廖斯特罗的臭名更加远扬；二则由于事关重大，法国警方不敢怠慢，终于查清了他的底细——大名鼎鼎的"卡廖斯特罗"伯爵原来不过是来自穷乡僻壤巴勒莫的名叫巴尔萨莫的胡同小混混！

离开巴黎抵达伦敦后，卡廖斯特罗故伎重演，而且获得了成功。正在此时，有关"钻石项链丑闻"和关于他底细的消息传到伦敦，他的骗术再也玩不下去了！他在英国也被关进了监狱。1787 年 5 月，卡廖斯特罗夫妇永远离开了英国。

在瑞士待了两年后，他们夫妇俩回到了罗马。正当罗马当局琢磨该如何收拾这个在整个欧洲声名狼藉的大骗子之时，他们夫妇之间闹起了内讧：他的妻子向宗教裁判所告发，作为天主教徒的卡廖斯特罗却大肆从事共济会的活动，是一个宗教异端分子。于是，卡廖斯特罗在罗马被宗教裁判所判处死刑，后教皇决定，改判终身监禁。1795 年 8 月，卡廖斯特罗死于监狱。

关押他的监狱位于亚平宁山脉的圣利奥堡，离圣马力诺不远。在那里，现今在监狱原址有一个博物馆，供对此有兴趣的旅游者参观。江湖大骗子卡廖斯特罗事件在当时产生了很大影响，成了文学家、艺术家创作的一个题材：歌德、席勒创作了有关的文学作品，莫扎特的《魔笛》中，也有卡廖斯特罗的踪迹，甚至连以后的圆舞曲之王小约翰·施特劳斯也来凑热闹，专门创作了一首《卡廖斯特罗圆舞曲》（作品编号：370）。

从马车夫到宫廷宠佞

与意大利江湖骗子卡廖斯特罗比起来，俄国的拉斯普廷（Grigory Yefimovich Rasputin，1872—1916）在中国的知名度则要大了许多，一则是因为拉斯普廷骗术所产生的后果要比前者不知要高出多少倍，二则他的骗术闹得最凶之日，正是第一次世界大战爆发、罗曼诺夫王朝即将灭亡、十月革命酝酿之时，中国人对十月革命前后这段历史都比较熟悉。

与他的许多先辈一样，俄国末代皇帝尼古拉二世（1868—1918，1894—1917 在位）也娶了一位德国皇后——黑森—达姆施塔特大公国的公主，史称亚历山德拉皇后。1894 年结婚后，皇后一连生了四个女儿，最后，在 1904 年方生下儿子、皇位继承人阿列克谢。阿列克谢偏偏又患有先天遗传的血友病，皇室为治疗皇子的病费尽了周折。1907 年，有人把拉斯普廷介绍给皇室。在与拉斯普廷接触之后，皇子据说显现出病情趋缓的情况。于是皇后就把拉斯普廷看成是上帝派遣专门来拯救她儿子的"神人"。此后，不仅沙皇的宫殿向拉斯普廷打开了大门，而且开启了他通往宗教界、政界上层的道路，至于搜刮财富、在生活上的暴戾恣睢就只不过是小事一桩了！

1872 年，拉斯普廷出生于西伯利亚秋明附近波克罗夫斯科耶的一个富有农民家庭。从小他就以不务农事正业、浪荡乡里而出名。17 岁前，他生活在老家，虽赶过马车，也是三天打鱼两天晒网。从 17 岁起流浪云游，一直游荡了 15 年。他在 20 岁上回家娶妻结婚，随后就把妻子扔在老家。在云游中，他接触了三教九流各种教派，对他影响最深的是在俄国发展的一个鞭笞教派。后来，他自称得道，自封为"长老"。他吹嘘拥有包治百病、预测未来的神秘能力。他还自开神坛，利用宗教仪式敛财、玩弄女性……

1905 年，自忖已有足够"道行"的拉斯普廷来到首都圣彼得堡发展他的"事业"。在这之前，他已做足功课，寻找、搜索、发掘可能支持、提携他的高人。为此，他在 1903、1904 年数度来到圣彼得堡，又是参加宗教学术会议，又是遍访宗教界的权威名流。功夫不负有心人，他找到了这样的贵人。如果说，使拉斯普廷在圣彼得堡站稳脚跟的有圣彼得堡神学院的大主教赫利桑夫（他是沙皇的御前忏悔牧师）的话，那么，介绍他与沙皇夫妇见面的则是沙皇的两个堂妹。

得意忘形的"酒色秃驴"拉斯普廷在宫里虽极力装出循规蹈矩的样子，但仍不时露出狐狸尾巴，如引诱宫廷女性之类。在宫外则更是无法无天了。在第一次世界大战期间，拉斯普廷通过皇后直接干涉朝中大臣的人选和前线的军事行动……

由于拉斯普廷的乖戾诞诞，他曾多次遭人暗杀——有被他戴上绿帽的丈夫、被他抛弃又投奔他人的妓女……最后他没有躲过去的是 1916 年 12 月由贵族保皇派策划的政治谋杀：他喝了毒酒、身中数弹并被抛入涅瓦河中。

在江河日下的罗曼诺夫王朝，竟然演出这么一出历史上罕见的从马车夫到宫廷宠佞的闹剧、丑剧，它从一个侧面表明了俄国这个末代王朝的气数已尽！

"筹款高手"斯塔维斯基

1934 年 1 月 8 日，在法国与瑞士接壤的夏梦尼地方一所别墅里，

躺着一个中弹奄奄一息的中年男子。当警察冲进别墅时，据称，该名男子已经死亡。他就是法国著名的金融大骗子斯塔维斯基（Serge Alexandre Stavisky，1886—1934）。斯塔维斯基丑闻在法国掀起了轩然大波，引起了法兰西第三共和国的政府更迭和政局动荡。

斯塔维斯基是出生在基辅的犹太人。1899年，他的家庭经匈牙利到法国落户定居。他的父亲是一个牙科医生。这个从小被人称为"靓仔萨沙"的年轻人，很早就着迷于伪造证券、伪造签名一类的把戏，先是做做游戏小打小闹，后来确是真刀真枪地干开了。

他的第一次行骗是用伪造的业务工作名片，骗取剧院的入场券。他曾用一个子虚乌有的经营性剧院作幌子骗得人们的投资。年方二十郎当岁，他就因触犯法律在1912年第一次锒铛入狱。他的父亲因儿子的堕落而绝望自杀。但斯塔维斯基并不因此而收手。他反而变本加厉地从事贩毒，伪造文件，偷盗、伪造、贩卖债券，甚至还干起了持枪抢劫的勾当。1925年他谎称建立了一个生产汤料的企业，然后出售并不存在的企业的股票。他因股票欺诈和伪造有价证券，从1926年7月起又被投入拘留审查所监禁17个月。被释放后，他竟然有办法使他的案子推迟审讯共达19次。这个时候的他已经学得了用大量的金钱去贿赂政界要人、警察、司法界的头头。除了上述诈骗活动外，他还开设夜总会、赌场。他为了控制舆论，还收购了若干报刊，对需拉拢的报刊就投放大量广告。

他的骗术变得越来越高明，他的点子一个又一个接踵而至：他又在纸面上创办了一家专向非洲殖民地销售的木框冰箱厂；他声称他用来作抵押的是原为德国末代皇后所拥有的价值连城的祖母绿宝石（实为赝品），从奥尔良抵押银行取得大量贷款……

1930 年他伙同巴荣纳市长加拉开设用大量假珠宝作担保的该市信贷银行，他自任行长。到 1932 年他共计售出无法兑现的债券 2 亿法郎。他宣称这些债券是由国家作后盾加以保证的，得到加拉市长和许多部长的支持。1933 年底事情败露，斯塔维斯基外逃，就发生了前面的一幕。

　　据查，斯塔维斯基曾先后收买 1200 多名政界人士。总理硕唐、前总理塔埃厄、议员博内、加拉（巴荣纳市长）和巴黎警察局局长希阿普等人均与该丑闻有牵连。该事件导致殖民地部部长达拉第辞职，硕唐政府垮台，被称为"现代欧洲最大丑闻"。

　　"筹款高手"、江湖大骗子斯塔维斯基通过贿赂现任官员达到与国家权力的某种结合，他所产生的轰动效应和影响是他的江湖骗子前辈们所无法企及的。

● 《共产党宣言》中的三个外来语词

1847 年 11 月，共产主义者同盟委托马克思、恩格斯撰写该组织的纲领性文件，这就是他们于 1848 年 2 月用德文发表的《共产党宣言》。

本文想谈谈马克思、恩格斯在《宣言》中所使用的起关键作用的三个外来词——不言而喻，这是就德语而言的外来词，它们是"Proletarier"（无产者）、"Bourgeois"（资产者）和"Kommunismus"（共产主义）。

Proletarier（无产者）

马克思、恩格斯在《宣言》的末尾写道："无产者在这个革命中失去的只是锁链。他们获得的将是整个世界。

全世界无产者，联合起来！"

在德语中，"Proletarier"一词源自拉丁文"proletarius"。在古罗马，原指居于最下层、最贫困的自由民。初看起来，这个词的构成有点曲折——前几个音节源自"proles"一词，意为"后代"，这里所以与"后代"扯上关系是因为这些居于最下层的自由民既不服兵役（原因是当时的自由民士兵须自备铠甲、武器，他们无力置办），又毋须交赋税，故而他们对于国家的唯一贡献就只剩下生育、抚养后代——为国家增加子民。这样说来，该词的原意似可译为"向国家提供子嗣作为唯一贡献的公民"。

在古罗马时期，高贵者们常常满含鄙夷吐出"proletarius"一词：在他们的口中，该词几乎成了"粗野"、"乌合之众"的代名词；在他们眼里，proletarius 除了生一堆孩子外，没有任何其他本领。

虽然在这之后，不断有人尝试赋予 Proletarier 以新的含义，但马克思、恩格斯无疑是其中的佼佼者：他们用"雇佣工人"界定 Proletarier 的现代意义，并对此作出科学的论述，而《宣言》则是其中最为重要的著作之一。恩格斯在 1888 年英文版《宣言》所加的注中指出："无产阶级是指没有自己的生产资料、因而不得不靠出卖劳动力来维持生活的现代雇佣工人阶级。"还须强调的是，在一改社会上以往使用 Proletarier 一词的轻慢态度方面，马克思、恩格斯无疑起了最大的、决定性的作用。

马克思在伦敦海格特公墓的墓碑上用英文镌刻着"Workers of all lands, unite!"人们注意到，相对于"全世界无产者，联合起来！"的德文原文"Proletarier aller Länder, vereinigt euch!"，英文形式的该口号用了"workers"一词。这是一个重要、有力的证据：表明在马克思、恩格斯那里"无产阶级就是工人阶级"。

在汉语中，曾经流行的外来词"普罗"、"普罗列达里亚"、"普罗大众"、"普罗文学"等和现在使用的"无产阶级"一词……在文献上，最后都会追溯到《共产党宣言》。

Bourgeois（资产者）

德语中的"Bourgeois"（资产者）一词来自法语。在法语中，"bourg"一词意为集镇，"bourgeois"原意为集镇的居民，后词义发展变化，有一阶段曾表示"公民"的意思，但后因"公民"的这一含义逐渐由"citoyen"一词担当，故"bourgeois"成为强调处在某种经济状况中的人——有产者、资产者。

自从圣西门用"bourgeois"表示与"prolétaire"相对概念的一个词，在当时法国进步的人群中，该词和相应的抽象名词"bourgeoisie"就常带有贬义，故引入德语的该词一开始就增加了一层贬义色彩。（据克鲁格《德语词源词典》第24版；*Kluge Etomologisches Wörterbuch der deutschen Sprache*, 24. Auflage, Walter de Gruyter Berlin/ New York 2002）

在《宣言》中，马克思、恩格斯阐明了什么是资产阶级，它的历史地位和作用。他们指出，"资产阶级曾经起过非常革命的作用"。然而，马克思、恩格斯也分析了无产阶级为什么是"掌握着未来的阶级"，因而"资产阶级的灭亡和无产阶级的胜利是同样不可避免的"。

在《宣言》的中译文里，译为"资产阶级"的中文词对照原文来看，绝大多数使用的是带有贬义的"Bourgeoisie"，只有少数几个为表示同一意思、更趋于中性的德语固有名词"Bürgertum"。马克思、恩格斯在撰写《宣言》的遣词造句中，也表明了他们的倾向和价值取向。

至于汉语中按法语"bourgeoisie"的发音音译过来的"布尔乔亚"

一词，还能在《现代汉语词典》中查到，使用的人却越来越少了。

Kommunismus（共产主义）

　　《共产党宣言》在很长时间被称为《共产主义宣言》，委托马克思、恩格斯写《宣言》的组织叫"共产主义者同盟"，它的前身是"正义者同盟"，在成立共产主义者同盟的过程中，所进行的讨论也被称为"共产主义讨论"。而马克思、恩格斯在《宣言》的一开头就写道："一个幽灵，共产主义的幽灵，在欧洲游荡。"……

　　德语中"共产主义"一词也来自法语。在近代，法国空想共产主义者卡贝在 1840 年发表的《伊加利亚旅行记》中首先使用"共产主义"（communisme）一词，来宣扬他的"和平的共产主义"。在这部著作里，卡贝描述了他所幻想的实行共产主义制度的国家——伊加利亚。这是一个消灭不平等、废除私有制和取消货币，而代之以一切平等和财产共有的一个制度。从 1840 年到马克思、恩格斯的《宣言》的写作和出版，中间仅仅隔了七八年的时间，而对共产主义的理解则起了质的飞跃！

　　也许，《宣言》中的一段话能够把本文所谈的三个外来词：无产者（无产阶级）、资产者（资产阶级）和共产主义串在一起："代替那存在着阶级和阶级对立的资产阶级旧社会的，将是这样一个联合体，在那里，每个人的自由发展是一切人的自由发展的条件。"——在资产阶级旧社会，基本的阶级对立存在于无产阶级与资产阶级之间。最终代替那旧社会的将是一个"每个人的自由发展是一切人的自由发展的条件"的共产主义新社会。

第四辑　启蒙时代

195

◉ 欧洲，1848

梁启超称 1848 年为欧洲 19 世纪最值得纪念的一年。他在《意大利建国三杰传》中写道："蛰雷鸣矣。风满楼矣。涛涌堤矣。积维也纳会议以来三十年之奇怨殊毒。乃孕成欧洲十九世纪第一大纪念之岁。实一千八百四十八年。"

历史上如此重要的 1848 年，在欧洲的语言上也留下了痕迹。在德语中有两个颇能说明的例子，一个是"Vormärz"，另一个是专有名词"Achtundvierziger"。德国 1848 年的革命发生在三月，故称"三月革命"，"Vormärz"一词在字面上的意思原本为"三月前"，然而在实际应用上则专门指"1815 年至 1848 年三月革命前的时期"，在德语中还很少出现这样简略而又明了的词！另一词字面原意为"48 年的人"——实指"1848 年革命的参加者"。而在美国英语和澳大利亚英语中也留下了"Forty-Eighters"这样的名词，指欧洲 1848 年革命的参加者，因政治等方面的原因以后移民北美或澳洲。汉语中有"三八式老干部"一词，故前述德、英文词如译成"四八式老战士"或"四八式移民"应是恰当的。

欧洲的月份 The Months in Europe

三十年之奇怨殊毒

三十年奇怨殊毒一旦爆发，其势凶猛、锐不可当。短短几个星期的时间，当今欧洲 10 个国家均被卷入其中，没有一个政府能避免垮台的命运。1848 年 1 月 12 日，西西里岛巴勒莫人民揭开了革命的序幕；2 月 24 日，法国七月王朝被推翻，随后，共和国也宣布成立；3 月，革命的火焰在德意志各邦次第燃起：3 月 7 日到达柏林、3 月 13 日波及维也纳；紧接着，匈牙利的佩斯在两天之后的 15 日就爆发了革命……

奥地利首相梅特涅作为维也纳会议的主持者和神圣同盟的领袖人物，在 1848 年革命里成为被打倒的众矢之的，当属咎由自取。而法国七月王朝国王路易·菲利浦和他的首相基佐也在横扫之列，则反映出更为深层的历史原因。正当法国的民众因 1845 年和 1846 年的农业歉收，1847 年的工商业危机，面临物价飞涨、粮食缺乏和失业等局面，在饥饿和死亡线上挣扎之时，代表金融贵族集团利益的路易·菲利浦国王（他本人就是法国最大的土地、森林拥有者和大金融资本家）则一味实行仅仅有利于该集团的内外政策，横征暴敛，丑闻不断——他的政权成了马克思所说的"剥削法国国民财富的股份公司"。他不仅遭到民众的普遍反对，连工业资本家也加入到反对者的行列。

由于 1848 年革命，法兰西第二共和国取代了七月王朝；由于 1848 年革命，梅特涅卷起铺盖狼狈逃离维也纳，他的皇帝斐迪南一世也不得不于 1848 年 12 月 2 日退位（他活到 1875 年），传位给他的侄子弗兰茨·约瑟夫一世。后者以后成为在中国知名度颇高的"茜茜公

主”的丈夫。

法国二月革命

引起法国二月革命的导火索是“宴会运动”。在法国，一向有这样的民俗：只要有说得过去的理由，公众会在街头摆上长条桌，桌上摆出丰俭由人的食物、葡萄酒，开上一个“公众街头宴会”。七月王朝的反对者也利用这一形式，从 1847 起开展了一浪高过一浪的“宴会运动”。宴会的规模越搞越大，主持者借致祝酒词之际，直接表达自己改革选举制度等方面的政治诉求。七月王朝对政治游行、政治集会作出种种限制，“宴会运动”就成了政治斗争的一种变通形式。原定 1848 年 1 月 19 日在巴黎市中心举行的街头宴会，因基佐政府的禁止而推迟到 2 月 22 日，不料推迟了日期的宴会又遭到禁止。于是，由“请客吃饭”而引起的革命爆发了！

法国的二月革命浓缩在 1848 年 2 月 22 日、23 日和 24 日所发生的事件。22 日，上街示威的工人、大学生、手工业者与拆毁香榭丽舍大街宴会设施和在各处警戒的警察、士兵发生冲突，示威者寻找武器，构筑街垒。23 日，暴力冲突继续升级，在基佐被免职后，局势似有缓和，但是在当天晚上，游行队伍经外交部时突遭军队袭击，死 36 人。示威者拉着装满尸体的手推车走遍了整个巴黎，民众愤怒的情绪达到了顶点。起义群众连夜砍倒 4 千多株街树。24 日，他们建立了 1512 个街垒，占领了城内全部要冲、军营和武器库，并进攻杜伊勒里宫，而此时城内的军队面对潮水般涌来的民众已无法支撑，从外地调军队又远水解不了近渴。在这种猝不及防的情况下，路易·菲利浦国

> 三十年奇怨殊毒一旦爆发，其势凶猛、锐不可当。
> 短短几个星期的时间，当今欧洲 10 个国家均被卷入其
> 中，没有一个政府能避免垮台的命运。

王宣布退位，临时政府在 24 日晚诞生，法兰西第二共和国也在次日宣布成立。在这三天中，起义者共牺牲 289 人。

在历史上，由资产阶级共和派领导的临时政府只执政了 76 天（1848 年 2 月 24 日至 5 月 10 日）；而第二共和国也仅存活了四年多一点的时间。富有戏剧色彩的是，国王路易·菲利浦因二月革命而下台流亡英伦；而另一个法国人则反方向从英国返回法国，他就是拿破仑的侄子路易·波拿巴。1848 年 12 月他当选法兰西第二共和国总统，1851 年 12 月发动军事政变，实行独裁。1852 年 12 月称帝，即拿破仑三世，史称法兰西第二帝国。

路易·波拿巴是沿着当时这样的选举制度登上总统宝座的：1848 年 3 月 2 日，临时政府宣布实行成年男子普选制——凡年满 21 岁的男性只要在当地住满 6 个月均拥有选举权，年满 25 岁者还拥有被选举权。这样，合格的选民就从七月王朝有诸多条件限制的 25 万一下子增加到约 900 万！11 月 4 日通过的 1848 年宪法规定总统以直接的普选方式产生，而且要在当年马上举行。最后，路易·波拿巴击败了其他 5 个候选人，以在 750 万选票中独得 550 万票的绝对优势当选！

所以有这样的选举结果，只要看看临时政府和以后的执行委员会、首脑责任制政府在短短几个月的所作所为就一清二楚了。这里谈谈"国家工场"和"45 生丁税"两个问题。临时政府最初为了安抚工人，解决一些就业问题，开办"国家工场"——从 3 月 2 日开始接纳失业工人，到 6 月中旬已达 12 万人。接替临时政府的执行委员会却于 6 月 22 日突然解散"国家工场"，并驱赶工人。于是巴黎的工人发动了六月起义（6 月 23—26 日），遭到残酷镇压。起义者在街垒战中牺牲 3000 人，在以后的大清洗中被枪杀 11000 人，25000 人被逮

捕，大部分被送到阿尔及利亚服劳役。而"45生丁税"则是临时政府大幅度提高直接税的征税措施。"45生丁税"的重负绝大部分压在农民身上。获得选举权的工人、农民是绝对不会选举刚刚杀害他们的父兄、残酷压榨他们的人当总统的。选举时，卡芬雅克这个因残暴镇压六月起义而被称为"六月屠夫"的最高行政长官，还一厢情愿地相信自己会当上总统。

看来，法国历史上第一次选举总统时的资产阶级共和派的政客们，虽然在争夺1848年革命的胜利果实方面个个争先恐后，但在城府和智力上要比他们的后辈政客差了很多。而当时已当上拿破仑家族族长、拿破仑一世接班人的路易·波拿巴则应了中国的一句成语"鹬蚌相争，渔人得利"趁机而上！

德意志三月革命

梅特涅曾经说过"法国着了凉，全欧洲都要打喷嚏"。这句话马上就要在他本人身上应验了——3月13日，维也纳的工人、学生和市民举行了反政府的示威，高呼"自由！宪法！""打倒梅特涅！"等口号。当梅特涅调集军队进行镇压时，示威者筑起街垒与政府军展开战斗，战斗很快扩展到全市。他们派出代表向奥皇斐迪南一世提出罢免梅特涅的要求。在当时的情势下，斐迪南一世决定牺牲他忠诚的老臣梅特涅，当晚就解除了他的首相职务。于是，曾经不可一世"四十年来控纵全欧气焰赫赫炙手可热飞鸟不落之"梅特涅"抱头鼠串。子身夜遁"。（梁启超语）

1848年，维也纳共发生了三次大的起义，3月13日是第一次，第二次在 5 月 15 日，第三次则发生在 10 月 6 日至 31 日。10 月 6 日，维也纳卫戍部队被调往匈牙利，增援在当地镇压革命的军队。开拔之际，同情匈牙利革命的维也纳民众和哗变的士兵阻止部队出征，于是双方发生了冲突、争斗。起义群众击败政府军，攻克国防大厦，控制了首都，皇帝也于 10 月 7 日仓皇出逃。到了 10 月 26 日，政府军开始强攻维也纳，10 月 31 日奥军进入内城。在维也纳十月起义中，起义者共牺牲约 2000 人。随之而来的是残酷迫害和杀戮：左派政论家罗伯特·布鲁姆等人于 11 月 9 日被审判处决（这次经"法律程序"先后共处决 25 人）。而"全面得胜"的斐迪南一世也没能在皇帝的宝座上坐多久——12 月 2 日他让位于他的侄子，而且采用了一种实属罕见、非同寻常的方式：接受现任首相费里克斯·施瓦岑贝格有关皇帝人选替换的建议。若非在暴风骤雨般的 1848 年革命的背景下，人们是永远看不到这出宫廷戏剧的。

柏林的斗争进行得也异常激烈。柏林的工人、市民和大学生从 3 月 7 日就开始了集会和示威游行。3 月 13 日发展成为同军队的街头交锋。18 日，当指挥军队的威廉亲王（国王的兄弟）下令向聚集在王宫广场的群众开枪时，民众与军队之间的巷战和街垒战就开始了。很快，柏林就变成了一座战场。柏林的起义者使军队遭到沉重打击。武装起来的民众面对有 36 门大炮支援的 14000 名士兵，开始了激烈的战斗，前后持续了 14 个小时……

与奥地利皇帝斐迪南一世不同，普鲁士国王弗里德里希·威廉四世虽说艰难却最终闯过了他人生的这一关卡。当 3 月 18 日街垒战有 254 个起义者牺牲的惨案发生后，面对弹压不下去的民众烈火，普王迅即下令部队撤出柏林，并连夜撰写《致我亲爱的柏林居民》，竭力

把灾祸的起因轻描淡写归结为"一场不幸的误会",之后他还发表《告我国人民和德意志民族书》,表示他要承担起德国统一的事业,把普鲁士合并于德意志,宣誓忠于黑红黄三色旗,实行出版自由和陪审制并取消领主法庭。19 日,他向革命的牺牲者脱帽鞠躬,表示哀悼之意。21 日,他带着黑红黄三色的臂章,在大臣的陪同下,骑马在柏林的大街上穿行——一场争取同情、支持的政治作秀。在私下,他在写给他的兄弟威廉亲王的一封密信中则表示"我是不得已带上黑红黄三色臂章的,一旦我获得成功,我将扔掉这个臂章"。25 日,他在波茨坦接见忠于他的军队将士时,拒绝有人提出的立即对柏林进行大反攻的提议。他的原则是:处在有利情况下,绝不作妥协;在不利情况下所作的妥协和让步则要伺机一点点再改回来。他当初答应的改组内阁、召开联合议会等改革,以后就这样一步步又改了回去。

至于当国王处在有利的情况下,则"坚持原则,毫不动摇",这里有两个最为著名的例子:1849 年 3 月 27 日,法兰克福议会选举普王为"德意志人的皇帝",而弗里德里希·威廉四世则在 4 月 3 日予以拒绝:作为霍亨索伦王朝的一个国王,岂能从革命者的手中接过皇冠,从而受制于人?霍亨索伦王朝是神的恩施,或像他的一个老祖宗在加冕典礼上所做的那样,自己把皇冠抓过来戴在头上!过了二十多天,普王在 4 月 28 日又正式宣布拒绝承认法兰克福国民议会制定的帝国宪法。弗里德里希·威廉国王感到,他已有力量进行反攻了。

1848 年匈牙利革命

匈牙利在维也纳 3 月 13 日起义后两天,于 3 月 15 日爆发了革命。

匈牙利革命是该国人民反对奥地利封建专制统治、争取民族独立的革命。在这次革命中，曾建立一个匈牙利共和国，废除了农奴制，但奥地利与俄国相互勾结镇压了匈牙利人民的起义。

科苏特和裴多菲是这次革命的主要领导人。3月15日，佩斯的革命者在裴多菲领导下，提出民族独立和民主改革的要求，通过了被称为《十二条》的政治纲领，举行起义。起义者在当天中午就控制了整个首都，成立了公安委员会。随后，呈现一段时间的胶着、拉锯局面。1849年1月5日，奥军攻陷佩斯；以后匈牙利军队又展开反攻，获得胜利。1849年4月14日，匈牙利宣布独立。俄国于5月27日出动14万大军入侵匈牙利，在俄奥两国军队的夹击下，匈军大败。匈牙利革命以悲壮的失败告终。裴多菲也在与俄军的最后战斗中，于1849年7月31日牺牲。杀死他的是俄军的一个哥萨克士兵，裴多菲时年26岁。他创作了《农村的大锤》、《雅诺什勇士》、《民族之歌》、《自由颂》和《使徒》等大量诗篇。爱情与自由是他诗歌的两大主题。他最著名的诗句"生命诚可贵，爱情价更高，若为自由故，二者皆可抛"出自他的诗作《自由与爱情》（1847），是写给他的妻子森德莱·尤丽亚的一首爱情诗。裴多菲是一个年轻的"四八式老战士"！

◎ 俾斯麦在 1866

　　1862 年 9 月，俾斯麦当上了普鲁士的首相。上任伊始，他就在普鲁士议会发表了气势汹汹、俾斯麦式的演说："解决当前重大问题不能靠演说和多数通过的决议（1848、1849 年就犯过这样的错误），而是要靠铁与血的手段。"（"Nicht durch Reden und Majoritätsbeschlüsse werden die großen Fragen der Zeit entschieden-das ist der Fehler von 1848 und 1849 gewesen, sondern durch Eisen und Blut."）开宗明义，讲"重大问题要靠铁血手段来解决"的这段话，在历史上成了一种经典——俾斯麦之所以是"铁血宰相"是因为执行"铁血政策"，而他的政策之所以如此叫，是因为他本人就是如此这般说的。如果说，铁血政策表明的是，俾斯麦为达到他的政治目

铁血宰相俾斯麦

标而不惜采用战争、武力、强权的手段的话；那么，他的另一名言"政治并非如许多教授先生所臆想的那样是一门科学，政治是艺术"，（"Die Politik ist keine Wissenschaft, wie viele der Herren Professoren sich einbilden, sondern eine Kunst."）则为他的政治活动领域拓展了更大的空间。

1866 年，无论是对俾斯麦个人来说，还是对德国历史来说均是极其重要的一年。

5 月 7 日

1866 年 5 月 7 日，柏林菩提树下大街，一个名叫费迪南·科恩-布林德的 22 岁的大学生快步靠近走在前面的俾斯麦，拔出手枪从背后向俾斯麦连发数枪。俾斯麦转过身来，抓住年轻人的手欲夺武器，这时刺客又开了数枪。科恩-布林德被制服后在狱中自杀。虽然有数发子弹击中了俾斯麦，但那天他穿的衣服又多又厚，手枪的火力又显不足，再加上刺客没有经验，故俾斯麦除了身上添了些青肿瘀伤外安然无恙。

俾斯麦把刺客所用的那把藕根型弹仓手枪要了过来，从此终身带在身边：或放在办公桌上当镇纸，或放在抽屉里心爱的雪茄旁……1898 年 7 月，俾斯麦在汉堡附近的弗里德里希斯罗庄园去世。在他的遗物中，赫然陈列着这把手枪。在 32 年的时间里，这把手枪曾随时提醒他：只要有可能总有人要置他于死地；而他之所以能逃过一劫，则完全因为他坚信他的事业得到上帝的庇佑。俾斯麦使这把手枪拥有某种象征意义。

1866 年，在经历了 1864 年普、奥对丹麦的战争后，普奥之间的矛盾和冲突居于舆论的中心，普奥要打仗的言论甚嚣尘上。来自南德的科恩－布林德打算刺杀俾斯麦就是要阻止两边都是德意志人的普奥之间的兄弟之战。在他看来，俾斯麦就是挑动战争的元凶。

而俾斯麦确是挑起对奥战争的主要策划者。在俾斯麦看来，战争是势在必打，而且当时对普鲁士来说空前有利。普奥争夺德意志的领导权，不制伏奥地利，普鲁士就不可能成为统一德国的盟主。在历史上，奥地利一贯以老大自居，而在 19 世纪 50、60 年代，普鲁士无论在政治、经济、军事上都得到长足的发展，已有了与奥地利一决高下的实力。国际形势对普鲁士来说也是非常有利：俄国因利益冲突与奥地利交恶而倾向普鲁士；奥地利内院起火并与意大利交战；法国拿破仑三世太过"聪明"，冀望普奥打持久战两败俱伤而坐收渔人之利，于是就采取"坐山观虎斗"的做法——而俾斯麦要的恰恰就是这一点！在普奥战争前、战争期间，普鲁士首相施展他的"政治艺术"手段的一个重点就是千方百计稳住法国。1865 年 10 月，俾斯麦曾亲往法国南部的海滨疗养地比亚里茨会晤拿破仑三世，口头上答应不反对法国占领比利时和莱茵河左岸地区，以争取法国在战争中保持中立。在另一场合，俾斯麦还表示，法国如守中立，战后将支持法国占有卢森堡。在战前的 1866 年 4 月，普鲁士还与 1861 年刚成立的意大利王国订立了秘密的攻守同盟条约……

6 月 14 日，在俾斯麦遇刺一个月后，在法兰克福召开的由奥地利主持的德意志联邦会议上，由奥地利发难，指责普鲁士严重违反联邦准则，因而提出"动员联邦军队讨伐普鲁士"的动议。动议以 9 票对 6 票获得通过。普鲁士公使萨维尼随即按俾斯麦的预案宣布，普鲁士

把动议的通过视为宣战书，并立即退出德意志联邦。在这里，历史的
进程显得如此诡谲——朝思暮想打仗的俾斯麦，恰恰从对方那里得到
理直气壮的口实。而由于普鲁士的退出，德意志联邦也失去了实际存
在的意义。

7月3日

普奥战争从 6 月中旬爆发，7 周后即停战，故这场速战速决的战
争也被称为"七周战争"。这场战争所以打得如此干脆利落，主要有
两个原因：一是 7 月 3 日在柯尼希格拉茨（在今捷克北部）决战中，
奥军大败；二是俾斯麦力排众议迅即与奥地利签订停战协定和《布拉
格和约》。

7 月 3 日的决战在柯尼希格拉茨一狭长地带展开。双方集结了大
量兵力，奥军 23.8 万，普军为 29.1 万。当时，普军除了在兵力上占
优势外，普方的杀手锏是先进的武器——后膛步枪，而奥地利人使用
的还是落伍的前膛步枪。当奥军士兵不得不站起来，往竖着的枪口里
装弹时，普军则能平卧在掩体里从手柄部位装弹、尾部上膛——迅速
装弹、很快射击（一分钟能发射七发子弹，而奥军的枪每分钟最多只
能打两枪）。这使奥军吃了很大的亏——这次战役奥军死伤 15000 人，
而普军仅折兵 2000 人。

除了先进武器外，普军还充分利用当时的重要技术成果，用铁路
运兵（普军用六条铁路线运兵；奥军只拥有一条线路，而且没有有效
使用），用电报沟通内部信息。普军经过军事改革，对官兵严格训练，
内部分工明确，各司其职。在普奥战争期间，担任参谋总长的毛奇将

军是新型参谋的代表。按照经过周密思考得出的基本思想，他早早地
拟定出详尽、细化的作战计划，"分兵合击"，并在远处（柏林）通
过电报指挥。很显然，抱残守缺、仍按照老一套打仗的奥军是无法与
其抗衡的。

7 月 24 日

7 月 24 日，普鲁士国王威廉一世在尼科尔斯堡（位于如今的捷
克）召见俾斯麦，双方因对接下来该如何处置奥地利的看法不一致而
闹得不欢而散。威廉一世认为，既然普军打了胜仗，就要乘胜追击，
让奥地利割地赔款，狠狠地教训他们一下。而俾斯麦则担心法国的干
预——会站在奥地利一边合力对付普鲁士而使局势骤变。他因而主张
"从轻发落，迅速签约"。遭到国王的训斥，俾斯麦回到住所一时气愤
难平，却很快强使自己平静下来：一方面，他迅即向国王提出辞呈，
声称如若不按照他提出的想法与奥地利缔约，他就辞去首相的职务；
另一方面，他积极争取支持者。他争取到的最大的一个支持者是国王
的大儿子弗里德里希王储（英国女王维多利亚的大女婿）。最后，国
王不再坚持自己的看法。于是在 7 月 26 日缔结停战协定，8 月 23 日
签订《布拉格和约》。和约规定，奥地利退出德意志联邦并宣布联邦
解散；普鲁士占有荷尔斯泰因、吞并在战争中协助奥地利的汉诺威、
黑森、拿骚和法兰克福自由市……自此之后，普鲁士和奥地利彻底分
道扬镳，奥地利被赶出德意志的框架范围，普鲁士和奥地利争当老大
的问题也不复存在，因为奥地利已成为另一个国家，一个外国。虽说
是"从轻发落奥地利"，但俾斯麦前述最主要目标并没有落空，"从轻

发落"也仅限于没有割让奥地利本土的部分领土而已。俾斯麦对站在奥地利一边的北德诸邦国就极为冷酷无情了：将其一概收入普鲁士的囊中。俾斯麦违拗国王的旨意对奥地利没有那么苛刻，既表明了他政治上的一种勇气，又表明他是老谋深算、讲究现实、头脑清醒的，是"非不为也，实不能也"。

1866年的实际历史进程实现了俾斯麦绘就的政治蓝图。也许，对于俾斯麦、德国历史而言，前面提到的暗杀俾斯麦的手枪和在柯尼希格拉茨决战中大显威力的后膛步枪具有象征意义。更大的一个象征物是德国人在柏林市中心的通衢大道上为1866年战胜奥地利所建的68米高的胜利纪念柱，柱顶为缀有德国老鹰的胜利女神，柱底座则是描述柯尼希格拉茨大捷的浮雕，在上方的平台上，则陈列着固定在墙上镀了金的缴获的奥地利武器……

一年之后，1867年，以普鲁士为盟主的北德意志联邦成立，普鲁士国王任联邦的主席，俾斯麦任联邦首相——其时距业已排除了奥地利的德国的统一就只剩一步之遥了！

◎ "好马将带着马鞍死去"

——俾斯麦语录剖析

俾斯麦（1815—1898）活着的时候，就开始出版他的政治讲演录。从 1892 年到 1905 年出齐，洋洋洒洒总共 14 卷（《俾斯麦侯爵政治讲演录》，主编：霍尔斯特·科尔，斯图加特，1892—1905）。他最广为人知的名言，当然就是差不多在每本谈到他的历史书中都要摘引的，称他为"铁血宰相"出处的那段话。那段话我在《俾斯麦在1866》一文中也提到了，还写到了他另一段亦相当出名的"政治非科学，政治即艺术"的名言。

现再将俾斯麦有代表性的另外几段话，按内容分述如下。

"我最遭人恨"

在俾斯麦掀起的针对天主教会的所谓"文化斗争"（1871—1878）中，反对他的声浪曾经一浪高过一浪。一次他在普鲁士省议会中曾经激动地高喊："我可以颇为骄傲地宣称自己是整个德意志帝国里最遭人恨的人。"（"Ich kann wohl-mit Stolz-von sich behaupten，die am besten gehasste Persönlichkeit im Deutschen Reich zu sein.")摆出一副"行止无愧天地,褒贬自有春秋"的架势——一意孤行,即使遭群起而攻之也在所不惜的态度跃然纸上!

1881年还是在议会中,当有议员呼吁要俾斯麦下台时,俾斯麦对应道:"好马将带着马鞍死去。"("Ein braves Pferd stirbt in den Sielen.")表示他要忠于职守,坚持到底。

鲤鱼与梭子鱼

1888年2月6日,俾斯麦在分析德、俄、法三国关系时,说了一句:"在欧洲鲤鱼池中的梭子鱼,阻止我们成为鲤鱼。"("Die Hechte im europäischen Karpfenteich hindern uns, Karpfen zu werden.")在自然界,横冲直撞的食肉鱼梭子鱼进入鲤鱼池中就会扰得食草而好静的鲤鱼不得安宁。俾斯麦以此作比喻,指出,俄国、法国是处处挑衅、侵略成性的梭子鱼。至于德国,他则将其说成是"想当鲤鱼而不成"——即使德国也成为梭子鱼,那就是完全被逼无奈。其实,不说别的,挑起普法战争、赢得割地赔款的德国还是一个"想当鲤鱼"的国家吗?

下面两句话则表现出铁血宰相的决心、信心和野心:"让我们把德国扶上马鞍!"(1867年3月11日在北德意志联邦议会上的演讲)"在这世界上,我们德国人畏惧上帝,此外,什么也不畏惧。"(1888年2月在帝国议会的讲演)

卡提利纳分子与爬行动物

卡提利纳是古罗马政治活动家，反对贵族共和国的密谋策划者。俾斯麦在许多场合把他的政治上的反对者说成是卡提利纳分子——唯恐天下不乱的密谋策划者。他在 1862 年 9 月 30 日普鲁士议会预算委员会的会上说："在国内有大批卡提利纳分子，他们最大的兴趣就是唯恐天下不乱。"

还有一次，在 1878 年俾斯麦针对自由派反对派则说得更为粗暴："要按着撞墙，让他们疼得哇哇叫！"

对于不顺耳的言论，他有时斥之为"政治上的井中投毒"（1882 年 1 月的说法）；有时又有"报刊——印在纸上的胡扯"这样的惊人之言（1888 年在帝国议会的演说）。

俾斯麦还把给他制造麻烦的人称为"爬行动物"。1869 年，俾斯麦为了对付他的政敌，建立了一个他称之为与"爬行动物作斗争的"秘密基金，这个秘密基金就被俾斯麦叫作"反爬行动物基金"（Reptilienfonds）。与当时的许多政府一样，俾斯麦拥有大笔预算外的秘密支配的基金，此后这些秘密基金就被称为"反爬行动物基金"。在政治、外交上，俾斯麦是使用秘密基金贿赂、收买相关人员的高手。在 1870 年末，为了使巴伐利亚国王路德维希二世同意普鲁士国王当统一德国的皇帝，俾斯麦从"反爬行动物基金"——即秘密基金中给路德维希二世拨出很大一笔钱。收到钱后，巴伐利亚国王在俾斯麦起草的"劝进书"上签了名：请求威廉二世接受德意志皇帝的头衔。

作为政治活动家的俾斯麦也是一个出色的演说家和卓有成就的著

作家，他的回忆录《思考与回忆》除了历史价值外，还表现出极高的文学价值。言为心声，俾斯麦的语录反映出这位政治上保守的现实主义政治家坚强的意志和专横的权力欲；他忠于他的使命、国家和国王；他有着高度的智慧——能将政治上的判断和务实精神结合在一起；他的语录体现出他的特色：许多时候是坦率、直截了当、粗野的，有时候则是云谲波诡、指鹿为马的……在造句遣词上，他很会使用民间的谚语、熟语，即使非常粗鄙的习语也照用不误。他作为容克大地主曾经有好多年卓有成效地亲自管理农庄，对农民的语言是颇为熟悉的。有的时候，他又掉起了书袋，把他在格廷根大学当学生，在俄国、法国当使节时所学到的东西全用上了。上面提到了他在 1869 年骂政治上的反对派为"心怀不轨的爬行动物"（"bösartige Reptilien"）。这个 Reptilien 在德语中是来自法语的外来词，而法语又来自拉丁语，这样的用法为俾斯麦所首创。俾斯麦就是这样一个人：对政治对手毫不容情，即使对他的属下也是如此——骂人也要骂出他的鲜明特色、他的风格、他的水平。

第五辑

变迁中的社会文化

⊛ 墙上写个大大的"P"

——欧洲大瘟疫夺走 2500 万人的性命

14 世纪 40、50 年代，对于欧洲来说，是一个极为悲惨的年代。从 1347 至 1353 年，席卷整个欧罗巴的被称之为"黑死病"的鼠疫大瘟疫，夺走了 2500 万欧洲人的性命，占当时欧洲总人口的三分之一！在这里提一句：发生在 20 世纪、堪称人类史上最为惨烈的第二次世界大战，欧洲因战争而死去的总人数为其人口的 5%。

欧洲大瘟疫

这场大瘟疫起源于中亚，1347 年由十字军带回欧洲，首先从意大利蔓延到西欧，而后北欧、波罗的海地区再到俄罗斯……

在英、德、法等语言中，当时均用由拉丁文"pestis"演变而来的"pest"一词来称呼这种鼠疫大瘟疫。由于黑死病是一种极为凶险的传染病，传播非常迅猛，于是在讲罗曼语和日耳曼语的国家和地区，很多地方在房屋的墙上触目惊心地写上了一个大大的"P"字——警告、提醒路人，此屋住有黑死病人，要小心迅速躲开。就像黑死病会传染那样，在墙上写"P"字的做法仿佛也会传染似的：一

座又一座的房屋墙上，一个街区又一个街区的屋墙上"千树万树梨花开"，均出现了一个个黑黢黢、瘆人的大大的"P"！

让我们看看黑死病征服欧洲的主要征程：1347年9月抵达欧洲的第一站：意大利南部西西里岛的港口城市墨西拿，11月经水路一下子蹦到北部的热那亚和法国地中海港口城市马赛，1348年1月攻破威尼斯和比萨，1348年3月一鼓作气占领了居于意大利中心位置的工商、文化重镇佛罗伦萨。于是，黑死病在这些城市厉兵秣马、集中兵力，通过陆路、水路，辐射到欧洲的四面八方：从意大利北部经布伦纳山口到蒂罗尔、克恩腾、施泰尔马克到维也纳；在法国，以马赛为起点，横扫了从普罗旺斯到诺曼底的整个国家，巴黎在1348年8月"陷落"；1348年夏，黑死病找到了进攻英国的突破口——多塞特郡的港口，8月攻克伦敦，翌年征服整个不列颠；1349年初，黑死病从法国的东北部越过莱茵河，5月到巴塞尔、8月——法兰克福、11月——科隆，1350年抵达汉堡、不来梅、但泽……黑死病的远征又转向北欧、转向东欧，1352、1353年，最终来到了俄罗斯，结束了它这次触目惊心、血腥的征程。

引起鼠疫的鼠疫杆菌直到1894年方被发现，而感染鼠疫的啮齿动物（如鼠类）由蚤叮咬传染给人，这个经由鼠类、蚤类传染的途径也迟至1898年方大白于天下。故14世纪的欧洲人对鼠疫这种烈性传染病，肯定是毫无招架之力的。威尼斯人曾最先想出了当时最为聪明的一项隔离措施：不准有疫情船只的船员登陆，船员须在船上隔离40天。措施不可谓不严，然而，当时谁会想到老鼠是罪魁祸首呢？水手不准上岸，船上的老鼠却通行无阻地爬上了威尼斯的土地！

与今天的飞机在24小时之内，可以抵达地球上的任何一点这样

> 就像黑死病会传染那样，在墙上写"P"字的做法仿佛也会传染似的：一座又一座的房屋墙上，一个街区又一个街区的屋墙上"千树万树梨花开"，均出现了一个个黑黢黢、瘆人的大大的"P"！

的速度比起来，中世纪无疑是老牛破车的速度：水路——仰仗风力和划桨水手的肌肉，陆路——最快也快不过驿站的马车，故而从意大利到俄罗斯（加上中间所绕的路），黑死病这次欧洲之行，竟然走了五六年的时间。

可怕的后果

以国家而论，在这次大瘟疫中，意大利和法国受灾最为严重；而少数国家如波兰、比利时，整体上讲侥幸地做了漏网之鱼。在城市中，受灾最为惨重的城市是薄伽丘的故乡佛罗伦萨：80%的人得黑死病死掉。在亲历者薄伽丘所写的《十日谈》中，佛罗伦萨突然一下子就成了人间地狱：行人在街上走着走着突然倒地而亡；待在家里的人孤独地死去，在尸臭被人闻到前，无人知晓；每天、每小时大批尸体被运到城外；奶牛在城里的大街上乱逛，却见不到人的踪影……在惨状前，薄伽丘惊呼："天主对人类残酷到了极点！"与佛罗伦萨相比，在它北面的另一大城市米兰却分外幸运：在黑死病黑云压城般的包抄中，竟然奇迹般地安然无恙。当然，像米兰、布拉格这样幸运的城市只是少数的例外，大部分城市都无法幸免于难——

当时，教皇驻跸在法国的阿维尼翁，在那里，三分之一的红衣主教死于黑死病。英国坎特伯雷大主教的职位几天内竟然三易其主：第一位大主教得黑死病死了，第二位刚当了六天也得同样的病死去，于是就轮到第三位了！1352年瘟疫抵达俄罗斯，大公和东正教大牧首相继染病而亡。不妨再举些例子：威尼斯24个医生死了20个，汉堡的统治者——21个市政委员死了16个，伦敦裁缝、制帽行会的师傅全

部亡故……

因为瘟疫，交战双方筋疲力尽，连打仗的力气也没有了，竟然在中间停顿了下来——英法之间的百年战争（1337—1453），在1348至1356年双方停战几近十年！

欧洲大伤元气，因大瘟疫而引起了社会、经济和政治的大变动。大瘟疫引起了大饥荒，盗贼四起；天主教的威信受到极度沉重的打击；当时又掀起了一波又一波迫害犹太人的浪潮（理由是犹太人到处流动传播瘟疫并四处投毒。在美因茨，1.2万犹太人被作为瘟疫的传播者而活活烧死，在斯特拉斯堡城内杀死了1.6万犹太人……）。至于说到欧洲的人口，在经过一百多年后——到1460年方恢复到原有人口水平，并逐渐有所上升。

深深的印痕

黑死病大瘟疫给欧洲人留下了难以磨灭的印痕和记忆。这在欧洲的文学艺术、哲学、宗教、民俗以至语言上均有所反映。薄伽丘在瘟疫暴发的当时就在佛罗伦萨开始写他的传世之作《十日谈》。以《鲁滨孙漂流记》出名的英国作家笛福，在1722年写了《瘟疫年纪事》，真实地记录了1665年伦敦鼠疫流行的惨状。而法国现代作家加缪的小说《鼠疫》（1947），向读者呈现了他从存在主义角度所作的思考。

人们记住了"墙上写个大大的'P'"的那个恐怖的时代。当然，在事过境迁的今天的欧洲，人们也不时会碰到写有"P"的标志牌，然而此"P"非彼"P"，它只不过告诉大家这里是停车场、这里可以停车。

◉ 土豆的历史

——从奇花异草到大众食物

土豆，在汉语中又名马铃薯、山药蛋、洋山芋。英语中的"potato"（土豆）一词来自西班牙语的"batata"、"patata"——西班牙人是按照土豆南美洲原产地印第安人的叫法来称呼的。

来到了欧洲

15 世纪末 16 世纪初，哥伦布四次抵达美洲。这一地理大发现引来无数西班牙的探险者、殖民者。他们在征伐杀戮、抢掠金银财宝之余，也有人发现南美洲有着许多在欧洲从未见过的植物物种，其中就包括后来成为世界上在小麦、水稻之后最大的粮食作物——土豆。

1532 年，在现今秘鲁征战的西班牙殖民者皮萨罗率队抵达土豆的原产地安第斯山脉。在这之后，曾多次出现这样的情况：饿急的入侵者在当地人的茅舍找吃的，找到了土豆——煮一煮，一吃解决问题，味道还不错。这些人记住了土豆这种原先陌生的作物。

约从公元前 4000 年起，印第安人世世代代在安第斯山海拔 3000

至 4000 米的高原上栽种、培育了约 600 个土豆品种：有红、玫瑰红、橘黄、黄等各种颜色，口味有甜的、苦的，口感有劲道或绵软的……经受高原夜间霜冻的土豆能储存更长的时间。就是在今天，利马市场上供应的土豆也是世界上品种最多、质量最为上乘的。按照当地习惯，那里种土豆的农户每户都会种上 15 种以上的土豆品种。印第安人为全世界奉献了土豆原种，为人类作出了巨大的贡献！

1552 年，有个名叫戈马拉的学者写了一本《印第安通史》，其中有记述土豆的章节。1553 年，莱昂出了一本名为"秘鲁年谱"的书，记述了他在 16 世纪 40 年代穿越安第斯山脉在基多这个地方，亲眼目睹土著人种植土豆和煮食的情况。这是西方最早记载土豆的文献。

在 16 世纪的 60 年代，西班牙人由秘鲁、玻利维亚运出土豆，从哥伦比亚用船运往西班牙。西班牙王室将其种在塞维利亚近郊的花园里。1565 年是土豆来到欧洲的重要年份：是年，远征军向西班牙国王腓力二世呈献一箱包括土豆在内的来自南美洲的农产品。

藏在深闺人未识

土豆抵达欧洲后，除了在偏远的爱尔兰外，很长一段时间均处在"藏在深闺人未识"的状况。这种现今有着如此重要食用、经济价值的农作物被当时欧洲的上层人物仅仅当作来自新大陆的"奇花异草"而定位于"观赏植物"：不仅各地的植物园栽培，在皇宫、贵族和富人的庭院也少不了它的踪影。许多贵妇人着迷于这种茄属植物开出的或白或红或紫的小花，它在清晨会散发出幽幽的香草般的清香。法国路易十六的王后玛丽·安托瓦内特有一段时间很喜欢在发际戴上几朵土豆花。这也说明在法国大革命前，土豆在法国还是稀罕之物：王后是不会佩带农妇也能轻易弄到的小花的。

由于决策者的失误、民间存在的疑惑和一些种植上的技术原因，欧洲推广种植土豆的事情竟被普遍延误了约一百年！在这方面做得最差的是法国，在土豆进入欧洲二百年后，在法国大革命前，法国一般人尚不知它为何物。

由于对土豆没有了解，在民间曾流传着许多现今看来非常荒谬、可笑的说法。人们以《圣经》中从未说起过土豆为理由，说它是一种靠不住的作物，在它的根系、块茎中藏匿着凶神恶煞。吃了土豆，人们遭报应会得麻风病、肺痨或佝偻病……

对许多欧洲民众来说，进入欧洲一百年的土豆仍然是"藏在深闺人未识"。

登上世界大舞台

18 世纪，欧洲的一些统治者终于认识到土豆对经济、对国家的重要意义，推行了积极种植土豆的政策。更重要的一点是，由于灾荒、战乱，人们急需一种容易到手并能填饱肚皮的食物，它就在眼前——土豆。

由于战争的需要（西里西亚战争，普奥七年战争），普鲁士国王弗里德里希二世亲自动手，自 1746 年起推动在普鲁士的领地上种植土豆，并鼓励、下令农民种植。1770—1772 年由于谷物歉收，土豆种植得到大规模的推广，到 18 世纪末已推广到德国各地。

法国也由于 1793 年和 1817 年的大饥馑而终于开始了大规模种植

土豆。

　　来自南美洲安第斯山的土豆以欧洲为中转站，以后又来到了"旧大陆"的另两个大洲——亚细亚与阿非利加。在推广土豆种植的事情中，有一件值得在此一提：1719 年，在牧师詹姆斯·麦格雷戈的带领下，16 户爱尔兰农民准备移民到北美新汉普郡的伦敦德里。在他们的行李中，最珍贵的是土豆种薯。在欧洲，最早规模种植土豆的爱尔兰农民已尝到了甜头。他们希望在北美新开垦的土地上种下的土豆会给他们带来好运。他们信任土豆，这就是他们又把土豆带回美洲的原因——种植土豆的接力棒就这样一棒又一棒地传递着。

⚫ 吗啡与海洛因

——两个原本响亮而又漂亮的字眼

如果考察一下各种毒品名称在西方语言中的来龙去脉，人们就不难发现毒品在人类中蔓延的一些轨迹。

从 "assassin" 一词谈起

倘若我们要从历史术语中选出与毒品有关、且影响最大的一个专用名词，名列榜首的当推 "鸦片战争" ——英国军舰一声炮响，给中国 "送" 来了鸦片、阿芙蓉。英语词汇 "assassin" 虽说无法与 "鸦片战争"（Opium-War）这样的词在影响上相提并论，但它也是一个与毒品有关的历史术语。

翻开英汉词典，它会告诉你，"assassin" 的意思是 "刺客"、"凶手"，或指 "十字军东侵时，暗杀十字军要员的穆斯林秘密团体成员"。该词与毒品又有什么联系呢？

从词源上讲，英语的 "assassin" 来自意大利语的 "assassino"，后者则来自阿拉伯语 "hassas" ——原意为 "服用大麻者"。据记载（十字军东侵的亲历者及马可·波罗等旅游者的记述），被称为 "as-

sassin"的刺客，在1096至1291年期间，在十字军东侵的阿拉伯土地上，闪电般地突然接近他的刺杀对象，迅速密集地刺出致命的数刀，为了万无一失，刺客又以耍杂技般的身段，加大对方的伤情，使其必死无疑。当遇刺者倒地之时，刺客早已消失得无影无踪……这些刺客在行动前，总要服用大麻，因此得到了这样的名称。在这样的关联上，assassin的完整意思应为"习惯在服用大麻后行动的刺客"——该如何把这样的意思压缩为一个中文词呢？"大麻刺客"？"服用大麻刺客"？"瘾君子刺客"？

在毒品中，除了现代新型的化学合成毒品外，传统的毒品有三类：有刚才提到的大麻，还有可卡因和鸦片。而鸦片类毒品吗啡和海洛因，从提炼加工成功到粉墨登场，则是到了19世纪、20世纪的事情了。

吗啡

鸦片是取自罂粟蒴果的一种毒品，而吗啡则是鸦片中的主要生物碱。德国西部小城帕德博恩的一个药房技师泽蒂尔纳（F. W. Sertuerner, 1783—1841），1804年首次提炼出以后用于生产、销售的吗啡。吗啡（morpheum, morphine）这个名字也是泽蒂尔纳取的："morpheum"和"morphine"两词均源自希腊神话中梦幻之神的名字——莫耳甫斯（Morpheus）。在希腊神话中，他是睡神许普诺斯（Hypnos）的儿子。用梦幻之神来命名鸦片中的这种主要生物碱，无疑，取名者是试图能引起人们对此的一种好感。

1820年，德国达姆施塔特地方的默克药厂开始生产和销售该厂的吗啡制品。吗啡有极强的镇痛作用，故在美国南北战争（1861—1865）、1866年普奥战争和1870/1871年普法战争期间，在救治伤员时，被无节制地大量使用，然而被注射了吗啡的伤兵，虽暂时解除了疼痛，自此却染上了终身无法解脱的吗啡毒瘾。美国医生W.H.本特利曾在1878年设法用1860年方从可卡叶中提炼出来的可卡因（cocaine）来治疗有吗啡毒瘾者。治疗的结果是：治疗者非但没有摆脱对吗啡的依赖，还增加了对可卡因的依赖。

虽然在战争中，滥用吗啡产生了范围极大的严重问题，但一直到普法战争之后，大部分医生对这一问题都采取回避态度：把伤兵的吗啡毒瘾问题说成是伤兵的心理精神问题——在这里除了医学观点、学术见解外，很显然，在医药公司、军队后勤部门和医生之间存在着一根又粗又大的利益链！

由于滥用吗啡弊病的真相被隐蔽，而吗啡又展现了无限的魔力，故而19世纪末在德国、法国时髦的文艺界，出现了众多的吗啡上瘾者：高更、波德莱尔、诺瓦利斯、法拉达、贝恩……人们不是还会常常听到解放前中国舞台上的有些名角在演出前要"扎吗啡"这样的说法吗？

海洛因

海洛因（二乙酰吗啡）由吗啡与化学品加工提炼而成，它的镇痛作用是吗啡的六倍，也要比吗啡有大得多的毒性。

1897年8月21日，就职于德国拜耳公司的化学家霍夫曼（Felix Hoffmann，1868—1946）在实验室成功合成提炼出海洛因（他并非是

在实验室成功制作海洛因的第一人）。如获至宝的拜耳公司竟于1898年"强力震撼推出"新产品"海洛因"。二乙酰吗啡的商品名——海洛因（heroin），也是拜耳公司颇费心思地策划给取的："Heroin"由希腊语"hero"（英雄）派生——当时，拜耳公司一出手就不同凡响地用12种语言在全世界做广告，它的新产品需要一个响亮的名字。作为灵丹妙药推出的药品海洛因，在广告上除了大肆渲染它的止痛、止咳作用外，还宣传对至少40种病症（高血压、肺病、心脏病……）有治疗作用。在这样的广告攻势下，加之任何人当时在药房都能不受任何限制地购买海洛因，后果自然是灾难性的。经过长期、反复、艰辛的斗争，德国拜耳公司在巨大的压力下，在生产海洛因30多年后，终于在1931年停止了海洛因的生产！

在汉语中，从西文翻译过来的鸦片类毒品"吗啡"、"海洛因"是采取音译的办法，其实它们原本是两个响亮而又漂亮的字眼。如果我们意译这两个词，那么，我们该称"吗啡"为"梦幻之神药剂"，该把"海洛因"叫作"英雄粉剂"。如果我们把"海关官员在机场抓获携带一千克海洛因的毒贩"这句话改为"抓获携带一千克英雄粉剂的毒贩"，您会有怎样的感觉呢？

⊙ 铁路通向前

——欧洲最初的铁路

进入 19 世纪的欧洲依然给人一种慢慢吞吞的感觉：维也纳会议要解决那么重大、紧迫的问题，皇帝、高官、将军们还是悠悠闲闲地开会，竟持续了九个月的时间；而交通总起来看还是像几百年前那样：马车、驿站，不长的距离在路上的时间仍然要以星期、月份计。然而，大变化就要来到：从 19 世纪的 30 年代起，欧洲掀起了修筑铁路的高潮，当时修路的速度之快和规模之大，火车当时所能达到的速度——即使现代人也要刮目而视！

"火车头"——一个崭新的时髦词汇

在欧洲诸语言中，"火车头"一词均来自在 19 世纪英语中产生的新词 "locomotive"。英国工程师斯蒂芬森在 1814 年首创新型的在铁轨上行驶的蒸汽机车，1829 年又作了重大改进。"locomotive" 就是在英语中为新生的火车头所取的名字，它又是借用拉丁语中的两个词 "locus"（地方、地点）和 "movere"（移动、转动）复合而成，故 "locomotive" 本意为：能离开原地移动的机器。

　　随着火车呼啸着开往愈益增多的城市，"locomotive"一词就越来越多地出现在各种报纸和人们的口中。马克思的一句名言就用上了这一时髦语："革命是历史的火车头。"（"Die Revolutionen sind die Lokomotiven der Geschichte."）

筑路二十年

　　1830年9月15日，利物浦至曼彻斯特铁路正式开通世界上第一列客车。在世界交通史上，这象征着铁路交通时代的开始。1829年，为了选择使用机车的类型，曾举行了比赛。在比赛中，斯蒂芬森的名为"火箭号"的机车以每小时最高58千米的速度胜出（平均时速为45千米）。法国在1832年建成第一条从里昂至圣太田的铁路。而德国第一条从纽伦堡至菲尔特的铁路线则在1835年12月7日通车。

　　一开始，三国通车的里程都很短：利物浦至曼彻斯特64千米，里昂至圣太田58千米，纽伦堡至菲尔特仅6千米。然而到了1850年，在过了十几年、二十年的时间里，三国都建成了自己的铁路网，英、德、法三国已分别拥有10653、6044和3083千米的铁路！

　　拿德国来说，德国第一条6千米的铁路用的还是英国机车和英国司机。然而在紧接着的十余年里，德国建造和开通的铁路有：1837年——开始建从莱比锡至德累斯顿的铁路和科隆—亚琛—安特卫普线；1838年——柏林—波茨坦线；1839年——慕尼黑—奥格斯堡线；1843年——埃伯菲尔德—多特蒙德线；1847年——科隆—明登线……1841年，柏林的奥古斯特-博尔西希机械厂已开始生产火车机车，日后该厂成为欧洲火车头制造的最大厂家。

在法国，在 1842 年掀起了修筑铁路的又一高潮，议会通过了修
建铁路的"基佐法"，决定修建八条铁路线，形成以巴黎为中心的星
形铁路，把首都和里尔、勒阿弗尔、南特、波尔多、马赛和斯特拉斯
堡连接起来……

铁路与社会

英、德、法三国初期铁路事业之所以得到如此高速的发展，得益
于社会的需要、相应技术已进入实用阶段和它开辟了一个就业和赢利
的新天地。

由于工业化时代的进展，已有的陆路（主要靠畜力）和水路运输
已无法应付原料运往工厂、产品送往市场和人们外出等方面的需要。
应运而生的铁路运输提供了一种高效、廉价的新运输手段。代表机
械、工程综合成就的铁路交通技术（机车、轨道、隧道、桥梁）经过
至少数十年的研究、试验已结出第一批成果。当时造铁路往往由私人
投资，多采用股份公司的管理形式，铁路股票由于通常会带来可观的
红利而炙手可热。当时投资造铁路的大老板有大名鼎鼎的路特希尔德
家族（按英语发音译为"罗斯柴尔德"），他们将大量资金投向法国
和奥地利的铁路公司。在德国，最著名的投资者是莱茵省的银行家、
企业家康普豪森、梅维森和汉泽曼。

说到铁路的反对者，站在最前列的当推被铁路抢了生意的马车运
输业和航运业的从业者。由于铁路加速了德意志各邦统一的进程，因
而也遭到许多小邦君主的反对。一些医生则担心火车的高速和烟尘会
对乘客的健康带来不利的影响。

　　竞争不仅在铁路部门和其他运输业之间进行，连铁路行业内部也有竞争：在30年代末40年代初，从巴黎到凡尔赛差不多在同时造了两条几乎平行的铁路线，一条在塞纳河的左岸，一条在右岸，分属两个不同的股份公司——右岸公司和左岸公司。春暖花开之时，巴黎市民纷纷乘火车到郊外踏青，于是在两个铁路公司之间，对台戏开唱——空前剧烈的竞争和厮杀又展开了。

　　在19世纪后半期的50年，英、德、法三国的铁路网络在不断加密，铁路也不知疲倦地向欧洲的其他地区延伸——借用一首歌中的说法："看铁路通向前，铁路通向前，越过森林和平原……"

❀ 德意志关税同盟

维也纳会议之后，德意志境内完全独立的邦国数目已大为缩小，但仍达到 35 个之多，包括奥地利、普鲁士、巴伐利亚、符藤堡、萨克森、汉诺威……还要加上四个独立的"自由城市"法兰克福、汉堡、不来梅和吕贝克。故而弗里德里希·李斯特曾经说过："38 条关税界线窒息了内部的商业。它们无异于捆绑着人躯体各部的 38 条绳索，使血液无法畅快地流动。"

德意志关税同盟（Deutscher Zollverein）就是在普鲁士主导下，为扫除德意志内部贸易障碍、统一对外关税及提高工业产品和原料的进口税率，于 1834 年成立的关税同盟。初期成员为 18 个，以后成员数增加到 38 个，但始终不包括奥地利。关税同盟加速了德意志境内统一市场的形成和工商业的发展，在排除奥地利的德国统一过程中，迈开了决定性的第一步。

与英语名词"toll"一样，德语中的"Zoll"也源自拉丁语名词"telonium"（关税），而这个拉丁词又源自希腊文"telonenion"，原意为"最后一次付款"。在"关税"的意义上，英语后来采用来自另一语源的"custom"，不过，在英语中不少场合仍保留使用"toll"一词

的习惯。

发展的脉络

面对强大的英国、法国和俄国，仍然是四分五裂的德意志在政治和经济上处在极为不利的地位。无疑，要最终改变这样的不利局面，德意志的统一是绕不开的话题。很长时间内，在德意志的范围内，存在着奥地利和普鲁士两雄相争的局面。对德意志境内这两个最大的邦国来说，统一均为各自之所愿，但条件是都想要当老大，如若屈居老二的位置，那就宁愿不要这样的统一。故而，在普鲁士主导下的德意志关税同盟的发展过程，就是普鲁士在三个层面上——与欧洲其他三强、与奥地利和与其他所有邦国——纵横捭阖斗争与妥协的过程。

鉴于奥地利的过于强大和其他诸多因素，普鲁士一开始就把奥地利排除在关税同盟之外：1818 年普鲁士废除邦内的内地关税，1826年建立北德六邦的关税同盟，以后又与南德、中德商业联盟结盟，1834 年 1 月 1 日生效的德意志关税同盟已把拥有 2300 万人口、42 万平方千米的地区结成一个经济共同体。据当时记者的报道："当 1834年新年钟声响起，边境上的关卡栏木抬起，成排的车辆在欢呼声中不受阻拦地越过边境。这个时刻，所有在场的人都意识到：历史上的一件大事发生了。"之后，德意志诸邦国陆续加入，到 1842 年，已发展到拥有 28 个成员，最后成员数达到 38 个。一个巨大的德意志国内市场建立起来，开始在普鲁士政府操控下高效而灵活地运转起来。

> 德意志关税同盟的建立是 1815 至 1848 年期间，在德意志范围内发生的最为重大的历史事件之一。在政治上，它促进了德国的统一。在经济上，它推动了全德共同市场的建立和工业的发展。

普奥的争斗

围绕关税同盟问题，普奥双方最后摆开了势不两立的架势：普鲁士财政大臣莫茨曾开门见山地指出："德意志必须结成一个强大的、幅员广阔的国家。奥地利由于已陷入内部麻烦和欧洲事务之中，不可能解决德意志问题，因此，这个国家必须从德意志开除出去，必须由普鲁士来统一德国，关税联合正是德国统一的前提。"而奥地利首相梅特涅也在以后认识到："关税同盟是一个国中之国，它使普鲁士在德意志的优势地位得以确立和巩固，它动摇了德意志的均势，这是非常危险的。"然而，奥地利由于受客观条件的限制和自己的举措失当，而在"被开除的"道路上，迈出了"危险的一步"。分析起来，之所以造成这样的局面主要有以下三个方面的原因：

其一，普鲁士经济上的强大。在关税同盟建立前，普鲁士已进行了施泰因—哈登贝格改革，在维也纳会议上它又得到了德意志最富庶、最先进的莱茵地区和威斯特法伦地区。普鲁士拥有重要的出海口和鲁尔、萨尔、上西里西亚煤、铁等丰富资源（占关税同盟原料生产的 95%）。德意志许多邦国的经济发展，都离不开普鲁士的资源和出海通道。

其二，在建立关税同盟的过程中，普鲁士采取积极进取和灵活的姿态。这表现在一开始大张旗鼓地宣传鼓动，寻求一切机会四出谈判，极尽所能争取谈判的成功。在策略上，普鲁士机巧地绕过了由奥地利控制的联邦议会，利用德意志联邦条例第 19 条允许各邦可以就商业、交通事宜进行磋商的规定，逐一又打又拉地与各邦进行谈判。

在谈判中，普鲁士主要采取拉拢的手段，在关税收益的分配上作出重大让步：关税同盟的其他诸邦在同盟条约生效后，关税收益均有大幅度的增长，巴伐利亚在第一年关税收入就增加了100％；而普鲁士是唯一关税收入减少的邦国：一开始关税总额减少25％，一直到1838年方恢复到原有水平。

其三，奥地利虽说在经济上处于劣势，但在历史上长期处于老大的位置，再加上许多邦国出于自己的利益，也并不希望普鲁士迅速蹿升，而认为普奥的并驾齐驱相互掣肘是最理想的局面，故本来奥地利有许多机会在关税问题上找到自己的盟友。但奥地利对此或高高在上；或漠然处之、动作迟缓；或在与一些邦国谈判时，锱铢必较，一点也不肯让步，而导致谈判的失败。如奥地利与巴伐利亚在谈判中寸步不让，拒绝在过境税、多瑙河过河关税、保护性关税等事项上作任何妥协，于是巴伐利亚转向普鲁士。倘若经常处在"老三"位置上的巴伐利亚不是与普鲁士而是与奥地利在关税事务上结成某种联系，那么局面就会很不相同了。

关税同盟的意义

德意志关税同盟的建立是1815至1848年期间，在德意志范围内发生的最为重大的历史事件之一。在政治上，它促进了德国的统一。在经济上，它推动了全德共同市场的建立和工业的发展。在工业发展方面，当时的铁路建设、煤、铁工业的迅速成长就是非常典型的例子。

我们还记得德国铁路的开端：六千米长的路轨，技术设备全部来自英国。经过在关税同盟期间的发展，在十多年的时间里，德国在制造高性能铁轨和稳定的机车方面已走在世界的前列，冶炼技术和煤矿采掘业也得到长足的发展。具有象征意义的是，一座以"关税同盟"为名的煤矿从 1851 年起开始挖掘采煤。这座位于鲁尔地区首府埃森北部的煤矿一直到 1986 年 12 月 23 日方关闭。煤矿关闭后被纳入文物保护的范围，成了德国重要的工业文化遗迹和文化活动中心。2001 年，联合国教科文组织将关税同盟煤矿列入世界文化遗产名录。

◎ 摄影与历史

随着摄影术的发明而逐步进入实际应用领域，现今能看到的最早历史照片出现在 19 世纪 40 年代。1842 年德国汉堡大火灾、1848 年法国二月革命所留下的影像资料当是其中最重要、最珍贵的历史照片。

从 "photo" 一词谈起

欧洲语言中的 "照片" （"照相"、"摄影"） 一词均来自英语。1839 年，英国天文学家赫歇尔 （J. F. W. Herschel，1792—1871），首次使用 "photograph （-ic，-y）" 一词表示 "照片" （"照相"、"摄影"） 的意思。此后这个词逐渐得到推广，进入欧洲各语言的常用词汇之中。

本来，表达同一意思的还有两个可供选择的 "最佳备选词"。一个是以摄影术公认的主要发明者、被誉为 "摄影之父" 的达盖尔的名字为名。法兰西科学院在 1839 年公布达盖尔的发明就是这么做的，它被称为 "Daguerreotypie"。用发明者的名字名之是一种通行的做法，如果这个办法得以推广，那么今天的欧洲人说 "我有三张照片" 听起来就会像"我有三个达盖尔"——就像人们如今说起受核辐射的食品的单位"毫希沃特",总要提起瑞典物理学家希沃特那样。另一备选词是发明卡罗照相法的英国人塔尔博特（W. H. F. Talbot, 1800—1877）提供，他将其称为"photogenic drawing"（由光而产生的图像）。从语言角度看，赫歇尔的说法显然要比塔尔博特的说法简捷。"photograph"一词中的"photo"来自希腊文的"phos（photos）"意为"光、光线"；而"graphy"则来自"gra-

1848 年法国二月革命中的革命者，为早期新闻摄影

phein"——书写、记载，连起来的意思："光的记录"。在该词的流行过程中，在很多场合，把这个词的后半截去掉，变成了"photo"。在有的语言中，甚至认为由五个字母构成的词依然不够简练，就把传统的拼法"ph"直接改为"f"——"Foto"就是德语中的现代写法。最初照相曝光须用自然光，故"photograph"——"光的记录"还是颇为贴切的说法。

照相摄制者

在 19 世纪 40 年代初，在美国、英国、法国、德国随之出现了从事商业营业的最初一批照相馆，以摄制人物肖像和风光景色为主。如

法国第一家照相馆馆主勒雷布尔自己拍摄、搜集了1500张风光景色照片。前面提到的塔尔博特在1844年出了世界上最初的附有照片的书。名为《自然界素描》的书共六册，共刊有24幅照片（艺术品静物照和建筑景色照）。1842年，德国人施特尔茨纳和比奥夫在汉堡开了一家照相馆。5月份汉堡大火灾，连续烧了四天，四分之一的汉堡城被付之一炬。大火刚过，比奥夫爬上逃过一劫的照相馆屋顶，拍下了被称为新闻史上第一幅照片的《汉堡大火灾》。

法国1848年二月革命是世界历史上第一次有照片为证的历史性革命运动。在照片上，人们看到年青革命者热情洋溢的脸，看到革命中挖掘的路障（巴黎里沃利路的路障）……

到了19世纪50年代和60年代，摄影家芬顿和布雷迪开始致力于拍摄以战争为题材的照片。有的摄影家则把镜头对准了工人、城市贫民和城市的贫民区（如亨利·梅休、约翰·布林尼：《伦敦的劳作和伦敦的贫困（1851—1862）》；托马斯·安南：《格拉斯哥的胡同老街影集（1868—1877）》）。在70年代和80年代还出现了以法国人马雷、德国人安许茨和英国人迈布里奇为代表的摄影家集中精力研究拍摄、再现活动中的目标。迈布里奇的照片成功地呈现了奔跑中的马四蹄均离地的瞬间。关于摄影技术上的话题，这里只提一点：1826年尼埃普斯拍出的照片须曝光8小时；1840年初进入照相馆的顾客，要在相机前耐心地站上或坐上差不多1小时——曝光所需的时间；后曝光的时间逐步缩短到20分钟、12分钟、8分钟……到了60年代，由于摄影器件的改进，在曝光时间上有了个大跃进——摄影师在拍普通肖像照片时只需曝光约6秒左右的时间即可；而在1877年，迈布里奇已经做到用千分之二秒的速度曝光——当然，那是用于前面所说的特殊

> 法国 1848 年二月革命是世界历史上第一次有照片为证的历史性革命运动。在照片上，人们看到年青革命者热情洋溢的脸，看到革命中挖掘的路障（巴黎里沃利路的路障）……

摄影。

在 19 世纪 80 年代，首批采用网目凸版技术印刷的照片出现在北美和西欧报纸的版面上——照片、摄影已愈来愈深入到人们的日常生活之中。

摄影对象

居于社会上层的富贵者一向是人类文明成果的最先享用者。在达盖尔摄影术进入商业运作之后，欧洲的帝王将相、才子佳人们自然少不了蜂拥着去赶时髦、去尝鲜。以摄影术发明后在位的欧洲皇帝、国王们为例，他们的肖像摄影资料汗牛充栋，在很大程度上免除了历史学家曾经为他们祖先的面貌外表（长得怎样？）而展开的学术争论。

随着摄影技术的发展而成本大幅度降低，随着摄影行业的大力拓展生意再加上摄影确实是一样好东西，摄影行业也逐步在社会的中层和底层开展他们的业务。这里说说在德国工人运动中的相关情况。

德国工人运动领袖马克思、恩格斯、拉萨尔、李卜克内西、倍倍尔的早期照片多取自他们在照相馆拍摄的私人照片。流传下来的马克思第一张单身照片摄于 1861 年，时年 43 岁；恩格斯在 40 年代中期就有了他的单身照；由拉萨尔的照片可以看出，他竭力想表现出自己是多么器宇轩昂。在一张照片中，他身穿小礼服，手拿大礼帽和"司的克"，摆出一副老爷的架势，其实他那时也不过 30 刚出头。他的最后一张照片是 1864 年因情场决斗致死而留下的遗容照，当时他 39 岁。引人瞩目的是倍倍尔 1884 年拍的一张家庭照：他的夫人坐在中间，他与女儿分列两旁。后来，明显摆拍的照片愈益变得不那么显著，摄

影对象从室内走到室外再到现场，从摆拍经"准抓拍"到抓拍。我们看到了工人代表在会议场所所拍的合影；1864 年柏林奥古斯特·博尔希机械厂全体工人在厂房和造好的火车头前拍的合影。自 1890 年以来，德国工人每年均举行"五一"示威游行，那时的摄影技术恰好也赶上了现场拍摄游行场景的技术要求……

有意思的是，1864 年、1866 年德国鲁尔地区施韦尔姆城的摄影师卡尔·泰森在地方报上登的两则启事。一则是广告，讲由于摄影水平的提高，在圣诞节期间，中午即使光线不十分明亮，也能接待顾客照相。另一则是"严正声明"，指出近日有人造谣说他私自将女顾客的照片售给他人，纯属子虚乌有。现提出警告，本人必要时将采取法律措施，未谓言之不预也……

19 世纪是摄影的开始和初创阶段；而 20 世纪则是摄影全覆盖的第一个世纪。在 20 世纪结束的时候，人们拿起各种题材的"20 世纪老照片集"会引起心灵上多大的震撼！摄影记录了历史，自己也进入了历史。出生在 1897 年的美国作家福克纳曾经说过："摄影艺术家追求的目标，就是用艺术手段使活生生的运动形式静止下来并保持固定不变，以便在百年之后，当观众凝视它的时候，依然显得生气勃勃，因为它是生活的记录。"

◉ 柯尼斯堡如何变成加里宁格勒?

2005 年，俄罗斯联邦为加里宁格勒建城 750 周年举行了盛大的庆祝活动。加里宁格勒原名柯尼斯堡，在历史上原来是一座德国城市。德国哲学家康德就是柯尼斯堡人。因鲁迅的介绍而在中国非常有名的德国版画家凯绥·珂勒惠支也是柯尼斯堡人。鲁迅在《且介亭杂文末编》中的《〈凯绥·珂勒惠支版画选集〉序目》一文中，把柯尼斯堡译为"区匿培克"，认为"在女性艺术家之中，震动了艺术界的，现代几乎无出于凯绥·珂勒惠支之上"。

柯尼斯堡建于 1255 年，到 2005 年正好是 750 年。在这里先说说该城的简史：1255 年德意志骑士团创建柯尼斯堡城（Königsberg 在德文中意为国王城），1286 年获得城市自治权，1340 年成为汉萨同盟城市，1525 年以柯尼斯堡为中心建立普鲁士公国。1701 年普鲁士第一个国王弗里德里希一世在柯尼斯堡王宫加冕。1944 年英国空军轰炸，该城遭到毁灭性的破坏，1945 年 4 月苏军攻占柯尼斯堡，1945 年 8 月《波茨坦协定》规定柯尼斯堡随东普鲁士北部地区划归苏联，1946 年柯尼斯堡改名加里宁格勒，至 1948 年该地区的德国公民全部撤回德国本土。1991 年加里宁格勒成为对外国人开放的城市。

在德国历史上有个非常显赫的家族——霍亨索伦家族，他们原先生活在德国的西南部。这个家族的一支有人（阿尔布雷希特·冯·勃兰登堡-安斯巴赫）在东部当上骑士团团长，1525 年，他以柯尼斯堡为中心成立了普鲁士公国；霍亨索伦家族的另一支则册封在以柏林为中心的勃兰登堡地区称勃兰登堡侯国。因普鲁士公国无嗣所以它被勃兰登堡侯国以亲缘关系的名义兼并。与通常命名的习惯不同，兼并后的国家不叫"勃兰登堡"，反而叫"普鲁士"。柯尼斯堡地区从此不再叫"普鲁士"而改叫"东普鲁士"。在柏林的一支后来修成了正果，如我们常说的"秦统一中国"那样——"普鲁士统一了德国"。霍亨索伦家族柏林一支的头衔也经历了"三级跳"：由"选帝侯"而"普鲁士国王"（1701），最后成了"德国皇帝"（1871）。由"选帝侯"改称"国王"的加冕典礼就是在柯尼斯堡王宫进行的。这次加冕典礼有两个特点：一是典礼极尽豪华铺张之能事。因为从柏林前往柯尼斯堡的王亲贵胄太多，沿途为他们安排食宿都非常困难。典礼在1701 年 1 月 18 日举行，庆祝活动竟持续了半年。典礼那天，仪仗队由宣令官、乐队、龙骑兵、宫廷侍臣和贵族、骑士等行列组成。二是与通常的做法不同，在一个宣令官大声宣告普鲁士升格为王国后，国王自己伸手拿起王冠戴在头上，以显示既同罗马教廷毫无关系，也不受神圣罗马帝国皇帝的牵制，完全自行其是。因加冕典礼，柯尼斯堡名声大振。当时，柯尼斯堡人口四万，柏林只及它的一半。

历史上的柯尼斯堡是汉萨城市。汉萨同盟是 14 世纪至 17 世纪德国北部诸城市结成的商业和政治同盟，垄断北海和波罗的海的商业。虽说该同盟在 1669 年已解体，但一直到今天在德国现实生活中，仍留下了它深深的痕迹。这里举两个例子：德国最大的航空公司叫汉莎

> 康德的铜像还在：他的左手拿着手杖和三角帽，右手指着天空——当时是普鲁士的天空，现今则是俄罗斯的天空。

航空公司（LUFTHANSA），这个"汉莎"即汉萨同盟的"汉萨"，在德文中是同一个词（HANSA），汉语中却是"汉萨"、"汉莎"两个译名。德国大城市的汽车牌号都取该城市的第一个字母加数字，但柏林和不来梅打头的字母均是 B，汉堡与汉诺威均是 H，为了区别，汉堡与不来梅汽车牌号就成了 HH 和 HB，即汉萨城市汉堡，汉萨城市不来梅。单独的一个 H 和 B 字母就留给汉诺威和柏林用了。可见，德国人是很乐意、很骄傲用"汉萨"这个词的。

柯尼斯堡是个海港城市，位于波罗的海沿岸濒临维斯瓦湾，普列戈利亚河将城市与海洋联系起来。作为骄傲的汉萨城市，背靠广袤的腹地，是输出谷物、种子、亚麻、大麻、兽皮、木材和琥珀的主要口岸，城市也一天天繁荣起来。三十年战争后，柯尼斯堡成了普鲁士最强盛的贸易中心。

随着经济的发展，城中的教堂、王宫和大学等市政建设也搞得像模像样。市中心的广场称为检阅广场，每年逢普王的生日都要进行军事检阅。在广场周围有城市剧院，有欧洲最大的格雷费和翁策书店，古色古香的鲍威尔咖啡馆，著名的科恩雪茄店、尼奇金银首饰店……

大学建筑也在市中心。说起大学，柯尼斯堡大学建于 1544 年（1945 年关闭），是德国最古老的大学之一，是继马堡大学之后德国第二所基督教新教传统的大学。康德一辈子生活在柯尼斯堡，一辈子服务于柯尼斯堡大学。他老先生终生未娶，过着学者单调刻板的生活。他每天都要散步，什么时候走过哪里都是定时的，所以大家习惯按此作为时间的标准。一种经常听到的说法是："您怎么来得那么晚，康德先生已从门前走过好久了！"罗素说，康德有"猛烈排斥功利主义的伦理，赞成那些据认为由抽象的哲学议论所证明的体系。存在着

一种从以前的法国和英国的哲学家们身上见不到的学究气味"（罗素：《西方哲学史》）。然而就是这样一位貌似冬烘的老先生，用他的天体均从旋转的星云团产生的学说带着我们在宇宙翱翔，用他的三个批判（《纯粹理性批判》、《实践理性批判》和《判断力批判》）在思想哲学界掀起一波又一波的巨澜。对于他的故乡柯尼斯堡，康德怀着感恩之情曾经说过："柯尼斯堡是一个在此毋须外出旅行，却能扩展赢得对人、对尘世知识的合适场所。"

1945 年 10 月 17 日，柯尼斯堡地区并入苏联版图，成为苏联俄罗斯联邦的一个州——加里宁格勒州，德国人被强迫迁出，从苏联的俄罗斯、乌克兰、白俄罗斯迁来了第一代移民。普京前夫人柳德米拉就是 1957 年在此出生的加里宁格勒人。在很长的时间里，加里宁格勒地区对于外国人来说是禁区；即使是苏联其他地区公民要去也须申请特别通行证。1991 年苏联解体，同年，加里宁格勒成为开放城市，也成了俄罗斯的一块飞地。2004 年，与其相邻的波兰、立陶宛成为欧盟成员国。在这前后，俄罗斯联邦政府与欧盟为俄罗斯这块飞地与俄罗斯本土之间的人员、货物来往的过境问题进行了长期谈判。现在，加里宁格勒人（加里宁格勒州人口共 96.8 万人，其中加市 43 万人，该州面积 15100 平方千米）要到俄罗斯本土中间要经过 500 千米的外国领土。

自加里宁格勒成为开放城市之后，从德国前往加里宁格勒反倒非常方便：即使从德国首都柏林也只要驱车 500 千米就到了该市。2005年两国铁路部门还议定为开通圣彼得堡—加里宁格勒—柏林铁路干线而成立专门机构。如今，德国各地的旅行社，常年组织前往加里宁格勒的旅游项目。大部分德国人恐怕从没有到过柯尼斯堡，然而身为德国人都知道不少有关柯尼斯堡的事情。他们会谈起大名鼎鼎的柯尼斯堡人——他们会谈起康德，谈起歌德文学上的启蒙者赫尔德，谈起浪漫派作家 E. T. A. 霍夫曼和画家珂勒惠支。老柯尼斯堡人则别有一番感受，那些对战前的城市还保有个人鲜活记忆的现今差不多都已九十上下了。当他们从旅游大巴上颤颤巍巍下车时真切地感到——"老眼厌看南北路，流年暗换往来人"——眼前的景象与记忆的完全不同了：当时战争破坏了柯尼斯堡的大部分，战后新的加里宁格勒主要在旧城的西北郊发展，当然是按照俄罗斯的风格。著名的老建筑只剩下了 14 世纪的大教堂、老大学的一部分，那国王加冕的皇宫遗址在 1969 年按勃列日涅夫的指令被炸掉了。康德的铜像还在：他的左手拿着手杖和三角帽，右手指着天空——当时是普鲁士的天空，现今则是俄罗斯的天空。

🏵 罗特希尔德这样发家

德裔阿斯肯纳犹太人罗特希尔德家族（Rothschild，有人按英语发音译为"罗斯柴尔德"），19世纪初发迹于德国美因河畔的法兰克福。它的创始人老罗特希尔德曾就他的银行事业非常骄傲地说过："复利效应是世界的第八奇迹。"（"Der Zinseszinseffekt ist das achte Welt-wunder."）

法兰克福犹太人居住区

1744年，老罗特希尔德（Meyer Amschel Rothschild，1744—1812）出生于法兰克福犹太人居住区。他们家至少从16世纪中叶就定居在那里，从事小商品经营和兑换钱币的生意。

法兰克福犹太人居住区是德国以至于欧洲的一个有名的居住区。当时的地名就叫"犹太人胡同"——"Judengasse"。它位于法兰克福城东在城外紧贴城墙的一个长330米，宽不超过4米的弓形胡同。在这里麇集着约500个犹太家庭。当初那里的195所房子均没有门牌号码，于是就用画有各种动物、花卉植物或各种颜色的牌子标识。在这中间有"猴子和钟"、"梨树"、"大象"、"金天平"等等。老罗特希尔德家的房子就叫 Haus zum Roten Schild——红牌房子。他们家在老罗特希尔德出生时仍入乡随俗地使用着一个德国人常用的姓"鲍尔"（Bauer，意为"农夫"），后来还是老罗特希尔德将他们家的姓改了：Rothschild 就是"红牌"的意思，告诉大家，他是来自带红牌房子家的人。1785 年，老罗特希尔德有点钱之后，购买了犹太人胡同里最大的一所房子——绿牌房子（Haus zum Grünen Schild）——罗特希尔德家族以后就把后一所房子定为家族发祥的祖屋。

从中世纪到老罗特希尔德出生的年份，法兰克福犹太人的社会地位极为卑微、遭受歧视。在法兰克福的犹太人只准住在犹太人胡同，住地不准越雷池一步，外出还须在衣服上别上表示是犹太人的标志。犹太人胡同四周也有围墙，有三个门通向周边。这些门在夜间、礼拜天和基督教的节日均需关闭，也就是说，在这些时间里犹太人均不准外出。就是因为没有自由迁徙权，老罗特希尔德购他们家族祖屋时花了大价钱。

如今，法兰克福犹太人居住区在经历过多次的火灾、拆迁之后，已经荡然无存——逃过火灾和拆迁的犹太人胡同的最后一所房子，即罗特希尔德家族祖屋绿牌房子，毁于第二次世界大战的战火。今天，抵达法兰克福火车总站的游客，向东偏北方向走不到两千米，就能看到法兰克福犹太人公墓和伯尔内广场及纪念碑。在公墓，有罗特希尔德家族的坟墓。而伯尔内则是比老罗特希尔德年幼 40 余岁、同样出生于犹太人胡同的"青年德意志派"作家——法兰克福犹太人中的一个名人。在那里，还有一座犹太人胡同纪念馆，讲述着这个犹太人居住区的历史。伯尔内纪念碑恰好位于当年犹太人胡同的南端。

老罗特希尔德

用现在的话说，罗特希尔德祖上一直在犹太人胡同开着一爿兼做小买卖的两替店。不用说在法兰克福，就是在犹太人胡同他们的生意最多也只能说是中下水平，过着并不宽裕的生活，然而，"屋漏偏遭连夜雨"——老罗特希尔德十一二岁的时候，父母相继病故，于是他不得不中断在培养犹太教神职人员学校的学习，离乡背井到汉诺威奥本海姆银行当练习生。至此，世上少了一个拉比，欧洲最著名的银行世家却由此发端！当银行练习生的老罗特希尔德对银行、金融业务的学习非常上心，他的一个强项是对钱币的识别和搜集——这来自于家传，也来自他的兴趣和钻研，很快他就成了古钱币专家。当时，在汉诺威有个名叫冯·埃斯托夫的将军是个古钱币的狂热爱好者和收藏者，罗特希尔德为他办事非常巴结、用心。经他的协助打理，将军的收藏水平提高了好几个等级。埃斯托夫将军记住了这个犹太青年的名字。

1764 年，老罗特希尔德回到法兰克福在犹太人胡同开了自己的铺子，从事钱币兑换、古钱币买卖交换和文物生意。1770 年，他与犹太富商的女儿古特勒·施纳佩尔结婚。这次婚姻给他带去了颇为可观的陪嫁——做生意最初的资金；还有重要的一点是，老罗特希尔德家此后人丁兴旺：两人共生育了 19 个子女，存活了 5 个儿子、5 个女儿。这 5 个儿子就是以后在欧洲各大金融城市呼风唤雨的"罗特希尔德五虎"。

一方面，鉴于当时欧洲小国林立，币制纷繁复杂，钱币兑换是兴

> 一个家族在如此短的时间里能积聚如此多的财富，上场的父子兵个个那么能干又密切配合，运气又那么好，而且这种积聚历经两百年一直到现在还在相当的范围内起着作用，就这多方面的结合而言，可以说是一种颇为罕见的现象。

旺而包赚不赔的行业；再加上他家古钱币的买卖又是获利甚巨，几年下来，老罗特希尔德已积累了一些财富。另一方面，上述业务只能算是日常的小买卖，要做大买卖就要拉上与宫廷（最初是黑森－卡塞尔邦国宫廷）的关系。一开始，由埃斯托夫将军牵线搭桥，向威廉王储（以后的选帝侯威廉一世）力荐老罗特希尔德；之后，他又与邦国未来的财政大臣卡尔·弗里德里希·布德鲁斯拉上关系，因而得到后者的全力支持。1769 年，因上述两人的支持而获威廉王储的恩准，老罗特希尔德的钱庄风光无限地挂上了"威廉王储殿下宫廷承办商"的匾额——一个犹太人非同小可地穿上了黄马褂！

选帝侯威廉一世

德国剧作家席勒在他的《阴谋与爱情》一剧中，提到公爵为了送首饰讨好他的情妇，竟把 7000 名本国子弟卖给英国，当炮灰去美洲参加殖民战争。历史上确有其事，黑森－卡塞尔邦国的君主就靠出售本国的臣民发了大财，加上其他的办法搜刮民脂民膏，该邦国的君主成了在德意志范围内最富有的君主之一。

虽说是"宫廷承办商"，但在平时，老罗特希尔德也就能为王室提供一些珍贵古币满足收集钱币的爱好和完成不多的财政业务；而在非常时期，老罗特希尔德一下子竟成了黑森－卡塞尔王室的财产代管人，王室财产在某种意义上成了罗特希尔德"借鸡生蛋"的金鸡。这块"天上掉下的馅饼"是这样形成的：

1806 年拿破仑攻占卡塞尔，威廉一世逃出国境。在这之前，他的财政大臣布德鲁斯成功拯救、转移王室财产。他力促威廉一世与老罗

第五辑　变迁中的社会文化

251

特希尔德签订了管理宫廷财产的协议。不言而喻，布德鲁斯与老罗德希尔德早已结成了某种利益共同体。而老罗特希尔德本人到了18世纪末19世纪初，其事业已初具规模，儿子又被分派到国外，已形成调动巨额资金的一定能力。再说，这也是威廉一世在万不得已的情况下所做的无奈之举。

有这么一大笔巨额资金垫底，战争期间就成了罗特希尔德家族大展宏图、大发横财的时期：向交战的王公贵族提供贷款，贩卖与走私棉、麦、军火等物资，办理英伦岛屿和大陆之间的国际汇兑……到了威廉一世再度回到卡塞尔，他按协议得到了他的红利；而最大头的赢利则进了罗特希尔德的钱库。

罗特希尔德在英国

在事业有成、儿子长大之后，老罗特希尔德为了摆脱法兰克福犹太人居住区的樊篱、拓展业务，陆续把儿子派往欧洲各金融重镇。最后形成了罗特希尔德家五个儿子分别在法兰克福、伦敦、巴黎、维也纳和那不勒斯掌控业务的局面。

派往英国的是老三内森（1777—1836）。他1798年来到英国，先在曼彻斯特从事商业贸易。1805年他前往伦敦，在那里成立了他的银行。内森最为人津津乐道的事发生在1815年6月18日。是日，内森在伦敦交易所先虚张声势地低价抛售英政府的国债券，众人以为内森知道内情也大量跟进看空低价抛出。及至国债券价格压到他定下的范围时，他又一下子大量购进。在这之后方传来官方消息：惠灵顿在滑铁卢大胜拿破仑军队！于是，国债券价格又飞涨，内森因而赚得盆满钵满。

内森这次成功的债券投机得力于罗特希尔德家族内部有组织严密、高效的情报、信息网。家族有专门的穿着蓝黄双色制服的信使，用专用的船舶、马车飞速传递着影响行情的报告。他们的信使比政府早数小时把拿破仑大败的消息传到内森的耳中。还有一件广为流传的事例：1830 年巴黎爆发七月革命时，该家族就用信鸽把消息迅速传到伦敦内森那里。

当然，内森的业务主要还是靠平时一笔笔的积累。事实上，惠灵顿征战欧陆的军费也是内森应英政府之要求先行筹措、垫付的，而且全是硬通货：金块与银锭，因为军饷与征途中的给养均需用金、银支付。内森不仅做到预支全部款项（威廉一世的钱），而且做到按要求准时按量运到指定地点（罗特希尔德家族高效的运作系统）。到了 1814 年 5 月，英政府就欠内森 116.7 万英镑。据统计，1815 年至 1818 年，罗特希尔德家族的财产就从 330 万法郎猛增至 4250 万法郎。

罗特希尔德在法国

1811 年，以后以雅姆·德·罗特希尔德一名著称的小兄弟（1792—1868）首次来到巴黎，他最初是当他三哥在巴黎的代理人，组织、协调走私黄金至英国。雅姆从 1814 年起定居巴黎，1817 年创办他自己的银行，是罗特希尔德家族在法国的奠基人。

他一开始就结交在政治舞台上的重量级人物，并尽量表现自己。1823 年当复辟王朝武装干涉西班牙革命时，雅姆在筹措经费上，作出了重大贡献。他的金融事业在法国的影响因此愈来愈大。在七月王

朝，他的影响更达到了顶点，他在路易·菲利浦政府的授权下，主持经营了多次政府有价证券的发行，他投资煤炭、钢铁、金属器材等行业，投资最初的铁路建设。在第二帝国时期，他的影响虽比全盛时期有所下降，但仍保持相当实力。1871 年，普法战争法国失败后需赔款 50 亿法郎金币，雅姆的儿子阿尔方斯为法国政府的及时赔付向俾斯麦提供了担保——罗特希尔德在法国的经济实力和信用的反映。

老二所洛蒙在维也纳也取得骄人的成就。

独一无二的犹太家族

老罗特希尔德的妻子古特勒在丈夫去世后还活了 37 年，经历了家族的全盛时期。那时，对犹太人的限制已有松动，在法兰克福的大儿子也搬往别处豪华的宫殿般的住所。儿子们都邀请她前往居住，但老太太一概不去，家庭团聚就让儿子们回到她在犹太人胡同的老屋——绿牌房子。她在家里，无论是订婚、结婚、家庭成员之间协议的签订均不举行任何庆祝活动。她要子孙牢记自己的犹太人身份和他们出生、成长的地方以及当时简朴的生活。罗特希尔德家族始终保持了犹太人的身份认同，家族始终只与犹太人通婚。在 19 世纪，罗特希尔德家族还盛行近亲婚配：老罗特希尔德的小儿子雅姆与二儿子所洛蒙的女儿贝蒂结婚（即叔叔与侄女结婚），雅姆的大女儿嫁给了老三内森的二儿子，雅姆的大儿子则娶了内森的女儿为妻……

有不变的，也有大变的：当初，讲话举止均很粗俗的父兄们（口操希伯来语、依地语和德语的混合语），在进入各国首富的行列之后，兄弟五人又在 1816 年、1818 年通通被奥地利皇帝弗兰茨一世封为贵族，经过时间和环境数十年、上百年的打磨，他们的后代名副其实地成为贵族中的贵族、富翁中的富翁。我们不是会经常读到对罗特希尔德后裔的高雅风度赞不绝口的文章吗？

从经济史角度看，一个家族在如此短的时间里能积聚如此多的财富，上场的父子兵个个那么能干又密切配合，运气又那么好，而且这种积聚历经两百年一直到现在还在相当的范围内起着作用，就这多方面的结合而言，可以说是一种颇为罕见的现象。

"五虎发迹"强烈刺激着同时代人的眼球。许多人发表了议论。恩格斯说："这就是这样一个制度的基础，这种制度使文明愈来愈分裂成两部分，一方面是一小撮罗特希尔德们和万德比尔特们，全部生产资料和消费资料的所有者，另一方面是广大的雇佣工人群众，他们除了自己的劳动力之外一无所有。"海涅则带着讥讽的口吻写道："在罗特希尔德先生的银行办公室里，我们看到了人是多么渺小，上帝是多么伟大！因为金钱就是我们时代的上帝，故而罗特希尔德就是人们的先知。"（这里指巴黎的雅姆·德·罗特希尔德）

第六辑

■ 艺术家的城市

◎ 巴赫与莱比锡

　　莱比锡是德国最东部的萨克森州的第一大城。传统上，莱比锡以举办博览会著称，它也是文化、教育中心。近年来，莱比锡经历了两件体育盛事：德国曾以莱比锡作为第 30 届奥运会的申办城市；它也是 2006 年德国世界杯足球赛的赛场之一——这也在一定程度上反映出该市在德国所处的地位。

　　莱比锡核心城区位于火车总站的南侧，走出车站，就能见到距此不过一千米多一点的高 142 米的地标性建筑——莱比锡大学的主体大楼。莱比锡的音乐文化遗迹和设施就在这座高楼附近四周：瓦格纳 1813 年生于莱比锡布吕尔大街 3 号，并在莱比锡上尼古拉中学和大学，在莱比锡开始了他辉煌的音乐生涯。1847 年卒于莱比锡的汉堡人门德尔松，则把莱比锡当作他施展音乐才华的重要场所，1835—1846 年他任莱比锡布业会堂（即莱比锡音乐厅）交响乐团的指挥并在该城创立了德国第一所音乐学院。1977 至 1981 年重建的布业会堂就位于大学主楼的对面，1993 年在布业会堂的前面竖起了门德尔松的纪念碑。布业会堂交响乐团加上托马斯男童合唱团现今成了莱比锡市的两张音乐名片。从大学主楼西行就到了托马斯教堂，而在教堂的门前耸

立着巴赫（1685—1750）的铜像——巴赫从1723至1750年当了27年托马斯教堂的音乐主事。

就在这个托马斯教堂，时间往前推到1729年的耶稣受难日，教众们聆听了巴赫的宗教音乐作品《马太受难曲》（作品244号），全曲长达三小时，动用了两个合唱队、两架管风琴和两个乐队。这是巴赫根据《圣经》的记载，以《马太福音》中耶稣受难的故事为题材所写的由独唱、合唱和器乐所组成的曲子，宏伟而壮观。作为教堂的音乐主事，巴赫要负责路德正统新教教会的该教堂在举行所有仪式上所需的宗教音乐，包括平时礼拜时的音乐和重大宗教节日的音乐。《马太受难曲》，就是巴赫为重大宗教活动所准备的音乐。而在平时做礼拜时所用的音乐，则一般称为"康塔塔"——该词来自拉丁文，本意是"歌唱"。在巴赫那个时代，宗教康塔塔指以《圣经》为歌词，由管风琴或乐队伴奏的独唱与合唱。为了完成音乐主事的上述工作，巴赫本来只要从现成的曲谱中挑出合适的交给唱诗班就可以了。但巴赫看不上他的前任所留下的曲谱，认为质量太差——于是他就推倒重来，在初到莱比锡的若干年中，每星期日做礼拜前巴赫至少要完成一首康塔塔，日积月累，巴赫在莱比锡一共写了二百多首宗教康塔塔。一年52个星期，从数量看，已足敷四年使用而不重复了。为了丰富康塔塔的曲目，有一段时间，他还自掏腰包从他看得上的外地同行那里购买他们的康塔塔曲谱——这倒不是为了偷懒，而是为了腾出时间从事如前述《马太受难曲》那样重大题材的创作。

时间对于巴赫来说真是太金贵了。为了叙述的方便，我在前面只说了他在莱比锡的一项工作。巴赫职责范围的事情还包括：他还是托马斯学校的乐监，为此，要承担繁重的教学任务（音乐课、拉丁文等

> 巴赫回顾他的一生曾感慨地说过："如果谁像我那样下过如此这番的苦功，那么，他也会达到像我一样的境界。"《庄子》中有句话叫作"用志不分，乃疑于神"——巴赫用心如此专一，真可称作与神相仿佛了！

课程）。莱比锡城一共有四个教堂，其余三个教堂所需的宗教音乐也统统由巴赫负责。此外，莱比锡重大的婚丧嫁娶凡需音乐的活动也少不了巴赫的身影，做这些事会得到额外的报酬——这对于经济拮据、人口众多的巴赫家来说确是雪中送炭。他还不时要到外地演出。巴赫的前后两任妻子一共为他生育了 20 个孩子。在一段时间里，人们感觉他的第二任妻子总是挺着大肚子：在莱比锡她一共生了 12 个孩子。当巴赫为几个大孩子的出嫁、谋取职位的事而操心时，几个最小的孩子还刚刚呱呱坠地，故而有人开玩笑说，巴赫的音乐传世之作是伴随着婴儿啼哭之声而诞生的。

根据对巴赫一生各式音乐创作的编号，巴赫的作品已超过 1000 件，莱比锡时期的作品在这中间占有十分重要的地位，包括两部《受难曲》（《约翰受难曲》1723/25 和《马太受难曲》1728/29）、《B 小调弥撒曲》（约创作于 1733 年）、《圣诞清唱剧》（1734）和前面所提到的康塔塔。在莱比锡，巴赫无疑达到了他音乐生涯的顶峰。在这里还要提一下巴赫的其他重要作品：《平均律钢琴曲集》、羽管键琴曲集《法国组曲》、《英国组曲》、管风琴曲集《托卡塔与赋格》和管弦乐曲《勃兰登堡协奏曲》等。

纵观巴赫享年 65 岁的一生，人们可以清楚看到，巴赫毕生刻苦钻研音乐，创作异常勤奋，确实把他的一生完全奉献给了音乐。他1685 年出生于爱森纳赫一个人丁兴旺的音乐世家，父亲从小就教他演奏小提琴和羽管键琴，他很早就参加路德教会的唱诗班，他的男童女高音声极美（在变声前巴赫一直唱这个声部）。10 岁时他丧怙失恃，投靠比他年长 14 岁的长兄，后者在奥德鲁夫的主教堂当管风琴师，巴赫在那里掌握了弹管风琴的技巧，并充分利用长兄搜集的乐谱。从

15 岁开始，他就独立谋生，靠音乐养活自己，一直到他逝世：他在吕讷堡米歇尔修道院学校获得了免费上学的机会，通过教堂唱诗班的活动，他既得到维持生活的费用，也熟悉了北德的教会音乐。在吕讷堡学校的图书馆收藏着大量管风琴谱，他读谱、抄谱、奏琴，既请教本地的管风琴名家，又数次到汉堡等地聆听管风琴权威的演奏，他还利用机会，学得了管风琴制造和修理的知识和技巧——这为他日后成为全方位的管风琴大家打下了坚实的基础。从 18 岁开始，他就出道在魏玛和科藤的宫廷或教堂任乐师或乐长；也在阿恩施塔特、米尔豪森以及莱比锡教堂担任管风琴师或音乐主管。巴赫回顾他的一生曾感慨地说过："如果谁像我那样下过如此这番的苦功，那么，他也会达到像我一样的境界。"《庄子》中有句话叫作"用志不分，乃疑于神"——巴赫用心如此专一，真可称作与神相仿佛了！

巴赫逝世后，有一段时间他的音乐作品曾陷入被遗忘的境地，经过 19 世纪的"重新发现"，又掀起了复兴巴赫的势头。在这中间，门德尔松起了很大的作用，他毕生极力推崇巴赫的作品：1829 年 3 月在柏林，门德尔松指挥柏林合唱协会演出巴赫的《马太受难曲》，这是该曲在巴赫去世后的首次演出。门德尔松还在任莱比锡布业会堂交响乐团指挥之后，于 1838 年指挥该乐团演出了巴赫的《D 大调第三组曲》，此后，这首组曲才得以流传，其中的第二首曲子以后更以《G 弦上的咏叹调》的曲名而脍炙人口。门德尔松还积极推动了在莱比锡建造巴赫的塑像。如今，游人在莱比锡市中心走不多少步，就能看到遥遥相对的巴洛克音乐大师巴赫和德国浪漫派作曲家门德尔松的铜像——它形象地记录了莱比锡音乐史上的这段佳话。

◎ 莫扎特与萨尔茨堡

　　250 多年前的 1 月 27 日，莫扎特（1756—1791）降生在萨尔茨堡一个宫廷乐师的家庭，是七个孩子中的老二。现今的萨尔茨堡人在谈到莫扎特时，常常会说"莫扎特是上帝赐给我们的无与伦比的礼物"。2006 年是莫扎特年，是他诞生 250 年大庆的日子，从奥地利到德国，从捷克到意大利，相关的活动和节目从年初到岁末排得满满当当。

　　莫扎特虽早逝，他的音乐作品却已永远成为世界音乐宝库中的最珍贵的遗产。他所创作的歌剧《费加罗的婚礼》、《唐璜》、《魔笛》等已成为世界歌剧舞台上的保留剧目。他的交响乐作品，那宏伟豪迈的《朱庇特》C 大调交响曲和被誉为莫扎特的英雄交响曲的 G 小调交响曲，为世界各著名交响乐团演奏。在莫扎特大量的奏鸣曲、室内乐作品中，亦有众多的杰作如钢琴协奏曲 D 大调《加冕》、小提琴协奏曲 A 大调《土耳其》等。莫扎特的宗教音乐，那庄严肃穆的《追思曲》、《阿利路亚》等，常常传入在教堂祈祷的信徒的耳中。总之，莫扎特的音乐那热情而又诚挚，细腻、通俗而又优雅、轻灵的风格征服了各阶层的听众和一代又一代的音乐爱好者。

　　莫扎特独特的生活经历也极大地唤起了人们的赞叹、同情、钦佩

等各种感情：四岁学琴、五岁作曲、六岁演出的音乐神童；足迹遍及德、英、法、荷兰、瑞士和意大利的音乐新秀；出身于宫廷音乐世家而又脱颖而出的市民音乐家；或凄美或缠绵的诸种与女性的纠葛；他所拥有的巨大音乐财富和清贫生活的强烈反差；因贫病交加在36岁上过早地与世长辞……人们对莫扎特的音乐及其人生经久不衰的兴趣也表现在一波接一波的出版浪潮中。研究莫扎特音乐的学术著作有之，各种各样的传记有之，以"莫扎特与妇女"、"莫扎特与家庭"、"莫扎特与赌博"为题的书籍有之，把莫扎特当主人公的小说有之，探究莫扎特死因的书有之，为儿童准备的入门书及诸如《有关莫扎特的380个问题》那样的猜谜书也有之……

莫扎特是故乡萨尔茨堡骄傲的儿子。我们看整个奥地利的形状有点像一支横放的金华火腿，萨尔茨堡位于"肘子"的部位，是最靠近德国的奥地利大城市，从萨尔茨堡坐火车几分钟就到了德国的边境城市弗赖拉辛。萨尔茨堡市的地貌特征可概括为"一河两山"：萨尔察赫河穿城而过，在右岸是卡普齐纳山，左岸是门希斯山，城市的街道、建筑就分布在河的两边和山的四周。萨尔察赫河是因河的支流，因河则流入多瑙河。萨尔察赫河流出萨尔茨堡后就成了奥地利和德国的界河。

现今萨尔茨堡中心地区城市总体面貌还保留着莫扎特在此生活时的原貌：250多年前莫扎特出生的位于谷物胡同9号的房子还在，现在是莫扎特纪念馆，成了一个旅游热点。谷物胡同在萨尔察赫河左岸，是萨尔茨堡最繁华的地区，整个胡同却是古色古香的。莫扎特家后来搬家，第二所房子是他们家在萨尔茨堡住得时间最长的一处住所，现今仍保存完好。莫扎特父母结婚的教堂、莫扎特受洗的教堂也均一如往昔敲响着钟声催促信徒去做礼拜。莫扎特家光顾过的洛可可风格的宫廷老药房现在除了成为旅游者的一个参观点外，照旧还是一个药房，出售着最新科技研发出来的药品。莫扎特父亲的坟墓就在离他们家住过的两所房子都很近的林茨大街的塞巴斯蒂安公墓……故而250岁的莫扎特倘若再度光临萨尔茨堡的话，肯定不会迷路，很快就能找到他家的住所；旅游者在此也能些许感觉到莫扎特青少年时期生活的氛围。

在莫扎特年（2006年，即莫扎特诞辰250年），整个欧洲纪念活动的重点有五个城市：萨尔茨堡——莫扎特的故乡城市；维也纳——莫扎特1781年起生活工作的城市；奥格斯堡——莫扎特的祖籍：莫扎特的父亲1719年生在此地，1737年迁往萨尔茨堡定居，故而奥格斯堡这个德国城市自认为理所当然地打出了"奥格斯堡——莫扎特城"的旗号；布拉格——1787年莫扎特的歌剧《费加罗的婚礼》在该城演出取得了极其辉煌的成功；圣·吉尔根——虽说莫扎特一生从未去过该地，但因是莫扎特的"姥姥家"，也跻身其间。莫扎特的母亲1720年生于这个小城，1747年在萨尔茨堡结婚，成了莫扎特家的媳妇。看来，为了名正言顺地争办相关活动，各城市还得历数与莫扎特的关系、渊源。

奥地利莫扎特年活动委员会把莫扎特定位为"奥地利古往今来最最有名望的人物"。对于莫扎特，美国钢琴家、作曲家、指挥家莱恩纳德·伯恩斯坦虔敬地说："莫扎特是神灵般的莫扎特，这——恒久不变。莫扎特不仅仅是一个名字，更是降临到尘世的上苍的天才，用这三十多年在人间走了一遭。当他离开这个世界时，世界更新了、更丰富了，世界因他的造访而得到赐福。"英国哲学家以赛亚·伯林

则不无幽默地道出了对莫扎特音乐的喜爱："大家都说，当天使为上帝演奏时，他们演奏巴赫；而当他们为自己演奏时，他们演奏莫扎特。"——世界上一浪高过一浪的莫扎特热潮是一个非常值得关注的文化现象。

◎ 贝多芬与波恩

2006 年 3 月 24、25 日在柏林举行的欧盟 50 周年庆典活动演奏了贝多芬的《第五交响曲》。欧盟 27 国领导人聆听了由英国指挥家指挥的柏林交响乐团的精湛演出。无疑，这是一项带政治象征意义的活动，但也反映了人们对贝多芬音乐的高度赞赏。

1770 年 12 月 16 日，贝多芬诞生在波恩市中心的波恩胡同 20 号的一个音乐世家：祖父是科隆选帝侯宫廷乐团的乐长（非常疼爱孙子，可惜在贝多芬 3 岁时就过世了），他的父亲是宫廷的男高音歌手。贝多芬幼年就显现出过人的音乐天才，从小父亲就教儿子演奏钢琴、小提琴和中提琴。1778 年 3 月 26 日，贝多芬 8 岁时，第一次在波恩的一个音乐会上演出获得了极大成功。父亲意识到自己在音乐上再也无法给儿子什么东西了，于是赶紧在他的同事中物色儿子的音乐老师。波恩时期，贝多芬最重要的老师是管风琴演奏家、作家克里斯蒂安·戈特洛布·内夫（1748—1798），在他那里，贝多芬学习管风琴的演奏，并获得了扎实、系统的音乐知识和一般知识。内夫非常赏识他的学生，曾在一篇文章中写道："这是一个年轻的天才，他将成为第二个莫扎特。"自 1783 年起，13 岁的贝多芬作为内夫的助手和第二

管风琴手，正式成为选帝侯宫廷乐团的一个成员。此后，贝多芬还曾在波恩大学旁听，受激进的启蒙思想影响很深。为了在音乐上的深造和职业前途，1792年11月3日，贝多芬离开波恩前往维也纳。在这之前，贝多芬也曾在1787年短期去过维也纳，在那里见过莫扎特，莫扎特惊叹于贝多芬的钢琴演奏，还就即兴演奏的问题对贝多芬有所指点。而这一次，22岁的贝多芬本人，他的家人、老师和同事都不会想到：贝多芬自此永远离开波恩，一去而不复返。

贝多芬在维也纳生活了35年，在57岁上于1827年3月26日在那里逝世。贝多芬的主要音乐作品有九部交响乐作品，其中以第三（英雄）、第五（命运）、第六（田园）和第九交响曲（合唱）最为著名；歌剧《菲岱里奥》；32首奏鸣曲（以《悲怆》和《热情》最为有名）。贝多芬的创作还涉及协奏曲、弦乐四重奏等多种形式。概言之，贝多芬的音乐创作主要呈现两大特点：1. 从音乐形式看，凡贝多芬涉的每种曲式，他都作了彻底改变，完全突破前人的模式。2. 从音乐内容看，贝多芬的音乐创作均完全出自内心的需要，遵循"发自内心才能进入内心"的原则。他一生忠于青年时期接受的启蒙思想。罗曼·罗兰在他的《贝多芬传》中曾经说过"贝多芬是伟大的自由之声，也许是当时德意志思想界唯一的自由之声"（罗曼·罗兰：《贝多芬传》，傅雷译，人民音乐出版社，1978年版，第39页）。贝多芬气势恢宏、感情激昂豪放的音乐因此会如此震撼人们的心灵！

1845年12月，在波恩市中心离贝多芬故居不远的敏斯特广场，在贝多芬75岁生日之际，举行了贝多芬全身铜像的揭幕仪式。与此同时，举行了为期三天的贝多芬作品的音乐演出——这就成了现今波恩每年举办一次的"贝多芬音乐节"的发端。

手中没有了"首都"这张牌，波恩现在打出的是"旅游"、"国际组织和国际会议中心"和"贝多芬"这三张牌。这些年来，波恩市政府的一项重头工作是拉联合国一些机构的总部和其他国际机构在波恩常驻并尽可能多地在波恩开会。

1889年——差不多在贝多芬离开波恩100年之际，波恩12个有影响力的市民，成立了一个协会，这个协会的第一个目标是收购当时大部分还保持原状的贝多芬诞生的房子。现今的贝多芬故居博物馆的管理者依然是这个协会。这个博物馆搜集的贝多芬的遗物之多堪称世界第一。参观者在这幢显得颇为窄小的三层小楼里能看到贝多芬生前使用的各种乐器：贝多芬演奏过的教堂管风琴的演奏台、贝多芬在维也纳使用的最后一架三角钢琴，贝多芬耳聋使用的助听器具、各种乐谱手稿……

波恩还有一个1963年建造的"贝多芬会堂"，贝多芬音乐节的主要演出均在这里进行。在贝多芬会堂的前面有一座很有名的现代风格的贝多芬水泥雕像。波恩市还有一个以贝多芬命名的交响乐队，这对于只有30万人口的小城市来说是非常不简单的。在两德统一之后，波恩丧失了"联邦德国首都"的地位。对于波恩人来说，1991年6月20日是刻骨铭心的一天：按照联邦议院当天的表决结果——337票对320票，波恩仅以17票之差输给了柏林。从一个大国的首都"直降"为北莱茵-威斯特法伦州的一个普通"地级市"——波恩人当初的郁闷心情是可以想象的。手中没有了"首都"这张牌，波恩现在打出的是"旅游"、"国际组织和国际会议中心"和"贝多芬"这三张牌。

波恩位于莱茵河中段，从波恩到宾根这一百多千米的河段景色最佳：两岸峰峦对峙，古堡、葡萄园……罗累莱就在这一风景如画的地带。您要游览莱茵河吗？请到波恩来！这些年来，波恩市政府的一项重头工作是拉联合国一些机构的总部和其他国际机构在波恩常驻并尽可能多地在波恩开会。

　　毋庸讳言，近些年"贝多芬牌"在波恩人手中的分量增加了。2006 年的波恩贝多芬音乐节在 8 月 24 日至 9 月 23 日举行，重头戏是来自伦敦的交响乐队演奏贝多芬的第九交响曲，与此相衔接，本届音乐节的主题是"欢乐"。12 月举行的"波恩贝多芬钢琴比赛"——由财大气粗的德国电信公司赞助，德国总统将前往颁奖。

❀ 瓦格纳与拜罗伊特

2005 年 10 月 23 日，第八届北京国际音乐节中上演了瓦格纳《尼伯龙根的指环》的前夕剧——《莱茵的黄金》。之后将会陆续上演该剧的第一日剧《女武神》、第二日剧《齐格弗里德》、第三日剧《诸神的黄昏》。《尼伯龙根的指环》这次是中国首演，由德国纽伦堡歌剧院演出。

就像他的一部名叫《漂泊的荷兰人》的歌剧那样，音乐家本人也是一个"漂泊的瓦格纳"：他生于莱比锡，为了谋生、为了他的音乐事业不断奔波在欧洲的各个城市。他曾在维尔茨堡、马格德堡、珂尼斯堡、里加、巴黎、德累斯顿、劳赫施塔特、苏黎世、慕尼黑和拜罗伊特生活工作。如果不是巴伐利亚国王路德维希的盛情邀请，那么瓦格纳"漂泊"的城市名单肯定还会大大加长。1839 年至 1842 年，尚未成名的瓦格纳在巴黎的遭遇是他一生中最为痛苦的一个阶段。当时也在巴黎的海涅在寄给《奥格斯堡总汇报》的通讯（后以"卢苔齐亚"为名结集出版）中写道："瓦格纳在巴黎有过不幸的经验，他终于听从了理智和温饱的语言，聪明地放弃了在法国舞台上站住脚的危险打算，回到了德意志种土豆的土地上。"离开巴黎时，瓦格纳发誓

再也不想踏上巴黎的土地——当然，他功成名就之后，又去了巴黎。然而，1861 年他的经修改的《汤豪舍》正在巴黎大剧院首演之际，当地的赛马总会据说是因为没有芭蕾舞的幕间加演破坏了规矩而煽动观众起哄闹事，生生地搅黄了这场演出。

如果说，巴黎是瓦格纳的伤心地的话，那么，巴伐利亚的小城拜罗伊特则是他的福地。

1871 年瓦格纳首次前往拜罗伊特，1872 年快 60 岁的瓦格纳即决定在拜罗伊特定居，1883 年瓦格纳在威尼斯因心脏病发作溘然长逝，遗体运回并下葬于拜罗伊特。瓦格纳是萨克森人，一生大部分时间又在欧洲各城市"漂泊"，与拜罗伊特相联系的时间满打满算不过十年。然而，就是这十年时间使得拜罗伊特与瓦格纳密不可分地联系在一起：拜罗伊特成了瓦格纳的第二故乡，早先默默无闻的巴伐利亚小城则成了举世闻名的"瓦格纳城"。

笔者在德国留学时，到过这个在慕尼黑以北 200 千米、偏于一隅、只有七万五千人口的拜罗伊特。城市很小，用半小时时间就能徒步把老城区兜过来。位于现名里夏特·瓦格纳大街 48 号的瓦格纳故居自然成了拜罗伊特最大的一个参观热点。"瓦恩弗里德"是瓦格纳本人给他最后也是最重要的居所所取的名字。瓦恩弗里德别墅建于 1874 年，是一座开间很大、带有晚期古典主义风格的两层小楼。瓦格纳逝世后，他的后裔一直住在这里，后来拜罗伊特市从家属手里购买了这所房子，1976 年瓦格纳博物馆在此成立、对外开放，这里保存了大量有关瓦格纳的文献档案，是世界上研究瓦格纳的一个中心。在博物馆的正面有瓦格纳的大恩人巴伐利亚国王路德维希二世的半身塑像，而在庭院的另一面则是瓦格纳的墓地。

> 瓦格纳在巴黎有过不幸的经验，他终于听从了理智和温饱的语言，聪明地放弃了在法国舞台上站住脚的危险打算，回到了德意志种土豆的土地上。

拜罗伊特的节日演出剧院则位于城北的绿丘上，建于1871—1876年。该剧院有1800个座位，音响效果极佳。这个剧院的独特之处在于：专门建一个剧院，处处考虑到瓦格纳歌剧（特别是《尼伯龙根的指环》）演出的需要。一个剧院只演一个音乐家的作品，这在世界上所有的剧院中是极为罕见的。拜罗伊特另有一个剧院供通常演出的需要。

1876年该剧院落成首场演出时，德国皇帝威廉一世、巴伐利亚路德维希二世、李斯特、圣桑、柴可夫斯基等都参加了这一盛会，观看了《尼伯龙根的指环》。当时，瓦格纳对演出事必躬亲，作了全面指导——此时此刻，他的事业也达到了顶峰。

拜罗伊特市政当局与瓦格纳精诚合作。对瓦格纳来说，拜罗伊特为他提供了"安居乐业"的两大物质基础：一所大房子，一个大剧院。瓦格纳对拜罗伊特市的感激之情体现在他把最后一部歌剧《帕西法尔》献给了拜罗伊特。从世俗的观点看，拜罗伊特市也从支持瓦格纳的艺术事业中取得了丰厚的回报：大大提高了拜罗伊特在全世界的知名度，各大洲瓦格纳的崇拜者纷至沓来，极大地促进了该市旅游业的发展。在拜罗伊特旅游局的网页上，打出的旗号就是"拜罗伊特——瓦格纳城"。

如今，每年7、8月间举行的专演瓦格纳歌剧的拜罗伊特文化节形成了德国夏季文化演出的一个高潮。届时，德国的政要、经济界大亨、文化界名人以及全世界瓦格纳的爱好者都将聚集在拜罗伊特。文化节为期五至六周，演出30场，最多可售票58000张，但每年欲购票者达50万之多，需提前六个月申请购票。在2005年7月25日开场的文化节，陆续呈献给观众五部歌剧：《特里斯坦和伊索尔德》、《罗

恩格林》、《漂泊的荷兰人》、《汤豪舍》和《帕西法尔》。我们大家最为熟悉的瓦格纳的旋律当推歌剧《罗恩格林》中的婚礼合唱曲。我国时下在结婚典礼上通常演奏的两首外国婚礼进行曲都产自德国：一首即瓦格纳创作的这首婚礼合唱曲，另一首是门德尔松作曲的《婚礼进行曲》（为莎士比亚话剧《仲夏夜之梦》所作的第六首插曲）。故而，您很可能是伴着瓦格纳的旋律，迈入庄严、神圣的婚姻殿堂！

歌德与法兰克福

　　中国人对德国大诗人、大作家歌德（1749—1832），对德国城市法兰克福都比较熟悉。郭沫若从 20 世纪 20 年代起就翻译出版了《少年维特之烦恼》（1922）和《浮士德》（1928），郑振铎翻译了《列那狐》……到抗战爆发，歌德大部分重要作品就均已译成汉语。新中国成立后，翻译、介绍、研究歌德就更上了一个台阶。河北教育出版社、人民文学出版社、上海译文出版社分别出版了《歌德文集》，是在这方面值得一提的大事。在中国文学史上，围绕歌德的议题，郭沫若、田汉和宗白华之间的通信，1920 年以《三叶集》为名结集出版，影响很大。1986 年，中国歌德研究专家冯至将其毕生研究歌德的成果结集《论歌德》出版，反映了中国一个阶段歌德研究的情况。

　　法兰克福机场是德国最大的机场，中国人到德国访问多由此入境。法兰克福位于德国中部，是仅次于柏林、汉堡、慕尼黑和科隆的德国第五大城，它是德国金融中心并以其书展、车展等闻名于世，该城的人口却只有 65 万，故而如今的法兰克福人把自己的城市称为"世界上最小的国际大都会"。在历史上，法兰克福是德意志神圣罗马帝国皇帝加冕的地方，从中世纪起就举办各种名目的商业博览会，它

第六辑　艺术家的城市

275

也是歌德的故乡。最后，还要提一句的是，法兰克福的酒肉向来非常有名——酒是苹果酒，肉则是巧妙熏制的法兰克福猪肉小香肠。一句话，歌德是这个拥有历史传统和地方特色鲜明的"世界上最小的国际大都会"的最伟大的儿子。

法兰克福机场距市区 12 千米。在那里，机场、铁路和城市轨道交通可说衔接得严丝合缝：远程火车站和城铁站均位于一号候机楼的地下，旅客推着机场的手推车经电梯或滚梯就能直接乘上到德国各地的列车或登上城铁 8 路或 9 路，约 15 分钟就能抵达法兰克福市区。歌德故居在市中心，城铁 8 路有一站沿用老名叫"巡捕总局"（Hauptwache），在那里下车走不多远就到了歌德故居。

歌德出身于富贵之家，少年歌德受到良好的教育，爱好文艺。故居是一座共四层带有晚期巴洛克风格的宽敞明亮的大屋。1944 年这所房子毁于战火，1947—1951 年按原样重建，1954 年故居博物馆正式对外开放。幸运的是，屋里的东西在遭轰炸前就搬了出去并保存了下来，故而故居现在的陈列品很多是当时使用的原物。歌德 1749 年 8 月 28 日就在这所房子三楼的一间房间里呱呱坠地，直到 1775 年 11 月去魏玛宫廷任职离开故乡。除去在莱比锡（1765—1768）和在斯特拉斯堡（1770—1771）上大学的五年时间，歌德在法兰克福故居一共生活了二十多年。20 年在一所房子里，哪里会不留下歌德的印迹呢？

厨房在一楼，当母亲指挥着一个厨娘、两个使女做这做那时，少年歌德有时会去凑凑热闹，馋涎欲滴地看着厨娘做的美味佳肴，一楼有楼梯通往地下的葡萄酒窖。歌德曾在一楼餐厅的圆桌上誊清过他的剧本《铁手骑士葛兹·冯·贝利欣根》，其时，歌德已 22 岁了。在二楼，有一个因其丝质壁布上印着中国图案而被称为"北京厅"的大客

《少年维特之烦恼》出版于 1774 年，立即轰动了全德和全欧。当时的欧洲知识界几乎无人不知维特及其作者。一夜间，歌德由一个无名的法兰克福青年成了德国文学史上第一部具有世界影响的小说的作者。

厅。这个客厅装饰豪华、家具典雅，只有在家庭重大活动和贵客来访时才启用。歌德一家爱好音乐，在二楼有个音乐室，在那里放着一架钢琴和其他乐器，往往是歌德的父亲弹琉特琴，歌德与他的妹妹轮流弹钢琴，而唱歌则是母亲和妹妹的事。在三楼有歌德父母、妹妹的房间，还有图书室和藏画室。父亲学识渊博，他的两千余卷涉及众多学科的藏书极大地开阔了少年歌德的视野。在藏画室里，挂着父亲搜集的多是法兰克福同时代画家的带有荷兰风格的绘画作品。

歌德的房间在四楼，那是他的世界。在四楼还有一间被称为"木偶室"的房间，放有演出木偶戏的小舞台和许多木偶，那是歌德四岁时祖母送给他的礼物。歌德正是通过木偶戏接触到浮士德的故事。前面说到的离歌德家很近的"巡捕总局"在 1772 年曾处决杀婴女犯勃兰特，这个事件给歌德留下了深刻印象，在《浮士德》中，甘泪卿的形象中有勃兰特的影子……如今，人们通常把歌德的房间叫做"诗人房间"。在诗人房间的书桌上产生出多少传世的不朽之作！

最重要的，当然是《少年维特之烦恼》和《浮士德初稿》。1773 至 1775 年间歌德在这张书桌上陆续写下了浮士德故事梗概，这在文学史上被称为《浮士德初稿》。从 1773 年开始到 1831 年最后完成，《浮士德》写作前后经过 58 年：1790 年歌德对梗概材料作了再加工，出版了《浮士德：片断》；《浮士德》的第一部创作于 1797 至 1806 年；第二部则直到 1831 年才完成。《浮士德》是凝结歌德毕生心血的最主要的作品，它漫长的撰写过程就发端于故居"诗人房间"的这张书桌！1774 年 2、3 月间，歌德在同一地方用了四周的时间写下了书信体小说《少年维特之烦恼》。这部小说出版于 1774 年，立即轰动了全德和全欧。当时的欧洲知识界几乎无人不知维特及其作者。一夜

间，歌德由一个无名的法兰克福青年成了德国文学史上第一部具有世界影响的小说的作者。

在《少年维特之烦恼》发表的第二年（1775），当 26 岁的歌德应魏玛公国卡尔·奥古斯特公爵之邀离开法兰克福前往魏玛担任要职时，法兰克福人尽管感到后生可畏，却谁也不会想到歌德会达到以后这样的高度：法兰克福自不必说，有哪个德国城市会没有一个以歌德命名的广场、中小学或至少是一条大街？有多少文学艺术的奖项被冠上歌德的名字？歌德成了德国语言和文化的象征和形象代言人——负责在世界各国推广德语和德国文化的、已在 81 个国家设立了 142 个分院的德国机构名叫——歌德学院。

◎ 海涅与杜塞尔多夫

　　从科隆沿莱茵河顺流而下约 40 千米就到了德国北威州（北莱茵-威斯特法伦）的首府杜塞尔多夫。该市是海涅（1797—1856）的故乡。2006 年这位著名的德国诗人逝世 150 周年之际，在杜塞尔多夫，纪念海涅的活动将贯穿全年。

　　海涅的父亲早年由汉诺威搬至该市定居，结婚生子。1797 年在此出生的海涅 1815 年即"少小离家"却并没有"老大回"，满打满算他在杜塞尔多夫仅仅生活了 18 年，在这之后他的双亲也搬离了该城。杜塞尔多夫却牢牢记住了城市的这个儿子，并深以他的成就而骄傲：该市有一条以诗人的名字命名的南北走向的"海涅大道"；在州政府旁的天鹅集市广场树立了海涅纪念碑；当地大学的全称叫杜塞尔多夫海因里希海涅大学；市政府还成立了专门研究海涅的海涅研究所，搞活动、出刊物、办展览；海涅诞生的房子，经重建（1950）、修缮，现在是一家名为"海涅啤酒会所"的酒馆（伯克尔街 10 号），可随时供人参观、品酒；市政府文化局还设立了"海涅奖"，授予"其文学创作符合海涅精神"的作家，奖金额为 2.5 万欧元，有幸在海涅逝世 150 周年的 2006 年获奖，会得到 5 万欧元的加倍犒赏。

　　海涅的伯父、汉堡大银行家、大商人所罗门·海涅（长年来对海涅的生活有所资助）在晚年用带有怜悯的口吻埋怨在他眼中不务正业的侄子："要是他早先正经学到了什么，就不需要去写什么劳什子的书了。"显而易见，海涅的伯父不会了解海涅著作的伟大意义，当然更不会想到日后人们因为要研究海涅他也连带着出了名。说海涅没正经学过什么，却是错怪了海涅：1825 年他获得了名牌大学哥廷根大学的法学博士学位。只是因为他是犹太人，因为他的思想倾向而在谋求公职方面屡屡碰壁。但有一点海涅的伯父却是说着了：因为没有固定职业，海涅需要靠不断撰稿、出书养家糊口。海涅的语言文学成就主要表现在诗歌和散文两个方面。在诗歌方面，海涅的代表作有《诗歌集》（1827）、《时代的诗》（1838—1846）、《德国——一个冬天的童话》（1844）和《罗曼采罗》（1851）。使海涅名扬世界的当推《诗歌集》中诸如《罗累莱》、《在奇妙的五月》、《乘着歌声的翅膀》、《你像一朵鲜花》等这样一些诗歌。这些诗歌使海涅成为在国际上知名度最高的德国诗人。海涅用这些诗歌告诉世人，通常被认为是累赘、冗长的德语（想想康德、黑格尔用这种语言写成的哲学巨著！）也可以用完全不同的另一种面貌示人：它是那样短小、轻灵、通晓明白而又隽永！它迷住了各国的音乐家，现今世界上已经有了约一万首用海涅诗歌谱成的歌曲，这中间有勃拉姆斯、舒曼、门德尔松、迈耶贝尔、李斯特、瓦格纳、鲁宾斯坦和拉赫玛尼诺夫等的配曲；它迷住了世界上的男男女女、老老少少来同唱海涅的歌曲。在海涅的诗歌中当然也有像《西里西亚纺织工人》、《等着吧》和《德国——一个冬天的童话》这样金刚怒目式的诗篇，没有了它们也构不成诗人海涅的完整画像。

海涅的散文指除上述诗歌外海涅所有的其他文字作品。具体说,主要有游记(《旅行印象》)、论著(《论浪漫派》、《论德国宗教和哲学的历史》)以及报刊政论、通讯、随笔文章集(《法兰西现状》和《卢苔齐亚》)。

海涅属于德国最早的自由撰稿人,海涅在学生时代就"客串"出了书、写了不少报刊文章。及至获得博士学位后,由于无论在学界、法律界或政界均无法获得一个职位,而在商业上他又既没有兴趣也一事无成,剩下的就只有他手中的一支笔了。而当时的德国也恰好给他提供了这样的物质舞台:铅版印刷的发明、快速印刷机的使用使得大批量制作书籍和报刊有了可能,书店、出版社和报社又如雨后春笋般地涌现。当然,海涅作为自由撰稿人中的佼佼者,文字作品的品质是他的根本,但在长期当自由撰稿人的过程中,他也练就了一套如何提高自己作品经济效益的本领:他利用报社与出版社之间的竞争,要求最高的稿费。他以不同的排列组合一再出版他的作品,前面提到的《诗歌集》最初零散地发表在报纸上,后又结成五个集子分别出版,最后再把这个五本小诗集结成一本大诗集出版。他的文章先发表在科塔出版社的杂志上,后又在康培出版社出书。在德国的报刊上,海涅向德国的读者介绍法国,在法国的报刊上则大谈德国。有的集子还可先出德文版,后出法文版,或者反过来。当然,文人海涅在这方面最终还是斗不过出版商的。虽说海涅曾报道过最先源自法语的"知识产权"一词及其概念,但当时对作家版权的保护(德国又远远不如法国)当然无法与今天相比。在《诗歌集》出版20年之后,海涅曾激烈地抨击恬不知耻地盘剥他的德国音乐商人:有几百个作曲家用他的诗歌谱曲,并结集出版,海涅非但没有得到分文报酬,甚至连一本样

书也未收到！从今天的角度看，光是他的诗歌一万次谱成曲子，请问又有哪个诗人的诗歌有那么多的数量能"乘着歌声的翅膀"？这又该生成多么巨大的财富？

海涅向来是自命不凡的，人们也许可以从他谈论他的出生时间、出生地的话语中最清楚地看到这一点：虽说他生于 1797 年，但他声称他是肩负使命在新世纪——19 世纪最早出生的人。海涅还说过："我生于莱茵河畔的杜塞尔多夫——我之所以特别明确地说明这一点，是因为我已估计到在我逝世之后将还有七个城市为争夺成为我的故乡城市的荣誉而争斗。"看来，由于海涅的未雨绸缪，再加上杜塞尔多夫市像本文前面所描述的那样抓住这一点紧紧不放，其他的七个城市就毫无染指的希望了。

◎ 毕希纳与达姆施塔特

　　达姆施塔特是联邦德国中部州黑森的一个重要城市，位于该州的南部，距法兰克福30千米，故从法兰克福机场到这里只要不到半小时的车程。达城是科技文化城，达姆施塔特工业大学很有名，我国的桥梁专家、同济大学的老校长李国豪院士就是这里的毕业生。现今，设在达城的有德国计算中心、欧洲航天操作中心等高新科技单位。在历史上，达姆施塔特从1567至1918年是黑森-达姆施塔特邦国的首府，故而达城的宫殿等名胜古迹很多。俄国的最后一位皇后原是黑森-达姆施塔特大公国的公主，故而于1898年在城东的玛蒂尔德山丘建了一座俄罗斯东正教堂，19、20世纪之交在玛蒂尔德山丘还形成了德国青春艺术风格的一个交流活动中心。达城也是德国的文学、语言研究的重镇：德国笔会中心、德国语言文学院均设在这座城市里。

　　德国语言文学院是一个致力于德语和德语文学创作的发展，团结、联络德国国内外的德语作家与德语学者的权威团体，成立于1949年。现今，它每年颁发包括最为著名的毕希纳奖在内的五种奖项，毕希纳奖是德国语言文学的最高奖，一些诺贝尔文学奖得主如格拉斯、伯尔、耶利内克等人在得诺奖之前均得过该奖。以毕希纳命名这意义

重大的奖项，无疑也表明了毕希纳在德国人心目中的地位。

达姆施塔特是格奥尔格·毕希纳（1813—1837）的故乡：他诞生在达城附近的戈特劳（现名里施塔特），父亲是达城的医生。毕希纳在达城上学成长，在他短暂的 23 岁生命中，大部分时间（1816—1831 年和 1834—1835 年）均生活在达城。毕希纳 1831 年赴斯特拉斯堡大学学医共四个学期，使他有机会观察到比他的黑森老家先进的社会政治制度，也看到了新型的"金融贵族"快速发展与那里制度的弊端，并由此考虑在黑森今后该如何针对自由资产阶级的利己主义来追求"下层民众"的利益。1833 年，毕希纳转学至黑森的吉森大学。当时，黑森当局正因不久前由激进知识分子发动的法兰克福袭击警卫队事件而大肆捕人，当局的残暴给他留下了深刻的印象。毕希纳于1834 年在吉森建立秘密革命组织"人权协会"，因撰写并秘密印刷《黑森信使》，抨击黑森-达姆施塔特大公国当局而遭通缉。《黑森信使》被称为在《共产党宣言》前 19 世纪最革命的宣言。鉴于黑森的工业无产阶级尚未诞生，他号召遭剥削压迫的农民阶级起来斗争，提出了著名的口号"和平给予茅屋，战争加给宫廷！"1835 年他又被迫从达城的父母家逃亡到斯特拉斯堡，1836 年迁居苏黎世，1837 年因患伤寒去世。

在德国文学史上，毕希纳可说是创造了奇迹中的奇迹：他在这个世界上只生活了 23 年，从事文学创作则只有短短的三年，而且是在从事革命政治活动和医学学习、教学、研究的情况下，"顺带"做的。除了《黑森信使》外，他主要作品有三部剧作和一部中篇小说：《丹东之死》（历史剧，1835）、《沃伊采克》（悲剧，1836）、《莱翁采和莱娜》（喜剧，1836）和小说《棱茨》（1835）。在这中间只有《丹东之死》于毕希纳生前在古茨科主编的《长生鸟报》上发表过，其他文学创作只留下了手稿，当然更谈不上在舞台上演出了。他的全部文学创作加在一起印出来不超过 200 页。他逝世后，很快就遭人遗忘。然而，在 19、20 世纪之交、在魏玛共和国时期，他又再度被发现，他的作品被一再发表，他的剧作在汉堡、柏林、慕尼黑上演。有评论称，他的戏剧作品对于德国现代戏剧来说起到了开路先锋的作用。

毕希纳写作上述作品没有追求荣誉、文学功名的任何动机，对他来说，这种文学创作只不过是把他的政治追求用另一种文字手段表达出来而已。他利用在达城家里躲避追捕的 1835 年 1 月至 2 月的五周时间，在大量占有相关历史资料的情况下写了四幕剧《丹东之死》。在该剧中，毕希纳以 1794 年初法国雅各宾派内部斗争为例，表明了资产阶级革命存在的问题、它的幻想和局限性：它号称追求一切人的平等，然而却并未触动不平等的根基——资本主义所有制，人们还在挨饿。该剧除了体现出毕希纳深刻的思想外，还展现出他在剧本创作上的天才。他还提出了剧本创作的若干原则，如他认为"剧作家的最高任务，是尽可能将历史按其实际发生的那样加以描述"。（1835 年 7 月 28 日致父母的信）毕希纳在剧本创作方面可说完完全全是"一鸣惊人"——当然，"惊人"的效果要到他身后几十年、近百年之后方能显现。

在德国历史上，像毕希纳这样的才华横溢、精力旺盛和怀着崇高的社会使命感的青年人确有理由成为后世崇拜的对象之一。请看毕希纳在逝世前一年（1836 年，10 月前在斯特拉斯堡，之后在苏黎世，时年 22 岁）所从事的活动和展现的风采：写了《沃伊采克》和《莱翁采和莱娜》两个剧本。向苏黎世大学递交了博士论文：《从与其他

脊椎动物物种的比较角度论鲃的神经系统》，并在这年秋获得该大学哲学系授予的博士学位。10月为获得讲课资格作了试讲，当上了该大学的讲师，讲授科目：比较解剖学。正是在这极为紧张和卓有成效的时刻，他在实验时感染上伤寒而于1837年2月去世。

最为推崇毕希纳的恰恰是现代德国两个最著名的剧作家：豪普特曼和布莱希特。前者在19世纪80年代向读者大力推荐毕希纳的剧本，并和他们一起分享他的兴奋和喜悦。豪普特曼1892年所写的《织工》被认为是继毕希纳《沃伊采克》之后描写社会矛盾的最好剧本。年轻的布莱希特则在他最初的剧本《巴尔》（1919）中不断表达出他对毕希纳的怀念和敬意。

也许，联邦德国历史学家托玛斯·尼佩戴在他的《1800—1866德国史》一书中所表达的有关毕希纳的观点，可以代表相当一部分德国人的看法。尼佩戴将毕希纳与海涅相提并论称之为："两个伟大的'反对派'诗人。他们如同毕德麦耶尔的伟人那样，永远载入我们语言、感情、经验、意识的史册。毕希纳是浪漫主义的、悲世悯人的。他不抱幻想，也不会使人抱幻想。……他是唯物的虚无主义者、宿命论者；他还是民主和社会的革命者，他把革命的正当性和实在是无出路的革命策略在同时用那么令人难忘的方式诉诸文字。"

❀ 卡夫卡与布拉格

从 20 世纪 60 年代起，在德语、英语等西方语言的普通词典上就陆续出现了一个新词："kafkaesk" 或 "kafkaesque"——诡异的、卡夫卡式的，像卡夫卡小说那样诡异的。就像在中国的日常生活中，说一句"你做事不要那么阿 Q!"无需对"阿 Q"——鲁迅小说《阿 Q 正传》中大家都知道的主人公，作任何解释那样；西方人现今说诸如"我觉得今年的这次旅游就真像进入了一个卡夫卡式的世界"是不言自明的，不必对"kafkaesk"一词再作什么进一步的解释。这一词汇进入日常用语至少说明了两点：1. 卡夫卡作品产生了巨大影响；2. "诡异"则是民众对卡夫卡小说的总体印象。那么，卡夫卡的作品有多诡异呢？

奥地利作家弗兰茨·卡夫卡（1883—1924）最有影响的作品有：短篇小说《判决》（1912）、《变形记》（1916），长篇小说《美国》（1912—1914）、《审判》（1914—1918）和《城堡》（1926）等。

《变形记》：推销员格雷戈尔突然由人变成甲虫，虽说失掉人形并发出虫的嘶鸣，但仍保留着人的观察、思考能力，而且还像人那样忧虑、操心。虽然他一厢情愿地还想工作，为家里赚钱并处处为父母、

妹妹着想，然而，包括他家人在内的所有人都把他当怪物并置他于死地。他死后，他的家人感到像卸掉包袱那样轻松，外出郊游庆祝了一番。

《城堡》：K 欲前往伯爵的城堡，却总是不得其门而入。进不了城堡似有两个原因：1. 地理上的原因：虽近在咫尺却永远无法靠近。2. 由于森严而繁复的官僚手续：进入需批准，要批准却一直无法找到有权审批的官员与之面谈。K 虽然费了九牛二虎之力寻找各种"关系"，却永远劳而无功。K 能找到的人均无权审批；有权审批的对他来说却总是在虚无缥缈之中，"只听楼板响，不见人下来"。最后，筋疲力尽的 K 只能放弃进入城堡的努力。

独辟蹊径写出如此独特并引起轰动作品的作者，他本人又是怎样一个人呢？

卡夫卡是 19、20 世纪之交生活在布拉格的说德语的犹太人。他生于斯，葬于斯。在卡夫卡 41 年的短促生命中，除了养病和旅游等不多的时间外，均在布拉格度过：在此上小学、中学、大学并戴上了博士帽，在一家颇有名气的"布拉格波希米亚王国工伤事故保险公司"任职，从 1908 年一直干到 1922 年因病提前退休，共 14 年。虽说 1924 年他死于维也纳附近的基尔林，最后却仍葬于布拉格的犹太人公墓，故而卡夫卡在世时曾说过"布拉格像是长着利爪的母亲抓住你，牢牢不放！"

如今的旅游者来到拥有各类古建筑 1700 多处、被称为"世界建筑博物馆"的金色的布拉格会惊叹：在这里住了一辈子的卡夫卡，他的生活圈子竟会压缩在一个如此窄小的范围里。他诞生的房子、保存下来的其他住所、他上的小学、中学、大学和工作的保险公司均在伏尔塔瓦河东岸的老城区，近在咫尺。多少年来他就在这些点之间、在起伏不平的千年胡同里穿梭着，构思着日后成为不朽之作的文字。他曾经这样记述他日常生活中的一天：7点早餐，8点到下午2点在保险公司位于五楼的办公室里等因奉此、照章办事地坐上6个小时，2点半午餐，然后午睡、散步、划船或在小园子摆弄花草植物，9点半晚餐，紧接着写作，"能写多久就多久"。白天沉默寡言、看似木讷的卡夫卡到了晚上一坐到书桌旁就仿佛完全变了一个人，他的精气神凝聚在他的笔端，流淌出日后成为文学史上不朽之作的名篇。前面提到的短篇小说《判决》就是他在1912年9月22日一夜之间写就。他的作品写了毁，毁了又写，他自己销毁了多少作品已不可考。他创作文学作品，他记日记，他写信。说他强调写作的过程远胜于写作的结果，应非泛泛之言，而是非常贴切的：他活着的时候发表的作品只占他已知作品的十分之一；他的三个长篇都是未完成之作，同许多作品一样写完了就放在那儿（与已毁的作品比起来已是无比幸运了）；最后，他在去世前，要求他的挚友马克斯·布洛德销毁他的全部手迹（包括手稿、日记、来往信函）。幸运的是，布洛德没有照卡夫卡的意思办，先后出版了他的三部长篇，卡夫卡的六卷集（1935—1937）和九卷集（1950—1958），由此而开辟了全世界发现、探索卡夫卡的进程，对卡夫卡生平及其作品的研究也成了一个专门的学问——卡夫卡学。

在汗牛充栋的卡夫卡研究文献中，重要的方面有：卡夫卡与国家、民族的关系；卡夫卡本人的经历与气质；卡夫卡与父亲的关系；卡夫卡与妇女的关系；卡夫卡与朋友的关系等等。在解读卡夫卡作品的研究中，由于他作品的内容、语言风格，有人把他归为表

第六辑　艺术家的城市

现主义作家；而另一些研究者则认为他的作品是如此独特，根本无法归在任何一个已有的文学流派中。在布拉格旧城最繁华的拉德尼斯街的 5 号——他诞生的房子，在 2000 年终于开辟出只有一个房间的卡夫卡纪念馆。在这所房子里卡夫卡其实只住了两年，1885 年时年三岁的卡夫卡就随全家搬到别处去住了。而且，这所房子之后又经过了多次改建，据考证，整所房子只有大门是卡夫卡家住在这里时的原物。这个纪念馆形象地告诉我们：卡夫卡确实曾经在很长一段时间里被人遗忘；而如今不少旅游者则认为：即使仅仅看看卡夫卡诞生的这方土地也是值得的。

◎ 马尔希维查与埃森

从事翻译工作的都知道：不能将地名、人名等专有名词当一般名词来翻译，在这方面稍有闪失就会铸成大错而贻笑大方。德国西部鲁尔地区有个城市叫埃森（Essen），在德语中，"Essen"还有个意思是"吃、食物、饭菜"。德国现代矿工作家汉斯·马尔希维查（Hans Marchwitza，1890—1965）1930 年发表了一部名叫《袭击埃森》（*Sturm auf Essen*）的小说，标题的意思很明白，是袭击、攻打埃森城的意思。如果不知道 Essen 是一座城市，翻译起来就颇费思量了：什么？袭击吃的东西？抢吃的？赵景深当初大概就顺着这样的思路将这部作品译成《粮食风暴》。当然，将"吃的东西"译成"粮食"——这样的中文标题看起来不是显得颇为高雅吗？鲁迅曾批评赵景深把"银河"译成"牛奶河"。近年来，颇有些人为此而为赵景深打抱不平，认为"牛奶河"非但不错，而且比"银河"更好，然而对《袭击埃森》变成了匪夷所思的《粮食风暴》这一旧案则三缄其口。

好，现在再回到《袭击埃森》的作者马尔希维查。他出身于上西里西亚（现属波兰）一个贫困的矿工家庭，幼年丧母（母亲在煤矿当洗煤工，死于矽肺病），14 岁时他即当上了把煤拉到井筒的苦力拉煤

工。在当时德国的三大煤矿区（鲁尔、萨尔和西里西亚）中，西里西亚矿工遭到的剥削最为惨重。1910 年，马尔希维查转往鲁尔地区的煤矿谋生。在第一次世界大战期间，他被征入伍并经历了战斗最为激烈的凡尔登战役。在返回鲁尔地区后，他就成了帝国主义战争的坚定反对者，1920 年马尔希维查加入了德国共产党，是鲁尔工人起义的参加者，1924 年他因积极投入矿工斗争而被政府列入黑名单并遭资方开除。在这之后，他就主要以笔为武器，担当鲁尔地区《鲁尔回声报》等工人报刊的记者，从初小文化程度起步，靠刻苦的自学和勤奋的写作实践逐渐成长为一位工人作家。他的第一部成名作就是前面提到的《袭击埃森》，内容叙述他亲身经历的鲁尔地区工人起义。这部小说在 20 世纪 30 年代即被瞿秋白译成中文并给予很高的评价。瞿秋白称《袭击埃森》是"德国第一部普洛小说"。而在德国国内，这部小说自 1932 年起就遭到魏玛共和国政府的查禁。1933 年希特勒上台后，马尔希维查随即流亡国外，1936 年西班牙内战中他参加了国际纵队，1941 年他从法国政府的一个集中营里逃亡到美国，在纽约以当建筑工人等为生。1946 年返回德国东部，后在德意志民主共和国担当外交和文化界的领导职务而且始终没有中断他的文学创作。除了《袭击埃森》外，马尔希维查的主要作品还有《轧钢厂》（1932）——描写鲁尔区钢铁工人的日常生活、那里的工人阶级与资产阶级的斗争；三部曲、《库米阿克》：《库米阿克一家》（1934）、《库米阿克一家的归来》（1952）和《库米阿克一家和他们的后代》（1959），三部曲讲述了德国一个工人家庭的成长与发展。在现代文学史上，马尔希维查是为数不多的、产生过世界级影响的德国矿工作家。

马尔希维查的小说离不开煤与钢、离不开以各种方式与煤钢联系

马尔希维查的小说离不开煤与钢、离不开以各种方式与煤钢联系在一起的人们。当然，埃森也正是因为煤钢而兴旺发达起来的，在马尔希维查的小说中，埃森烟囱林立，工厂鳞接，天空烟雾弥漫，河水臭气熏天，城市四周满是堆满煤矸石等固体废弃物的堆放场。

在一起的人们。当然，埃森也正是因为煤钢而兴旺发达起来的：有证可查埃森从 12 世纪就开始采煤，到 19 世纪发展了钢铁工业，从该世纪中叶起又发展了机械工业、军火工业……在马尔希维查的小说中，埃森烟囱林立，工厂鳞接，天空烟雾弥漫，河水臭气熏天，城市四周满是堆满煤矸石等固体废弃物的堆放场。然而，时过境迁，现今到埃森的人们看到的却是：天蓝、水清、树绿、城美。除了在埃森火车总站广场上竖立的一个在深井里挖煤的瘦骨嶙峋矿工的雕塑能使人记起煤都的历史外，"煤窝子"的痕迹似乎已荡然无存。

这种变化源起于 20 世纪 60 年代，鲁尔地区与产业结构转轨相结合的环境整治。埃森关闭了所有的煤矿——该市关闭的最后一个煤矿是 1986 年 12 月 23 日停产的关税同盟煤矿第 12 矿。关税同盟煤矿于 1851 年投入生产，它的第 12 矿建成于 20 世纪 30 年代，是当时世界上最为先进、规模也是最大的煤矿矿井。这座以包豪斯风格设计的矿井，所有建筑物都用简洁的钢结构串联，显得统一、协调、美观、大气。该矿关闭后被纳入了文物保护的范围，成了德国重要的工业文化遗迹和文化活动中心，设有关税同盟煤矿博物馆、北威州艺术设计中心、艺术设计学校、画廊、剧院、体育活动场所……2001 年联合国教科文组织将埃森关税同盟煤矿列入世界文化遗产名录，除了上述的第 12 矿外，还包括 1、2、8 矿、3、7、10 矿和炼焦厂。2006 年，欧盟又宣布埃森为 2010 年欧洲文化名城，这是埃森在与科隆、吕贝克、雷根斯堡、不来梅和格尔利茨的激烈竞争中所获得的胜利。人们不仅记住了马尔希维查笔下的传统煤钢城市埃森，人们更记住了"拭去了脸上的煤灰"以新的面貌示人的德国第七大城——鲁尔区的首府埃森。

◎ 托马斯·曼与吕贝克

　　1987 年联合国教科文组织将德国吕贝克古城整体（包括其 1000 多座历史建筑）列入世界文化遗产名录，吕贝克"北欧古城"的名声因此而更加响亮。

　　吕贝克是德国北部石勒苏益格-荷尔斯泰因州的第二大城，历史上在汉萨同盟中起着核心作用，被誉为"汉萨同盟的女王"。古城被特拉沃河和易北河-吕贝克运河围绕起来，形成如一个岛屿状的城区。在这 1000 多座历史建筑中，当然首推霍尔斯藤城门（建于 1478 年）、市政厅（建于 1450 年）、圣玛丽教堂（建于 1350 年）与圣彼得教堂（建于 13、14 世纪，在 15、16 世纪有所扩建）等建筑，也包括位于孟街 4 号的布登勃洛克故居。

　　德国作家托马斯·曼（1875—1955）因小说《布登勃洛克一家》而成名，于是托马斯·曼的祖屋——《布登勃洛克一家》所描写情节发生的主要场所就被称为"布登勃洛克故居"。这是一座巴洛克风格的、正面带有文艺复兴时期门柱的城市贵族宅第。1842 年购入，1891 年托马斯·曼一家搬出了这所房子。幸运而又凑巧的是，恰恰在这之后的 100 年——1991 年，吕贝克市购下了这所房子的产权，成立了博物馆，它的正式名称叫做"布登勃洛克故居海因里希·曼与托马斯·曼研究中心"，它是研究曼家族作家的文学之家、文献档案馆和文学博物馆。

在这里，让人感兴趣的有这么三点：1. 托马斯·曼文学起步的极度成功：22—24 岁写出成名作《布登勃洛克一家》，25 岁时出版，在德国一时形成争相阅读小说的热潮，1920 年该书销量即超过 10 万册，它与雷马克的《西线无战事》是魏玛共和国时期最为畅销的两部小说。1924 年瑞典诺贝尔奖委员会即考虑授奖，1929 年托马斯·曼就成为诺贝尔文学奖得主，时年 43 岁。2. 作家的祖屋因小说而出名，不仅原样保存了下来，而且成了纪念、研究托马斯·曼的场所，成了全世界托马斯·曼仰慕者聚会的场所。这种佳话在文学史上还是不多见的。3. 托马斯·曼的家族向来被称为神奇家族，不仅他与他的兄长海因里希·曼均是德国重量级的作家，而且托马斯·曼的女儿艾丽卡·曼和儿子克劳斯·曼都是颇有名气的作家，他的另一儿子戈洛·曼则是一个历史学家。这一现象不仅吸引了文学史家，而且还吸引了历史学家、家庭社会学家和电影编导。

除了成名作《布登勃洛克一家》外，托马斯·曼的重要长篇小说还有：《王爷殿下》（1909）、《魔山》（1924）、《约瑟和他的兄弟们》（四部曲，1933—1943）、《洛蒂在魏玛》（1939）、《浮士德博士》（1947）和《骗子菲利克斯·克鲁尔的自白》（1954）。总体而言，托马斯·曼的创作方法既有传统的自然主义、现实主义手法，也带有现代派的艺术手法，因侧重的不同，他各时期的创作呈现出多样的色彩。

《布登勃洛克一家》是一部现实主义的小说，它通过对家庭琐事、

第六辑　艺术家的城市

对婚丧嫁娶、圣诞节等节假日活动的细节刻画栩栩如生地表现出布登勃洛克一家四代掌门人老约翰、小约翰、托马斯和汉诺的个性特色，反映出这个家庭从 1835 到 1877 年期间由兴盛到没落的衰败过程。《王爷殿下》则带有浓郁的童话色彩：德国一个破落的小邦王子因偶尔结识一个美国富翁并与其女结婚而使该邦摆脱了经济困境。在《魔山》中，托马斯·曼从时间和空间的角度下手：拉长延伸时间，主人公原本只打算在达沃斯高山肺病疗养院逗留三周，这一时间却因故而延长至七年。在空间上，作家把高山写成一个"有魔力的山"，使该疗养院与世隔绝。在这样的时间和空间的框架里，托马斯·曼描写了第一次世界大战前有产者醉生梦死的病态生活。在《洛蒂在魏玛》中，托马斯·曼写了老年歌德和他以前的情人洛蒂在魏玛重逢的故事。小说中，作家既用现实主义手法，也用意识流手法刻画歌德的矛盾性格。而在《浮士德博士》中，主人公作曲家莱弗金就像歌德塑造的浮士德那样与魔鬼订约……

1933 年希特勒上台后，托马斯·曼是一开始就遭到迫害的作家。纳粹政权 1933 年 5 月 10 日首次焚书共两万册，美国记者威廉·夏伊勒在《第三帝国的兴亡》一书中所列举被毁书籍的作者第一个提到的就是托马斯·曼。他也是最早一批离开德国的作家，先到瑞士，1938 年又流亡到美国。在流亡期间，他发表了卷帙浩瀚的长篇四部曲《约瑟和他的兄弟们》：第一部《雅各的故事》（1933），第二部《年轻的约瑟》（1934），第三部《约瑟在埃及》（1936）和第四部《赡养者约瑟》（1943）。这个四部曲取材于《旧约圣经》中有关约瑟的传说，讲的是犹太人遭受苦难的故事。在纳粹一波又一波污蔑、迫害犹太人的狂潮中，托马斯·曼反其道而行之，大讲犹太人的善良性格和高尚品德。就此，托马斯·曼曾铿锵有力地说过"正因为这部小说是不合时宜的，所以它是合时宜的"。他把他与纳粹斗争的时期称之为他在道德上得以提升的时期。

　　在第二次世界大战后，托马斯·曼曾迫切盼望德国的统一。在统一以前，他既不定居西德，也不在东德定居。1952 年他选择在瑞士生活。他的这种做法在东、西德均曾引起过议论和攻击。也许他对祖国的心迹最好不过反映在他在两个德国的两轮演讲之中：1949 年，纪念歌德诞生 200 周年时，他在西德的法兰克福和东德的魏玛各发表一次演讲；1955 年纪念席勒逝世 150 周年，他同样既在西德斯图加特又在东德魏玛各发表一次演讲。1955 年托马斯·曼最后一次访问他的故乡城市吕贝克，被授予该市荣誉市民的称号（他从 1944 年到逝世一直是美国公民）。时间又过去了 50 年，这次轮到人们来纪念他了——2005 年吕贝克市在圣玛丽教堂举行纪念这个城市的儿子托马斯·曼逝世 50 周年的活动。从"布登勃洛克故居"的窗户能很清楚地看到这座相距不过 100 米的教堂。少年托马斯·曼就在圣玛丽教堂的带有两座高 125 米尖塔的注视下成长，现今这座教堂又成了纪念他的最好场所——城市与它的作家就这样水乳交融地联系在一起。

◎ 伯尔与科隆

　　提到德国第四大城科隆（位居柏林、汉堡和慕尼黑之后），中国人首先想到的大概会是科隆大教堂、科隆香水和科隆的狂欢节。

　　科隆大教堂始建于 1248 年，从 1559 年起工程停了下来，成了一个"烂尾楼"，这一停不要紧，竟一气停了近三百年，直到 1842 年才重新上马，1880 年竣工。科隆大教堂建筑周期之长（前后超过 600 年！）、中间停顿时间之久想来均可列入吉尼斯世界纪录。1996 年，科隆大教堂被列入世界文化遗产名录。限于篇幅，在这里无法细说这个在全世界都数得着的天主教大教堂，但有两点还想提一下：一是参观大教堂是免费的；二是教堂高 157.38 米，科隆市早就规定，城内建筑高度不得超过大教堂并严格执行，故城内地上建筑最高不过七、八层，有的地下却有四、五层之多。但由于在限高范围之外的莱茵河对岸正在建筑中的摩天大楼使大教堂的视觉完整性受到威胁，故在 2004 年世界文化遗产委员会大会苏州会议上把科隆大教堂归在濒危文化遗产之列。

　　德国科隆作家、1972 年诺贝尔文学奖得主海因里希·伯尔（1917—1985）就是在科隆大教堂的俯视下生于斯、长于斯的地道的科隆人；他作品中的人物也多是在科隆大教堂的四周、莱茵河畔的芸芸众生。伯尔在 1959 年写的《关于我自己》一文中就说过，他生于因哥特式主教堂而闻名于世的科隆，那里的市民意识和幽默也和大教堂那样著名……他的住所从未远离过莱茵河。伯尔出生于一个以雕刻木工为业的、笃信天主教的市民家庭。他本人也当过书店学徒，当过兵，还当过木工和统计员。伯尔被称为"小人物作家"，他自己也说过他是个"大人物盲"。在他的诸如《列车正点到达》、《亚当你在哪里?》、《一声不吭》、《九点半的台球》、《小丑之见》、《莱尼和他们》、《名声扫地的卡塔琳娜·勃罗姆》等作品中描绘得最多的人物往往是普通士兵、破落的企业家、小商小贩、小职员、手工业者、民间艺人和孤儿寡母等。借用中国作家黄秋耘的一句话，伯尔塑造的主要是以科隆地区为背景的"不好不坏，亦好亦坏，中不溜儿的芸芸众生"。在伯尔的笔下，这些小人物有自己的尊严，他们构成了社会的基础。

伯尔作品涉及两大题材：战时题材和战后的西德社会。以 1953 年创作的长篇小说《一声不吭》为例，故事情节极其简单且发生在 1951 年 9 月的三天之内：科隆城内的电话接线员鲍格纳·弗雷德因收入微薄，一家五口只能挤在一间小房间内，因过于拥挤，丈夫长期"打游击"居住在外，为了过夫妻生活，每隔一段时间，丈夫总要四处去找廉价旅馆开房间与妻子团聚过夜，为此要费尽心计去借钱，找最"合算"的房间，安排人照顾孩子。这次他们找到的是离科隆大教堂不远、能听到科隆总站火车声的低级旅馆。然而以后该怎么办呢？是否让妻子继续到低级旅馆来找他，使人不由得怀疑她是个妓女？——他们夫妻俩找不到解决问题的办法。在《小丑之见》

（1963）中，主人公汉斯虽出身于科隆地区大企业家家庭，却叛逆地当起了马戏团的小丑、跑起了码头。在伯尔看来，汉斯在舞台上扮演小丑，在生活中他的观点却有着许多真知灼见。

在战时题材的作品中，伯尔刻画了他眼中的德国普通士兵——穿着军服的小人物。他们绝非任何意义上的英雄，而只是正直的普通人，束手听凭战争机器的宰割。在这中间，被训练为木偶"随着名叫'服从'的提线"行动者有之（《"野蛮时代"的故事》）；因偷卖武器而被枪毙者有之（《莱尼和他们》）；与波兰女游击队员一见钟情者有之（《列车正点到达》）；与犹太姑娘谈恋爱者有之；刚回到自家门口就被德军"自己的"炮弹打死者亦有之（《亚当你在哪里?》）……

伯尔以自己独特的方式批判了法西斯战争所犯的罪孽与荒唐。对于战后漏网的纳粹余孽，伯尔则以犀利的笔抨击之：在这中间有为自己大肆祝寿而引起公愤的前纳粹元帅，有纳粹的文痞摇身一变又成了道貌岸然的文学评论家，有在纳粹时期大发横财现今又大捞特捞的大资本家……如果我们作个比较的话，伯尔与那些怀念军国主义、鼓吹军国主义的日本作家比起来真是一个天上一个地下！

战后伯尔在当木工、当统计员时开始自己的翻译、写作生涯；由短篇小说起家，进而写中篇，再创作鸿篇巨制；由业余作者成为专业作家；由参加德国文学团体 47 社起步，最后成为国际笔会联邦德国中心主席和国际笔会主席。从学历看，伯尔本是大学本科的肄业生，却因文学创作的成就成为众多大学的名誉博士，北莱茵－威斯特法伦州政府文化部打破常规授予他教授头衔。因为"凭借他对时代的广阔视野，结合典型化的灵敏技巧，他对复兴德国文学作出了贡献"，他获得了诺贝尔文学奖。

> 伯尔塑造的主要是以科隆地区为背景的"不好不坏，亦好亦坏，中不溜儿的芸芸众生"。在伯尔的笔下，这些小人物有自己的尊严，他们构成了社会的基础。

作为科隆市杰出的儿子，1985 年伯尔逝世时，科隆市下半旗致哀。科隆是德国著名的旅游城市，每年要接待大批游客、参观访问者。在众多介绍科隆的书籍、旅游局的网页以至导游的口头讲解中，在介绍科隆的名人时，总忘不了提科隆的两位现代大名人：阿登纳和伯尔。德意志联邦共和国第一任总理阿登纳曾当过 16 年（1917—1933）科隆市市长。虽然同为科隆人，阿登纳却是伯尔最不待见的一个人，他被公认为"阿登纳德国的批评者"。现在好了，他们两人的名字被导游无数次一口气说了出来——事情的发展就是这样有趣，有时会使人哭笑不得。

◎ 青骑士与慕尼黑

　　"青骑士"是德国表现主义美术团体的名称（该流派的另一著名团体"桥社"将另文讲述）。在20世纪头20年，它酝酿、产生、活跃于慕尼黑地区。"青骑士"的德文原文叫"der Blaue Reiter"，按理讲应译为"蓝骑士"，我国美术界则称为"青骑士"，本来在中文里叫"蓝骑士"也是可以的，但既为"蓝骑士"总离不开马的，该团体又确有不少画马的作品，如果将德文中用同一个表示颜色的形容词限定的马称为"蓝马"，在中文里总显得别扭——我们习惯叫"大青马"，没有听说叫"大蓝马"的。马是青马，人就成了"青骑士"。关于慕尼黑（München）这个地名，按德文音译本该叫"明兴"，由于早先一位广东籍的记者按自己的乡音，再依据英文的发音译成了"慕尼黑"，于是所有中国人都要跟着他错下去。如果我将本文的题目改为"蓝骑士与明兴"，那么肯定会有人认为我是错了——好，这个有关标题的话题就此打住。

　　慕尼黑以十月啤酒节、宝马（BMW）汽车、歌剧演出、足球和绘画珍品闻名于世。在绘画方面，不仅有古绘画美术馆，而且有现代绘画美术馆。在现代绘画作品中，慕尼黑的青骑士社绘画作品的收藏在世界上极负盛名。人们能够在州现代绘画美术馆、市美术馆伦巴赫分馆及慕尼黑附近的穆尔瑙、科赫尔和贝恩里德的博物馆看到他们的传世名作。在这几个美术馆、博物馆中，以位于慕尼黑市中心路易丝大街33号的市美术馆伦巴赫分馆的收藏最为著名，它得益于青骑士社的重要成员加布里埃勒·明特尔（1877—1962）：1957年80岁生日时，她把收藏的青骑士社成员的全部作品（特别是康定斯基和她本人的作品）捐赠给了该馆。要说清这批珍贵无比的画作的来龙去脉，当然要与康定斯基和她的生活、艺术经历联系起来讲。

明特尔1901—1902年在慕尼黑学画，因听康定斯基讲授的课程与其相识。1902年夏，康定斯基带着一帮学生（包括明特尔）到慕尼黑以南65千米的小镇科赫尔在自然环境中写生作画。位于多瑙河与阿尔卑斯山之间的巴伐利亚大地有许多美丽的湖泊，科赫尔就靠着科赫尔湖，两人很快就坠入情网，1903年他们开始同居，这种关系一直持续到1916年。1904—1908年，两人游历了意大利、法国、瑞士、荷兰与突尼斯。1909年8月明特尔在慕尼黑东南65千米的穆尔瑙购得一所房子供她与康定斯基在夏季居住和工作。康定斯基是俄国人，当时来访的又有不少俄国人，因此这所房子被当地人称为"俄国房"，它也见证了青骑士社发展的重要阶段：马尔克、马克、亚夫伦斯基、韦勒弗金到此拜访，"青骑士"这个名称和团体宗旨就在此产生。在穆尔瑙这所房子里康定斯基、明特尔创作了大量画作。

第一次世界大战爆发后，康定斯基独自回到俄国，1916年他发函给在斯德哥尔摩等待与其会合的明特尔：终止彼此之间的关系。从1920年至1962年逝世，明特尔就一直居住在穆尔瑙。十月革命后，康定斯基曾任莫斯科人民教育委员，1921年又以接受包豪斯邀请其任

教的形式离开苏联。到了德国后，康定斯基曾为要回留在穆尔瑙明特
尔处他的绘画作品而展开了旷日持久的诉讼，问题一直拖到 1927 年
才解决：康定斯基放弃了对这批绘画作品的所有权。对于美术爱好者
来说，重要的是这批绘画如何能以最好的形式得以保护。康定斯基一
生颠沛流离，曾经拥有过俄国、德国国籍，最后加入法国国籍，所以
辞典上均说他是法籍俄裔，其实他与德国的渊源最深。在动荡的魏玛
共和国时期，他在包豪斯学校待了十年，1933 年他被迫离开德国，最
后定居并卒于法国。明特尔在穆尔瑙的房子有个很大的地窖，因其藏
画而被称为"百万地窖"——这个数字其实是远远被低估的：前几
年，纽约索斯比拍卖行拍卖康定斯基一幅 1909—1910 年创作的《双
骑士与斜躺人影》，起拍价为 1500 万美元。纳粹时期纳粹非常讨厌包
括青骑士在内的一切现代派艺术，将其斥之为"颓废艺术"、"布尔什
维克艺术"。1937 年，纳粹在慕尼黑举办了"1910 年以来德国颓废艺
术作品展"，青骑士社的康定斯基等人的作品也包括在内。在"黑画
展"之后，"黑画"有三种命运：大部分被付之一炬；颇有讽刺意味
的是，精品被纳粹官员（如戈林之流）据为己有；另有一部分重要作
品则在瑞士卢塞恩拍卖赚取外汇。而上面提到的画则平安无事——当
时有谁会注意居于巴伐利亚一隅的一位日耳曼小女子的陋屋及其藏
画呢？

　　康定斯基 1896 年 30 岁到德国方开始正式学画，他投在慕尼黑的
艺术大家弗朗茨·冯·施图克的门下，跟他学习一直到 1901 年。施
图克是慕尼黑"分离派"的创始人，是"青年风格"的重要代表，
他通常会在呈平面性和直线性的画面上，强调不对称性和异国情调。
康定斯基在当时慕尼黑的艺术氛围下感到如鱼得水。在慕尼黑，康定慕尼黑及其周围地区当初培育形成了在世界美术史上占一席之地的美术团体青骑士社；现今则成了研究青骑士、欣赏他们的画作的最佳场所。

斯基逐渐形成了自己的独有风格。他的风格的形成得益于俄国民间绘画（以夸张、非写实的表现手法和强烈的色彩为其最显著的特点）、印象派和野兽派绘画和在慕尼黑施图克等人对他的影响。青骑士社主要代表人物的画风各有不同：如果说，康定斯基利用点、线、面的组合和色彩的变化构成图形来表达观念情绪的话，马尔克则通过动物的形式来寻求自身和他的周围世界之间的关系，克利则运用线条表现绘画与音乐、数学的联系，表现幻觉和幻境。

慕尼黑及其周围地区当初培育形成了在世界美术史上占一席之地的美术团体青骑士社；现今则成了研究青骑士、欣赏他们的画作的最佳场所。除了前面所提到的五个美术馆、博物馆外，康定斯基的老师施图克当时居住的房子也被保存了下来，在慕尼黑人称之为"施图克别墅"的展览馆中，人们能够看到大量"青年风格"的作品。

⚙ 桥社与德累斯顿

1905 年，德国表现主义美术团体桥社成立于德累斯顿。2005 年，为纪念桥社成立 100 周年，举行了一系列活动；而在 2006 年，德累斯顿又大规模地庆祝该城建城 800 周年。作为 800 岁生日庆典的前奏，在 2005 年 10 月 30 日，重建的圣母大教堂举行了隆重的揭幕仪式。我们知道，2004 年在中国苏州举行的联合国教科文组织第 28 届世界文化遗产委员会上，通过了把易北河河谷（德累斯顿地段）纳入世界文化遗产名录的决定——这又是该市的一大喜事。

德累斯顿是又一个德国文化名城，被称为"易北河畔的佛罗伦萨"。出生在德累斯顿的德国现代作家埃里希·科斯特纳（1899—1974）曾经说过："如果说除了丑恶我从小还知道什么是美的话，那么这要归功于我的故乡城市德累斯顿。我不必从书本里去找美是什么——如同护林员的孩子呼吸着带森林气息的空气那样，我呼吸着美。"在德累斯顿，不仅有举世无双的艺术瑰宝（丢勒、拉斐尔、提香、鲁本斯、伦勃朗等人的画，德国最大的珍宝收藏，名贵的中国瓷器和德国迈森的瓷器……），享有盛名的德累斯顿交响乐团，富丽堂皇的巴洛克建筑群（茨温格宫、宫廷教堂、圣母大教堂、绿穹顶珍宝馆等）……

　　德累斯顿很大一部分巴洛克建筑要归功于萨克森选帝侯兼波兰国王奥古斯特二世（1670—1733），在历史上他也被称为"强者奥古斯特"。他曾经说过"君王通过他的建筑而使自己不朽"。强者奥古斯特爱江山、爱美人、爱艺术。旅游者在德累斯顿可以看到他下令建造的美轮美奂的巴洛克宫殿，也会听到他令人眼花缭乱的风流韵事。在他身后有好事者曾作过统计，他竟然一共有364个孩子（其中婚生子女8个）。瓜瓞延绵，按海涅的说法，法国女作家乔治桑与他也有血缘关系：乔治桑的祖母是一个名叫杜邦的舞蹈家，她是莫里茨·冯·萨克森元帅的私生女，这位元帅则是强者奥古斯特几百个私生子中的一个。（海涅：《卢苔齐亚》）

　　重建竣工的圣母大教堂原建于1726—1734年，1945年2月毁于英、美的空袭，重建始于1994年，2005年完成。大教堂位于市中心最繁华地区的新市场广场，离它最近的另一个景点是易北河畔的布吕尔平台。巴洛克风格的圣母大教堂有着巍峨的圆形大拱顶，建筑总高度91.23米。

　　它的重建给人留下最深刻的印象可归纳为两点：一是德累斯顿人对故乡的文物古迹无比珍爱；二是对故乡极其深厚的感情。从1945年起，在德累斯顿最金贵的地段，一堆约2万立方米的建筑残骸、废土在那里堆了50年，没有人去动它。重建时，从中取出有用的材料，一一用计算机编号，用在重建工程中——原有建材约占重建建材总用量的45％。这50年经历了民主德国时期和两德统一后的阶段，在这中间只要稍有闪失，诸如利用了废墟中的建材，清理了场地，甚至在这里搞了什么新的建筑，那就不再会有今天的圣母大教堂了。重建共耗资

1.8 亿欧元，联邦、州、市三级政府共出资 6 千万欧元，余下的三分之二的费用就完全靠私人的捐助解决。除了无数的德累斯顿市民外，还有譬如出生在德累斯顿的美籍犹太人、银行家亨利·阿恩霍尔德，他虽然当年被逐出德国，但仍念念不忘他的出生地，捐出了大笔款项；1999 年诺贝尔医学奖得主美籍德裔科学家京特·布洛贝尔捐出了他大部分的奖金（82 万欧元）……德累斯顿人对故乡的感情之深确实令人感动。这里再举一个例子——如今在西方数一数二的"无风格"现代画家、1961 年即离家到西德的格哈德·里希特（1932— ）对故乡德累斯顿也是念兹在兹：2003 年家乡受灾，他将一幅名为"岩石"的画作捐赠给故乡，后以 240 万欧元的价格售出。2004 年里希特又将自己的 41 件代表作（价值超过 1 亿欧元）无偿提供给德累斯顿展出。这样，旅游者不必走多少路就能看到从文艺复兴时期大师的绘画作品到最时尚的里希特的"无风格"作品。而在德累斯顿的绘画史、绘画收藏史中，桥社及其作品则在这中间起了启承作用、起到了某种桥梁的作用。

桥社是德国最早成立的现代表现主义美术团体，创始人是四个当时在德累斯顿工业大学建筑系学习的大学生：基尔希纳、布莱尔、赫克尔和施密特－罗特卢夫。他们 1905 年结社的目的是寻求与传统学院派写实手法不同的艺术创作方法，他们强调要突出艺术家的主观表现力，追求心往神驰的主观感受。为此，他们在创作中主要表现出以下四个特点：1. 鲜明、张扬的颜色搭配和反差；2. 敦实有力的简单轮廓；3. 不讲究立体感和透视的平实的画面结构；4. 充分调动主观激情的绘画手法。

一开始，这四个年轻人可说是连"名不见经传"也谈不上，"桥

社"成立后，他们扩大了与艺术见解相仿者的交往，共同创作带有前
述新特征的画作，共同交流艺术感受，在德累斯顿举办各种画展，搞
出版物，名气开始大了起来。之后，佩希斯坦、诺尔德、米勒等人也
参加进来。桥社的影响有多大？人们也许可以从 1937 年纳粹在慕尼
黑举办的"1910 年以来德国颓废艺术作品展"当中，从反面看出一
些端倪：该画展共展出 5000 余幅"黑画"，展画数量前三名的均是曾
经参加过桥社的人员：诺尔德 1052 幅，赫克尔 759 幅，基尔希纳
639 幅。

　　基尔希纳（1880—1938）是桥社艺术家中最有代表性的一位。他
的画作可归纳为以下四大主题：1. 人与自然：他早年喜欢画在自然
环境中的裸体女性，强调艺术与生活的和谐统一（作画地点：德累斯
顿近郊的戈佩尔村和德累斯顿以北 14 千米的莫里茨堡狩猎宫旁的湖
畔）。2. 海洋（作画地点：波罗的海小岛费马恩岛）。3. 大城市
（作画地点：柏林）。4. 大山（作画地点：瑞士达沃斯地段的阿尔卑
斯山）。在纳粹时期，他也免不了遭受一场厄运：人被诋毁、攻击，
画遭"示众"、封存、销毁。1938 年，基尔希纳自杀身亡。

　　大多数桥社的成员都活到了战后，他们与他们的画又重新登上了
艺术的殿堂。在德累斯顿，桥社的画在阿尔伯特姆宫展出，供人欣
赏——美妙的德累斯顿，美妙的德累斯顿的画！

包豪斯与魏玛

　　德国图林根州魏玛市是一个只有 6 万人口的小城市，在世界上却很有名。魏玛的知名度高至少出于下述三个原因：1. 德国从 1919 年到 1933 年希特勒上台前的历史时期被称为魏玛共和国时期，即以这个小城的名字命名这一重要的时期——这样，全世界只要学过世界史的中学生，就都会知道魏玛共和国，知道魏玛。2. 由于歌德在魏玛度过了他创作和生活的一个重要时期，故而歌德的名字与魏玛密不可分地联系在了一起。3. 魏玛是包豪斯的发祥地。魏玛，这个拥有 10 个教堂、21 个博物馆、一座国家歌剧院、无数雕塑和纪念碑的如画城市名声愈来愈响：1996 年魏玛与德绍的包豪斯遗迹与建筑被列入联合国教科文组织的世界文化遗产名录，1998 年整个魏玛作为"古典和现代之城"又被列入名录，1999 年魏玛更被欧盟定为欧洲文化名城。

　　现今的魏玛大学叫包豪斯魏玛大学，历史上的包豪斯学校的原址就在该大学的范围内，在那里还有内容丰富的包豪斯艺术创作常设展览。行文至此还要谈谈"包豪斯"这个译名，它是德语中的专有名词"Bauhaus"的音译，在德语中本来并没有这个词，是包豪斯的创始人瓦尔特·格罗皮乌斯（1883 — 1969）自创：他把德语中已有的一个复合词"Hausbau"（房屋建造）颠倒了一下，把基本词变成了限定词，把限定词变成了基本词，故而"Bauhaus"从字面上讲它的意思无非就是"造房子"，而作为一个专有名词它是指格罗皮乌斯1919年在魏玛创立的德国古典现代主义中最为著名的一个艺术和设计流派，该派在1919—1933年产生的创作（建筑、工艺设计）对世界的建筑艺术和工艺设计的发展产生了非常重大的影响。继1996年魏玛和德绍的包豪斯建筑被列入世界文化遗产名录之后，2004年教科文组织又将以色列特拉维夫市中心的约有4千多座包豪斯建筑的建筑群列入名录。一个现代建筑设计流派的建筑两次被列入名录，这种现象是极为罕见的。

我们就来看看萨克森-安哈尔特州德绍的包豪斯建筑。它建于1925—1926年，为包豪斯学校设计，是格罗皮乌斯的代表作。校舍面积约一万平方米，共分三部分：1. 教学楼；2. 生活用房（包括学生宿舍、饭厅、礼堂、厨房、锅炉房等，宿舍为六层，其余为两层）；3. 四层的附属职业学校（与教学楼由过街楼连结）。后两部分均为混合结构。从学校步行五分钟即到教员的小型住宅区。设计强调实用功能，充分利用现代建材、结构，表现简洁、通透，用不对称的造型来寻求整个构图的平衡与灵活性，用非常经济的手段表现出严肃的几何图形。包豪斯创立发展阶段恰逢第一次世界大战后德国百废待兴的时期，为了有助于解决平民百姓的住房问题，包豪斯着重研究小面积住宅和建筑工业化，并注意建筑单体与群体、建筑与环境的和谐问题。包豪斯的设计从房屋到茶壶、台灯，汗牛充栋无所不包。在日常生活用品的设计中，包豪斯强调设计家要着眼于工业大生产，要为大多数人生产实用美观的物品，而不是为少数的富豪生产奢侈品。

　　80 年过去了，现今经过修缮的德绍包豪斯建筑除了作为世界文化遗产供人参观外，这里还是德绍包豪斯基金会的办公场所，仍然是供设计、教学、研究的场所。1999 年在这里还成立了一个包豪斯学院，供来自全世界各地的各种门类的设计者在此切磋交流学习。

　　除了魏玛和德绍外，柏林也是包豪斯在历史上进行艺术活动的重要场所。如今在柏林也有一个包豪斯文献博物馆，它的房子与包豪斯也颇有渊源：它由格罗皮乌斯晚年 1964 年设计，原本打算造在达姆施塔特，1976 — 1979 年却最终造在了柏林，它独具一格的侧面造型成了柏林的标志之一。

　　魏玛、德绍和柏林恰好也构成了包豪斯学校的三个阶段：该校在 1919 年创立于魏玛，因政治原因 1925 年迁至德绍，1932 年又被赶出德绍，勉强在柏林栖身，1933 年纳粹上台更是被勒令解散。在动荡、政治斗争、阶级斗争激烈的魏玛共和国，受十一月革命影响而建立的包豪斯学校的左翼知识分子（包括共产党人）因自己的信念、艺术活动和教学活动而受到迫害、排挤，被赶来赶去。时过境迁，而今包豪斯成了魏玛、德绍和柏林的香饽饽，三个城市在竞相宣传与包豪斯的渊源的竞争中，无疑魏玛占了优势，因为魏玛毕竟是包豪斯这一现代艺术和设计流派的发祥之地。包豪斯的影响现在有多大？人们也许还可以从下面两个例子看出些端倪：欧元最高面值的 500 元纸币的图案是 20 世纪包豪斯风格的古典现代派的建筑；而中国很多大中城市的房地产业都有人在炒作"包豪斯"这一概念——无疑，包豪斯有着巨大的商业价值。

◎ 弗里达·卡洛与墨西哥城

　　进入新世纪以来，人们似乎对早已闻名于世的墨西哥现代女画家弗里达·卡洛（Frida Kahlo，1907—1954）更加关注起来：2000年，卡洛在1929年画的一幅自画像以500万美元的价格拍出——这是有史以来现代女画家作品的最高价；2002年，美国米拉麦克斯电影公司拍摄了由好莱坞女影星萨尔玛·海耶克主演的影片《弗里达》；2005年6月在伦敦泰德现代艺术馆举办弗里达·卡洛的画展，展出女画家87幅油画与素描；2006年6月在德国汉堡也举办了这位墨西哥女画家的个人画展；几乎在这同时，她的一幅名为"根"的作品，将以估价为500—700万美元的价格公开拍卖；我国美术界与媒体盛赞2006年6月至8月在中国美术馆展出的《墨西哥绘画：从壁画三杰到当代》，但对画展中没有弗里达·卡洛的作品表示遗憾，认为"很难想象一个20世纪墨西哥艺术展可以忽略弗里达"。

　　墨西哥城位于墨西哥高原南部特斯科科湖平原，现为世界第三大城。进入呈长方形的市区，在流淌着数量上堪称世界之最的德国大众老式"甲壳虫"（在1972年德国本土停产该型车之后，墨西哥大众还生产了很长一段时间的甲壳虫）的街道上，映入人们眼帘的首先是气

势磅礴、异彩纷呈的墨西哥壁画。连壁画之国的最高学府——墨西哥国立自治大学所拥有的壁画就达 130 幅之多。墨西哥壁画三杰之一迭戈·里维拉曾多次把他的妻子卡洛画在他所创作的壁画上。在该城南部，卡洛生于斯、卒于斯的科约阿坎，有声名遐迩 1959 年即开设的弗里达·卡洛美术博物馆。卡洛一生中，除去了几次美国和一次欧洲外，均生活、工作在墨西哥城。

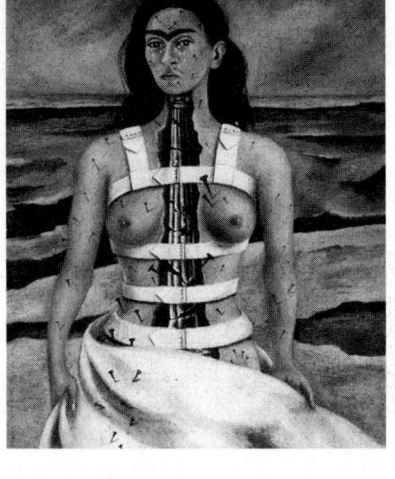

弗里达·卡洛自画像

卡洛 47 岁短暂的一生似可用"激情、痛苦与抗争"三个词加以概括。她出身于墨西哥一个摄影师的家庭，父亲是犹太德裔移民，母亲则是美国印第安人的后裔。她是这个家庭的第三个女儿。本来，她憧憬着学医，然而，1925 年在墨西哥城发生的一场车祸彻底改变了时年 18 岁的女中学生的命运。她所乘坐的公共汽车与一辆有轨电车相撞，后果极为严重：简而言之，她除了头和手还保持原样外，真真正正是伤筋动骨、遍体鳞伤——公交车的一根断裂的扶手棒穿入她的下身——17 处骨折，脊椎骨断裂、骨盆骨折、右腿骨折、右脚被压烂……她在病床上几乎不能动弹地躺了一年，其间做了多次手术。为了与肉体上的痛苦抗争，她拿起了画笔。于是人们在医院经常看到一位年轻姑娘拼尽全身所有的力量拿着一枝貂毛画笔在作画，为此，她的父母在病床上为她定制了专用的画架，她的绘画对象就是她自己，又为她在病房的墙上装了大镜子……

我国美术界与媒体盛赞 2006 年 6 月至 8 月在中国美术馆展出的《墨西哥绘画：从壁画三杰到当代》，但对画展中没有弗里达·卡洛的作品表示遗憾，认为"很难想象一个 20 世纪墨西哥艺术展可以忽略弗里达"。

就这样，卡洛奇迹般地迈上了日后成为世界著名画家的道路。

卡洛一生在肉体上遭尽折磨和痛苦，一生做了 30 多次手术，三次流产，最后，右腿也没有保住，膝盖以下被截去，因此，她在逝世前不久在日记上所写的"我希望愉快地死去，还希望一去而不复返回"就是可以理解的了。既然病痛使她走上了绘画的道路，那么，以她的方式充满尊严地用绘画来表现她的病痛就构成了她绘画的一个重要内容。在她一生创作的 200 余幅作品中，自画像占了很大比例。她曾说过"我画自画像，因为我经常是孤独的，因为最了解我的还是我自己本人。""我画我的生命之痛。"在一幅名为《小鹿》的画中，她把自己画成被九根箭射中、鲜血淋漓的小鹿。而在 1944 年所作的《破裂的脊柱》中，卡洛的身上被钉上了无数的钉子，开裂的胸口被钢质胸腰椎支架固定，而她的脸部则表现出雍容高贵的气质。如果说，卡洛并不忌讳在绘画中表现她的痛苦的话，那么她很多的自画像则向大家展现她是穿着墨西哥民族服装、梳着南美发式、带着鲜花和印地安人各种饰品的睿智、热爱生活、坚毅而美丽的妇人。

在卡洛的绘画作品中，间或也会出现她的丈夫迭戈·里维拉的形像。对里维拉，卡洛曾有这样一句耐人寻味的评语："迭戈曾是我的第二个最遭糕的灾祸。"一方面，将里维拉与她遭受的车祸相提并论，可见他们的关系曾经坏到怎样的程度；另一方面，卡洛讲这句话的时候用的是完成时，故而我们应理解为：车祸不言而喻永远是灾祸；而里维拉对卡洛来说并不总是灾祸。见到里维拉艳遇不断，卡洛当然高兴不起来，最刺激卡洛神经的是，里维拉与当模特的卡洛的妹妹克里斯蒂娜有染，而且生有孩子。卡洛曾经多么渴望生个孩子，终因身体的原因而未果。当然，卡洛也有她的朋友与情人圈，她的一个最著名

的情人即是俄国革命家托洛茨基。在其他方面，在政治上和在绘画事业上，卡洛与里维拉倒是志同道合的。他们 1929 年结婚，1939 年离异，1941 年复婚直到 1954 年卡洛逝世。

卡洛在绘画事业上的发展可说完全是一个奇迹。在车祸前，她没有受过正规的美术教育与训练，在车祸之后，她之所以拿起画笔也完全是为了配合治疗转移对疼痛的注意和消磨时光。画着画着，先是得到周围人们的夸奖，后又得到专业人士的肯定，最后得到权威的赏识——1928 年，当时已经功成名就的大画家迭戈·里维拉看到卡洛的画振奋不已，除了对卡洛的画有所指教之外，他们在 1929 年即结成了秦晋之好。卡洛 1926 年画的第一幅公开展示的自画像《穿丝绒女服的自画像》即获得好评，1938 年和 1939 年在纽约和巴黎举行的画展中，她的画，尤其是她的画的独特性得到美术界的重视。毕加索 1939 年在致里维拉的一封信中写道"德兰、你或我均无法像弗里达·卡洛那样来画头颅。"对于美术界称她为里维拉的学生、称她为超现实主义画家的说法，卡洛均不领情，均不认可：她就是她——她对应道："他（指里维拉）从小就画得很好，但大画家应当是我。""人们称我是一个超现实主义画家，这是不正确的。我从未描绘过梦幻。迄今我所画的都是我的现实。"

图书在版编目（CIP）数据

欧洲的月份 / 金海民著. —北京：中央编译出版社,2014.10

ISBN 978 - 7 - 5117 - 2292 - 8

Ⅰ.①欧… Ⅱ.①金… Ⅲ.①文化史 - 欧洲 Ⅳ.①K500.3

中国版本图书馆 CIP 数据核字（2014）第 205389 号

欧洲的月份

出 版 人：刘明清
出版统筹：贾宇琰
责任编辑：王 琳
责任印制：尹 珺
出版发行：中央编译出版社
地　　址：北京西城区车公庄大街乙 5 号鸿儒大厦 B 座（100044）
电　　话：（010）52612345（总编室）　　（010）52612341（编辑室）
　　　　　（010）52612316（发行部）　　（010）52612317（网络销售）
　　　　　（010）52612346（馆配部）　　（010）66509618（读者服务部）
传　　真：（010）66515838
经　　销：全国新华书店
印　　刷：北京中兴印刷有限公司
开　　本：787 毫米 ×1092 毫米　1/16
字　　数：238 千字
印　　张：20.75
版　　次：2014 年 10 月第 1 版第 1 次印刷
定　　价：68.00 元

网　　址：www.cctphome.com　　邮　箱：cctp@cctphome.com
新浪微博：@中央编译出版社　　微　信：中央编译出版社（ID：cctphome）
淘宝店铺：中央编译出版社直销店（http://shop108367160.taobao.com）

本社常年法律顾问：北京市吴栾赵阎律师事务所律师　闫军　梁勤
凡有印装质量问题，本社负责调换，电话：（010）66509618